"十二五"新时期
山东省中小企业发展研究

SHIERWU XINSHIQI
SHANDONGSHENG ZHONGXIAO QIYE FAZHAN YANJIU

赵 琳 著

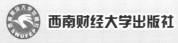
西南财经大学出版社

图书在版编目(CIP)数据

"十二五"新时期山东省中小企业发展研究/赵琳著. —成都:西南财经大学
出版社,2013.8
ISBN 978 – 7 – 5504 – 1153 – 1

Ⅰ.①十… Ⅱ.①赵… Ⅲ.①中小企业—企业发展—研究—山东省—2011
~2015 Ⅳ.①F279.234

中国版本图书馆 CIP 数据核字(2013)第 173651 号

"十二五"新时期山东省中小企业发展研究
赵 琳 著

责任编辑:孙 婧
助理编辑:傅倩宇
封面设计:墨创文化
责任印制:封俊川

出版发行	西南财经大学出版社(四川省成都市光华村街 55 号)
网 址	http://www.bookcj.com
电子邮件	bookcj@foxmail.com
邮政编码	610074
电 话	028 – 87353785 87352368
照 排	四川胜翔数码印务设计有限公司
印 刷	郫县犀浦印刷厂
成品尺寸	170mm×240mm
印 张	13.25
字 数	245 千字
版 次	2013 年 8 月第 1 版
印 次	2013 年 8 月第 1 次印刷
书 号	ISBN 978 – 7 – 5504 – 1153 – 1
定 价	39.80 元

序

2008 年 7 月后，由美国次贷危机引发的全球性金融危机步入加速轨道，造成全球经济发展陷入困境，世界经济初现衰退迹象。山东省的经济发展也难以在此次危机中独善其身，不可避免地受到了直接或间接的冲击和影响，经济运行环境明显趋紧，实体经济生产经营困难加剧，经济增长的下行压力增大。

在我国，金融危机蔓延范围极广，速度极快，迅速从国外蔓延到国内，从东部沿海地区蔓延到中西部内陆地区，从出口部门蔓延到内需产业部门，从中下游行业蔓延到上游行业，从中小型企业蔓延到大型企业。2008 年，全国 31 个省（市、区）中，经济增速减缓的达到 28 个，其中广东省、浙江省和上海市增速比 2007 年回落幅度平均高达 4.6 个百分点。

山东省对外依存度虽然相对低于东南沿海地区，但由于重化工业对国内市场依赖较大，其刚性供给又很难在短期内随外部需求的变化而调整，危机对山东省经济的传导影响在 2007 年第四季度逐步加重。中下游行业，如纺织、造纸、冶金、化工、建材、机电等首当其冲，随后扩散影响至以能源原材料为主的上游行业，如原油、铁矿石、煤碳等。2008 年上半年，出口增速开始出现减缓苗头，房地产投资力度减弱；下半年，消费需求开始受到影响，住房消费低迷，汽车消费难以提振；金融业的市场约束性压力增大，发展受阻；交通运输业和住宿餐饮业发展遇冷减缓。从工业领域看，规模以上中小型企业生产经营最先受到冲击，生产减速、亏损加剧。其中尤以中型企业受到的冲击影响较大，实现增加值占规模以上工业增加值的比重由年初的 23.8% 回落到全年的 13.2%，对工业增长的贡献率由年初的 16.3% 降至 9.3%，亏损额增亏幅度由年初的 1.5 倍升至 2.5 倍；大型企业生产速度由增转降，由年初增长 16.3% 转为 12 月份下降 5.2%，亏损企业数增速由年初 15.2% 上升到全年的 1.3 倍，亏损额增亏幅度由年初的 2.2 倍升至全年的 7.3 倍。

金融危机爆发后，世界各国高度关注和重视，积极采取措施阻隔危机由虚拟经济向实体经济的扩散和蔓延，防止金融危机转变为经济危机。我国从立足于国内和促进长远发展出发，从立足于实际状况和满足未来需要出发，实施积极的财政政策和适度宽松的货币政策，采取了积极扩大内需、保持经济稳定发展等一系列政策措施。

山东省为应对危机，认真落实中央应对国际金融危机的"一揽子"计划，积极作为、科学务实，将保增长、保民生、保稳定作为头等大事来抓，相继出台了进一步扩大内需、促进经济平稳较快增长的 21 项措施，着力抓好重大民生工程、基础设施、生态环保、自主创新、现代产业体系等方面建设，争取中央预算内投资 470 亿元，带动地方和社会投资达 6 678 亿元。截至 2008 年 12 月 20 日，全省已争取到中央扩大内需投资项目 1 069 个，计划总投资 131 亿元，其中中央投资 33.1 亿元。在遵守国家严格保护耕地制度和节约集约用地制度的前提下，确保项目及时落地，以形成有效需求和拉动。同时，深化重点领域和关键环节的改革，充分发挥积极财政政策和适度宽松货币政策的作用，全面实施结构性减税，加大信贷对重点项目和中小企业的支持力度，为企业发展创造良好环境，积极保持就业形势稳定，不断提高城乡低保标准。

2009 年，山东省经济下滑势头得到有效遏制，经济运行先后经历了"下行—见底—企稳—回升"四个阶段，呈现"V"型发展轨迹，主要经济指标持续回暖上行，回升势头稳步增强，回升速度超出预期，总体发展形势积极向好。截至 2009 年年底，规模以上工业企业达到 43 557 家，比 2008 年增加 5 369 家，增长 14.1%。按生产法与收入法加权计算，实现增加值 18 847.8 亿元，增长 14.9%，提高 1.1 个百分点。规模以上工业实现主营业务收入 70 676.8 亿元，比 2008 年增长 14.3%；实现利润、利税分别为 4 390.4 亿元、7 253.4 亿元，分别增长 14.4% 和 12.9%。工业经济效益综合指数达到 286.6，提高 26.4 点。产销衔接良好，产销率 98.5%，提高 0.2 个百分点。扭亏成效显著，企业亏损面为 6.2%，比 2008 年收窄 0.9 个百分点，亏损企业亏损额减少 57.5%。

由赵琳讲师撰写的《"十二五"新时期山东省中小企业发展研究》，是建立在山东省软科学研究计划项目、山东省社科联科研项目成果基础上的。该书以全球性金融危机背景下的山东省中小企业为研究对象，在总结山东省中小企业发展现状及主要特点的基础上，全面阐述了金融危机对山东省中小企业的影响，深入分析了山东省中小企业发展中存在的问题，并借鉴欧美国家促进中小企业技术创新的政策措施，提出了"后金融危机"背景下促进山东省中小企业快速、健康、持续发展的对策建议，具有重要的现实意义。

该书力求从新的视角、新的理念、新的体系来分析研究问题，观点鲜明，材料翔实；所提出的对策和建议，相信会给政府有关部门和中小企业的决策和管理，提供有益的参考和借鉴。

帅相志

2013 年 6 月 30 日于济南

前言

2011 年，从国际环境看，世界经济增长的不确定性不断加大，复苏之路漫长曲折，外需不足是制约以外向型经济为主的经济发展及民间投资的关键因素。同时，由于竞争激烈，国内需求也很难替代出口不足。2007 年开始、2008 年蔓延的金融危机进一步加剧了中国资源和资本驱动型增长模式转型的压力。目前，山东经济再次面临较大的困难和挑战，民间投资理应成为拉动山东经济增长和实现经济发展方式有效转变的决定性力量。

以信息和知识相对密集为核心特点的现代服务业，将成为"十二五"时期的新的经济增长点。服务业由传统服务业向现代服务业提升已成为发展趋势。"十二五"时期，生产性服务业快速增长，研发、文化创意、金融、物流等行业将迅猛发展；物联网技术的兴起、普及和应用将为现代服务业发展带来新的业态；国际服务业的转移为中国服务业的转移提供了良好的机遇。战略性新兴产业是新兴科技和新兴产业深度结合而形成的战略性支柱产业。发展战略性新兴产业，是决定未来中国国际地位的核心要素。党和政府一直关心支持中小企业的发展，中小企业发展的政策环境将不断改善。

目前，国际金融危机对山东省经济造成的不利影响正在逐步显现，一些劳动密集型出口企业和传统技术企业受到冲击，首当其冲的当属我国中小企业，比如资金链断裂、国际市场萎缩等，几十万户的中小企业破产、停产和歇业，3 000 余万农民工返乡。

但同时我们也看到，一些拥有自主知识产权、注重创新的企业逆势而行，稳步发展，成为企业抵御风险的亮点。可见，增强自主创新能力已经成为企业生存和可持续发展的关键。2011 年胡锦涛同志在中国共产党第十七次全国代表大会报告中指出，要促进经济增长，由主要依靠增加物质资源消耗向主要依靠科技进步、劳动者素质提高、管理创新转变。山东省中小企业要应对国际金融危机的冲击，企业的核心竞争力不强的状况还需要得到进一步改善，需要不断提升自主创新的能力。

本书是王东升教授负责的山东省软科学研究计划项目"当前全球性金融危机对我省中小企业的冲击及对策研究"的后续研究成果，结合笔者负责的山东省社科联科研项目"十二五新时期我省中小企业发展研究"的研究报告重新修改编写完成。2008年受国际金融危机的影响，我国经济滑落到最低点，规模以上工业企业的增速降到了3.8%，中小企业尤为突出，山东省社会经济的各个领域也面临着重大转折，当以中小企业发展问题为首。

2010年5月"新36条"的颁布旨在促进中小企业发展，加大财税支持，缓解融资困难，完善社会化服务体系，转变政府职能。但是，笔者（现为山东英才学院民营经济研究院研究人员）通过调研发现：文件虽好，落实起来困难重重，很多企业并没有感受到政策的威力。鉴于此，笔者向山东省社科联办公室提出立项申请，重新设计了课题的主要内容和实施方案。在2011年，于山东省社科联研究计划项目中予以立项。

2011年以来，国家在坚持宏观调控基本取向不变的同时，将依据形势的变化不断提高政策的针对性、前瞻性、灵活性，保持社会融资总量合理增长，加大对中小型企业、微型企业的政策支持。在多方力量的支持下，中小企业经过不断创新，实现竞争力再造，必将找到最佳的发展模式，迎来新一轮的飞跃。

本书涉及中小企业存在与发展的实践问题较多，加之经济因素对社会发展的影响因素甚多，使得很多问题尚需进一步探索、研究。限于水平和资料，书中缺点和错误在所难免，敬请读者批评、指正。

赵 琳

2013年3月

目　录

1 引言

中小企业是我国国民经济和社会发展的重要力量。促进中小企业又好又快发展，是保持国民经济平稳较快发展的重要基础，是关系民生和社会稳定的重大战略任务。国家"十一五"规划纲要提出实施"中小企业成长工程"以来，各地区、各有关部门认真贯彻落实，取得了积极成效。"十二五"时期继续实施"中小企业成长工程"，对于进一步促进中小企业健康发展，实现国家"十二五"规划纲要确定的战略目标，具有十分重要的意义。

中小企业（Small Medium Business，SMB）是中型企业和小型企业的总称。按照原国家经委的定义，以工业企业为例，雇员在 4 200 人以下，或者资产规模在 4 亿元人民币以下，或年销售额在 3 亿元人民币以下的企业就是中小企业。这一中小企业的划分标准实质上是一个规模标准。《中小企业标准暂行规定》规定了中小企业的具体标准，见表 1.1。

表 1.1　　　　　　　　　　　中小企业标准

行业名称	指标名称	中型	小型	计算单位
工业	从业人员 资产总额 销售额	300 ~ 2 000 3 000 ~ 30 000 4 000 ~ 40 000	300 以下 3 000 以下 4 000 以下	人 万元 万元
建筑业	从业人员 资产总额 销售额	600 ~ 3 000 3 000 ~ 30 000 4 000 ~ 40 000	600 以下 3 000 以下 4 000 以下	人 万元 万元
批发业	从业人员 销售额	100 ~ 200 3 000 ~ 30 000	100 以下 3 000 以下	人 万元
零食业	从业人员 销售额	100 ~ 500 1 000 ~ 15 000	100 以下 1 000 以下	人 万元

行业名称	指标名称	中型	小型	计算单位
交通运输	从业人员 销售额	500～3 000 3 000～30 000	500 以下 3 000 以下	人 万元
邮政业	从业人员 销售额	400～1 000 3 000～30 000	400 以下 3 000 以下	人 万元
住宿和餐饮业	从业人员 销售额	700～800 3 000～15 000	400 以下 3 000 以下	人 万元

目前，我国中小企业占全国企业总数的 98.5%，占全国资产总额的 50%，占全国销售总额的 60%，占全国工商税收的 50%，创造了 74% 的工业增加值。但在其发展的过程中，融资额却有限。国有银行对中小企业的贷款仅占其贷款总额的 38%，即使加上其他商业银行和信用社的贷款也仅占全部贷款的 44%，中小企业的资金需求远远得不到满足。这反映出一种不平衡的现象，即我国中小企业的融资环境与其所处的规模、地位上的不相称，中小企业在现有融资体系下难以获得更多的资金支持。

加快转变经济发展方式，调整优化经济结构。大力推进经济进入创新驱动、内生增长的发展轨道，是深入贯彻落实科学发展观的重要目标和战略举措，关系到改革开放和社会主义现代化建设的全局。全国以中小企业集聚为特征的产业集群有 2 000 多个，50% 的工业中小企业在各类集聚区发展。中小企业和非公有制经济广泛参与市场竞争，有利于发挥市场配置资源的基础性作用，促进社会主义市场经济体制的完善。中小企业已成为调整和优化经济结构的重要推动力量，是构造市场经济的主体，更是推动国民经济发展和促进社会稳定的基础力量。

中小企业是国民经济的重要增长点，在我省的国民经济发展中，中小企业始终是一支重要力量，是我省国民经济的重要组成部分。中小企业量大面广，分布在国民经济的各个领域，并且日益成为经济增长的重要因素。改革开放以来，中小企业得到了迅速发展，对国民经济发展的贡献越来越大。据有关部门统计：20 世纪 80 年代以来，中小企业的年产值增长率一直保持在 30% 左右，远远高于总的经济增长速度。数据显示，2010 年年末，全国工商登记中小企业超过 1 100 万家，个体工商户超过 3 400 万个。以工业为例，2010 年，全国规模以上中小企业 44.9 万家，比 2005 年增长 50.1%，年均增长 8.5%，占规模以上企业数量的 99.3%；全国规模以上中小企业工业增加值增长 17.5%，占规模以上工业增加值的 69.1%；实现税金 1.5 万亿元，占规模以上企业税金总额的 54.3%，是 2005 年的 1.9 倍，年均增长 13.1%；完成利润 2.6 万亿元，占规模以上企业利润总额的 66.8%，是 2005 年的 2.4 倍，年均增长 18.9%。

目前，我省城镇新增就业岗位的 75% 以上、农村剩余劳动力的 80% 以上都是由中小企业安置的，1 200 多万人从中小企业获得了工资性收入，这是一个庞大的富民工程。"十二五"时期，我省每年要新增城镇就业 100 万、转移农村劳动力 120 万。只有通过大力发展中小企业，创造更多的就业岗位，才能顺利完成就业目标。可见，中小企业在经济社会发展中具有举足轻重的作用。

中小企业是地方财政收入的重要来源。我国各级政府 80% 的财政收入来源于中小企业。尤其是在我省的县域经济中，中小企业占有很大的比重，中小企业的发展直接为地方财政提供税源。2007 年，山东省乡镇企业从业人员工资总额为 1 455 亿元，每个农业人口年增收入达 2 093 元，占全省农村人均收入的 42%。据统计，2007 年，山东省中小企业上缴税金 1 287 亿元，占全省税收的 40% 以上，比 1978 年增长 669 倍，地方财政收入的 52% 是中小企业创造的，其中规模以上中小企业实缴税金 984 亿元，占山东省规模以上工业实缴税金总额的 45%。中小企业是增加山东地方财政收入的重要来源。

中小企业是技术创新方面的生力军。中小企业在技术创新方面发挥着重要作用，中小企业的技术创新不仅在数量上占有相当的份额，而且创新的水平也不亚于大企业。特别是近年来山东省中小企业进入了高新技术行业，中小高新技术企业依靠其灵活的机制，以及对新市场的敏锐把握和大胆的冒险精神创造了许多神话般的业绩。技术创新与中小企业销售和出口的快速增长的相互关系在规模较小的中小企业尤为明显。

中小企业是科技创新的重要源泉，是推动科技尽快转化为生产力的重要力量，是技术创新的重要力量，是一个国家技术进步的重要载体。这不仅体现在中小企业呈现出以知识和技术密集型取代传统的劳动密集型、资本密集型的发展趋势中，而且由于中小企业经营灵活、高效的特点，把科学技术转化为现实生产力所耗费的时间和经历的环节也大为缩短。中小企业已逐步成为技术创新的生力军。目前，我国 65% 的发明专利、75% 以上的新产品开发都是由中小企业完成的。一些拥有自主知识产权的中小企业，迅速成长、壮大，成为具有优势的大企业。

中小企业对活跃市场具有主导作用。社会需求的多层次决定了商品市场的多层次。在这方面与大企业比较，中小企业具有贴近市场、经营机制灵活等优势。尤其是在外部环境恶化时，大企业的应变比较慢，中小企业"船小好掉头"，对经济变化能作出迅速反应。中小企业的存在和发展，可以保证市场活力，促进市场竞争，避免少数大公司对市场的垄断；可以利用其经营方式灵活、组织成本低廉、转移进退便捷等优势，更快地接受市场信息，及时研制满足市场需求的新产品，占领市场。中小企业本钱小、风险大，但机制灵活、富于创新，可以利用自己的优势，活跃在竞争激烈的领域，参与那些大型企业不愿涉足的"多品种"、"微利多销"、维修服务领域、新兴领域，从而使整个市场活跃起来。

改革开放以来，经过体制改革和机制转换，我省中小企业在各方面都表现出了良好的发展潜力，但由于其自身发展规模小、资本和技术构成较低、受传统体制和外部宏观经济影响等因素，中小企业在财务管理方面存在着自身发展和市场经济不适应的情况。企业财务管理的作用没有得到充分发挥，忽视了财务管理的核心地位，导致其在面对市场中激烈的竞争状况时会遇到一定的困难与障碍。

中小企业问题，在各国经济与社会发展稳定中具有战略重要性。但中小企业发展面临着许多问题。例如，由于中小企业大多由私人资本投资设立，资本规模有限，导致中小企业资金供应先天不足；同时，商业银行由于"信息不对称"和存在"道德风险"等因素拒绝为中小企业提供融资服务，造成中小企业资金供应后天短缺；而直接融资又需要企业有较高的信誉或担保，进一步导致中小企业直接融资渠道受阻，中小企业面临着巨大的资金缺口。为弥补这种先天不足及后天弱势，解决中小企业的资金短缺，必然需要政府的扶持。但过多的、直接的干预往往会破坏市场运行效率，妨碍众多经济主体的平等竞争。通过建立科学的政策性金融体系对中小企业融资缺口进行弥补，可以将政府行为对市场效率的破坏降低到一个最低的限度，同时又能较好地体现政府对市场经济的适当干预，恰到好处地为市场经济运行提供必需的公共产品。

以驱动因素来看，世界各国经济增长经历了要素驱动、资本驱动、创新驱动与财富驱动四个阶段。目前，我国正处于从要素驱动和资本驱动向创新驱动的转型阶段。我国开始在保证正常经济增长速度以及就业水平基础上，侧重强调科技技术和企业创新能力的培育，工业转型和升级的方式、城市化的模式、新型开放创新体系建设和低碳发展模式、公共服务均等化等问题成为这一阶段的主要议题。

"十二五"时期，中国的国际地位将不断提升，国际话语权日益扩大。中国经济在国际经济体系中将扮演越来越重要的角色。经济结构将发生重大变化。中国经济增长必将由投资驱动向需求拉动、外需依赖向内需主导转变。

"十二五"时期，中国融入全球化的方式将由吸引外商直接投资的单一方式，向吸引外商直接投资、鼓励企业到海外投资、进行国际项目合作等多种方式同时并存转变。中国的企业经营管理模式进一步与国际接轨。"十二五"时期，中国企业将进一步研究在全球范围内如何生存和更好地发展全球化竞争战略，从全球的视角审视企业的竞争能力，在全球的舞台上开展竞争。全球化的领域全面扩展，由实物领域向资本领域及其他业态延伸。

山东省中小企业已在许多产业中起到骨干作用，在某些领域中处于支柱地位。"十二五"时期是山东省加快转变经济发展方式的关键时期，中小企业加快转变发展方式势在必行。因此，中小企业问题，在经济与社会发展稳定中具有战略重要性，必须采取多种政策措施，促进中小企业健康发展。

2 山东省中小企业发展现状分析

中小企业在山东省国民经济中占有十分重要的地位，中小企业的运营质量直接影响到全省国民经济发展水平。

2.1 山东省中小企业发展总体现状

2008 年，百年一遇的金融危机对中小企业进行了一次全面体检。面对金融危机带来的严峻挑战，我省广大中小企业沉着谋划，积极应对，化解难题，创造优势，总体上保持了数量增加、规模扩大、质量提高的发展态势。到 2008 年年底，全省中小企业数量达 59.2 万户，当年新注册企业 6.99 万户，注销企业 2.49 万户，比 2007 年净增 4.5 万户。其中，内资企业 13.7 万户，比 2007 年减少 1.9 万户；外资企业 3.2 万户，比 2007 年增加 1.2 万户；私营企业 42.3 万户，比 2007 年增加 5.2 万户。

2012 年上半年规模以上中小企业实现增加值增长 13.14%、主营业务收入增长 17.6%、利润增长 14.6%、利税增长 15.2%。与 2010 年、2011 年相比，2012 年上半年，我省中小企业各项经济运行指标都有不小的回落，但在当前的经济形势下已经来之不易，且增速明显好于全部规模工业。就增加值、主营业务收入、利润、利税而言分别高于全部规模工业 2 个、3 个、8.9 个和 7.6 个百分点。其中，在重点监测直报企业和重点调度的产业集群中，1~6 月，全省 1 056 户重点监测直报中小企业完成工业总产值同比增长 14.4%，营业收入增长 13.1%，用电量增长 6.4%。重点调度的 70 个省级产业集群，1~6 月份销售收入增长 11%，利税增长 10.1%。规模以下小微工业企业也保持良好发展态势。2012 年上半年全省规模以下小微工业企业达到 12.8 万户，比 2011 年同期增加 7 000 户，出口产品销售收入增长 25%，主营业务收入增长 21%。

2.2 山东省中小企业发展的特点

通过调查分析，得出山东省中小企业发展呈现出以下特点：

2.2.1 数量众多、成长性强，对资金高度需求

在山东省众多的企业中，中小企业占据99%，不但数量多，而且行业分布极广，从日常用品到机械零部件，从生活到生产，几乎每个行业都有其身影。同时，这些企业中大部分处于创业发展阶段，对资金需求巨大，需要企业前期投入大量的人力、物力与财力进行基础设施建设、研发产品、开拓市场的投入。

2.2.2 资源薄弱、多为家族式企业模式

中小企业多则几百人，少则几个人，属于天生的"底子薄"。相对于大企业，中小企业所占有的资金、企业资源都十分的薄弱。这导致中小企业在市场竞争中往往处于弱势，资金缺乏使得中小企业抵抗市场风险的能力非常差，容易受到大企业的排挤和制约。

大部分民营中小企业仍沿袭了家族化的经营模式，在治理结构上呈现出简单化、单一化的特点，这就使得企业在投资决策行为上具有较强的投机性和随意性。

限于自身实力的薄弱，中小企业难以在组织管理上投入太多力量。家族式的管理在中小企业非常普遍，企业的组织管理结构不合理，管理水平不高是我国中小企业发展壮大面临的大问题。同时，资金的缺乏使众多的中小企业没有力量进行技术创新，企业在产品战略上多采用跟随模仿战略，受他人影响较大。由于企业资源的匮乏，企业营销网络难以保证独立性，局限于一地一市的企业营销网络，使中小企业在捕捉市场信息方面具有天然的劣势。

2.2.3 非公有制经济比重提高，对经济增长的贡献加大

截至2008年，全省规模以上非公有制经济实现增加值10 912亿元，同比增长17.1%，占全省规模以上工业的65.3%，实现营业收入40 347亿元、利润总额2 418亿元、利税总额3 753亿元，同比分别增长29.7%、25.7%、25.8%，分别占全省规模以上工业的65.4%、63%和58.4%。同时，受国际

金融危机和国内经济政策调整变化的影响，我省中小企业出现了资金缺乏、出口回落、订单减少、成本上升、效益下滑等一些新问题、新情况。

2011年年底，全省中小企业发展到76万户，全省规模以上中小企业增加值占全省的比重达到69.3%，提供的就业岗位占到80%。全年中小企业实现主营业务收入71 076亿元、利润总额4 650亿元、利税总额10 195亿元、实缴税金1 949亿元，均占全国的13%至14%，增速均居全国第一位。

2.2.4 发展方式粗放，部分企业面临结构调整的巨大压力

为应对复杂多变的国内外经济形势，2008年以来国家多次调整宏观经济政策，调整力度之大、转变之快、范围之广，前所未有。由于我省中小企业产业层次偏低，第二产业主要集中在轻工、纺织、化工、机械、冶金、建材等传统行业，第三产业中批发零售和餐饮业约占30%，而旅游、物流、信息服务等现代服务业不足2%，科技型中小企业所占比重只有10%，产业层次低，发展方式粗放，结构调整压力较大。2012年上半年，我省一批中小企业特别是一批小型纺织、食品出口企业，受原材料、能源和劳动力成本增加影响，效益明显下滑，亏损面、亏损额大幅上升，停产歇业增加。2012年下半年特别是9月份以来，受国际金融危机向实体经济蔓延的影响，市场需求空间缩小，企业订单下降，停产、半停产企业数量明显增加。据对16个市31 402户规模以上中小企业的调查（不含青岛），截止到2010年年底，停产企业2 003户，占6.4%，半停产企业3 127户，占10%，放假职工人数达36.87万人。

2.2.5 融资成本大幅上升，资金紧张的矛盾十分突出

当前，我国中小企业的融资渠道主要有两条：一是内部融资。包括业主自有资金、向亲戚朋友拆借的资金、员工内部集资、风险投资以及企业积累的资金等。二是外部融资。其中又可分为间接融资和直接融资两种形式：间接融资是指以银行等金融机构为中介的融资，包括各种短期贷款、中长期贷款等；直接融资是指以股票和债券形式公开向社会募集资金，以及通过向租赁公司办理融资租赁的方式融通资金。

从融资渠道来看，当前我国绝大多数中小企业是靠自我积累、自我筹资发展起来的，内部融资所占比重较高。然而，随着企业的发展，单纯的内部融资已经不能满足企业发展的需求，对外部融资的依赖程度提高。而目前，中小企业基本上是依靠银行等金融机构进行间接融资。从融资成本来看，目前商业银行对中小企业的贷款利率一般为基准利率基础上浮30%～50%，如果再加上

资产评估费、抵押登记费、公证费、担保费、动产监管费等，估计中小企业的融资总成本最高可达12%，比大型优势企业的贷款成本高出一倍至数倍。业内人士指出，如此之重的资金成本意味着企业的资金利润率至少要达到12%才不致亏本，而我国中小企业平均利润率能达到12%的行业是很少的。

从银行信贷支持来看，有调查表明，在整个银行开户的各个客户当中，大户占的比重大约在10%，得到的贷款额却占整个金融机构贷款总额的90%多。而中小企业开户占80.9%，得到的贷款额却不到金融机构贷款总额的10%。可见，仅从数字上来看，我国现有的金融体系对中小企业融资支持力度明显不如大型企业。我国中小企业当前存在的融资难问题已经极大地抑制了中小企业技术创新、市场拓展等经营活动的正常开展。

3 后金融危机时代对山东省中小企业的影响

由美国次贷危机引发的全球金融危机持续发酵，已波及我国实体经济的发展，中小企业正面临着从未出现过的困境。长三角、珠三角地区大批外贸加工企业减产、停产，对山东省经济造成的不利影响正在逐步显现，一些劳动密集型出口企业和传统技术企业受到冲击，中小企业战略转型迫在眉睫。但同时我们也看到，一些拥有自主知识产权、注重创新的企业却逆势而行，稳步发展，成为企业抵御风险的亮点。

总的来说，国际金融危机对地处东部沿海的山东省经济造成一定冲击，但山东经济整体外向度不高，影响不算很大，山东经济协调发展的基本面没有改变，经济正在朝着宏观调控的预期方向发展。

3.1 对我省中小企业的影响分析及对策建议

后金融危机对我省一般中小企业的影响，包括负面影响和正面影响两个方面。特别是负面影响使我省一些项目的进度放缓，实现经济增长预期目标的难度加大。因此要冷静分析形势，正确评估金融危机带来的挑战和影响，采取积极有效的应对措施，抓住政策机遇，化解不利因素，将金融危机带来的负面影响降低到最低程度。

3.1.1 负面影响

（1）出口贸易严重受阻。受金融危机的影响，国际市场，特别是欧美等发达国家市场的消费需求萎缩，海外客商下的订单越来越小。据统计，2009

年 1 月我省对外贸易进出口总值较 2008 年同期明显下降。随着国际金融危机进一步扩散，世界各国无一幸免，欧盟、美国两大重要经济实体需求疲软成为我省中小企业在出口贸易中面临的难题。一方面，由于欧美地区经济不景气，失业人数始终居高不下，民众消费意愿普遍不强，对进口商品的需求减少。另一方面，自我国彻底放开了进出口经营权，若干生产型企业也开始从事进出口经营，工厂可以直接进行外贸进出口经营活动，市场竞争加剧。同时，一些国外大的采购商可以直接进入中国采购，国外市场对进出口贸易商的依赖和需求减少。

这种出口贸易严重受阻、出口贸易减少的现象，特别是对我省外向型中小企业来说更为明显，使对国外市场依赖程度比较高的外向型中小企业处于生产萎缩、利润下降的状态。因此，许多外贸型中小企业开始进行艰难转型，寻求国内市场机会。由于多年来一直经营外贸生意，对国内市场不了解，面对更为复杂和激烈竞争的国内市场，这些中小企业显得力不从心，手足无措。受经济传导机制的影响，金融危机导致了股市低迷和企业盈利能力下降，居民收入也相应减少，购买欲望不高。由于市场总需求下降，同行业竞争情况越来越激烈，使得国内市场供过于求的状况会更加严重，产品价格下降，使那些夹缝中求生存，技术成本处于劣势的中小企业原有的市场份额被挤压，出现亏损，生存与发展压力增大。

（2）中小企业融资困难加剧。长期以来，融资问题始终是制约我省中小企业发展的主要问题之一。在中小企业的发展过程中，有很多问题影响着中小企业的发展壮大，其中最为突出的问题是中小企业"融资难、难融资"的问题，融资成本高，供需渠道不畅，一直是制约中小企业持续、快速、有效发展的最大障碍之一。经营规模小、经营灵活性是中小企业的天然优势，但这在融资活动中却呈现出一定程度上的不确定性。对银行而言，中小企业的灵活性也就意味着其投资预期收益的不确定性，这种不确定性预示着银行贷款风险的加大。商业银行对企业评级授信制定了较为严格的限制条件，在银行信用等级评定和发放贷款额的标准中，其设定很不利于中小企业的融资。加之日益严格的金融监管和贷款责任人追究制度，众多银行偏离了对中小企业的支持。

中小企业普遍存在着制度不健全、财务管理不规范、抵押担保机构少、信息不透明、周期较短等现象。有些企业还存在着严重的信用缺失、欺诈行为和由此引发的抽逃资金、逃废银行债务等信用问题，这在很大程度上影响了企业的整体信用形象，造成了中小企业不易获得银行贷款、融资渠道少、难度大、资金不足的问题。这一直是困扰中小企业发展的重要"瓶颈"。金融危机的冲击进一步加剧了我省中小企业的融资难度。在世界经济衰退的背景下，中小企业经营困难、信用风险加大，银行为了降低自身的风险，提高了对中小企业的贷款门槛，下调了放贷额度。尽管目前国家已经出台了加大金融机构对中小企业的信贷支持政策，但由于信贷市场的信息不对称引起的道德风险问题会使得银行对这些政策的执行力度有限。另外，金融危机来临后，国内外市场和社会需求的减弱造成企业产品挤压，加之产品价格的大幅回落，原材料、能源等成本上升，造成众多企业利润降低甚至出现亏损，使企业内部融资能力也大幅度下降。资金链断裂的危险性加大，使本来就深受资金短缺困扰的中小企业雪上加霜，资金链断裂的连锁效应将使更多企业受到影响。

（3）企业生产成本进一步增加。目前，我省中小企业出口的产品包括纺织服装产品、鞋产品、玩具箱包等轻工产品、日用塑料制品和金属五金制品等。这些产品的一个最大特点，就是以劳动密集型方式生产的低附加价值、低技术含量的加工产品为主，基本上是依靠劳动力低成本比较优势获得海外市场。

受金融危机的影响，企业生产成本进一步增加。我省中小企业的成本上升主要表现在以下四个方面：①原材料、能源成本上升。中小企业赖以生存的原材料、燃料、动力购进价格均有大幅上涨，农副产品的价格大幅度提升，而产品的价格增长幅度都相对较低，导致中小企业生产成本上升。由于国内外市场原材料成本上升，国内出口企业的经营压力越来越大。一方面，在金融危机的影响下，我国出口市场需求低迷、竞争更加激烈，通过提价来转移成本压力非常困难；另一方面由于需求下降使得产品积压，被迫降价，这样就形成了成本上升与售价降低的两头挤压，使得利润空间进一步紧缩，甚至亏损，经营压力增加。② 劳动力成本上升。新《劳动合同法》要求企业为工人上足三险，支付加班费，这无疑规范了用工制度，提高了工人的收入，维护了工人的基本权益，但这样也增加了企业的用工成本，使企业的经营难度加大。③ 环境成本增加。由于环境的恶化，各级政府加大了环境治理力度，要求企业进行污水处理、废气回收净化等，对于排放不达标、污染环境的企业采取限期整改、依法关闭等措施，这就迫使企业提高了环境支出成本。同时随着生产要素价格的上涨，企业为使用土地而支付的费用也在增加。

（4）人才流动频繁，企业发展受阻。一方面，受金融危机影响，中小外贸企业的经营效益下降，甚至不得不采取给员工减薪的方法来维持企业的运转。这一举措会使企业流失大量优秀人才，更不利于企业在金融危机这种风雨飘摇的经济形势下生存。另一方面，由于中小外贸企业缺乏有效的人才激励机制，面临着严峻的人才危机和信任危机，"跳槽"现象大量存在。中小外贸企业的业务员在离职时很容易产生人员离职单独创业的局面，带走企业的大量业务，进一步减少了企业的利润来源。

3.1.2 正面影响

（1）国家宏观调控政策带来的机遇。我国为帮助中小企业渡过难关，采取了更为宽松的财政金融政策。

2008年11月，国家适时推出了增值税转型改革，增值税由生产型转向消费型。

自2009年1月1日起，在维持现行增值税税率不变的前提下，允许全国范围内的所有增值税一般纳税人抵扣其新购进设备所含的进项税额，未抵扣完的进项税额结转下期继续抵扣。同时，将小规模纳税人征收率统一调低至3%。12月3日，国务院召开常务会议，提出当前金融方面促进经济发展的九条措施，其中包括适当提高企业预收货款结汇比例，方便企业，特别是中小企业贸易融资；设立多层次中小企业贷款担保基金和担保机构，提高对中小企业贷款比重；对符合条件的中小企业信用担保机构免征营业税等。国家的这些政策减轻了中小企业税收负担，扩大了中小企业的融资资金，为中小企业的发展提供了一个更加有利的环境。

2010年9月以来，党中央针对国内外经济形势的新变化，及时、灵活和审慎地出台了一系列宏观调控措施，包括提高部分产品出口退税率，下调金融机构人民币存贷款基准利率。

最近又采取积极的财政政策和适度宽松的货币政策，推出了一系列扩大内需，确保经济稳定增长的十项重要措施，并要求出手要快，出拳要重，措施要准，工作要实；从2008年11月起全面放开贷款规划限制，大力支持银行业金融机构加大对中小企业的信贷支持。这对于企业来说，将面临着难得的发展机遇，抓住这次宏观调控的有利时机，提高技术和管理水平，促使企业进一步做大做强。

2012年上半年，山东省财政继续统筹省中小企业发展资金和科技型中小企业创新发展专项扶持资金6 000万元，本着"加大强度、集约投入、竞争择优、重点扶持"的分配原则，对济南、莱芜等6市10个中小企业产业集群进行重点扶持，如期完成了3年内对16市轮流扶持一遍的目标任务。同时，积极争取中央资金1.31亿元，统筹相关专项资金4 400万元，以中小企业公共技术服务平台和重点企业关键技术改造项目为着力点，按每个产业集群不低于

500万元的标准，对33个产业特色鲜明、比较优势突出、辐射带动作用强、财源建设效果好的特色产业集群进行重点扶持，极大地调动了地方发展特色产业集群的积极性，有力地促进了地方特色产业中小企业发展。

（2）吸引国际投资面临的机遇。从国际上看，金融危机引发了世界经济格局的重新调整。2008年以来，美欧等发达国家的制造业遭受"二战"以来最严重的打击，国内外不少产业、产品都调整转移、优化重组，形成一股势不可挡的产业梯度转移热潮。目前，尽管我国宏观经济面临下滑趋势，但制造业的景气度仍保持在较高水平。在金融危机中从投资安全性考虑，发展中国家会成为发达国家新的目标市场。中国经济较稳定的发展吸引了一些国际机构和资金的目光，这将有助于加速中国的"世界工厂"的形成，给中国制造业的成长和升级带来契机。作为我国人口众多省份之一的山东省，当然也面临着很大的机遇。这就要求招商工作者既要准确分析、把握和积极应对此次金融危机带来的影响，又要抓住国内外经济形势呈现的发展机遇，趋利避害，理性开展招商引资工作，实现招商引资向招商选资的转变。

（3）外部市场环境带来的机遇。近些年由于美元贬值、需求旺盛等因素，国际大宗商品的价格居高不下，次贷危机爆发后，流动资金短缺，大宗商品市场资金逐步撤离。随着危机的加剧，投资者对商品的预期需求呈现悲观态度，从而使价格下降。而我省可以在此时成为一些商品的买方，大大缓解中小企业成本上涨的压力。此外，这次危机促使我省一些低技术的劳动密集型的中小企业进行内部成本结构调整，加大技术创新和提升产品技术含量，实现产品的升级换代，中小企业要充分发挥自身的竞争优势，善于抓住外部市场环境和政策优势带来的机遇。

（4）产业转型升级面临的机遇。金融危机发生的过程，也是企业加快洗牌、产业优化重组的过程，更是加快产业结构调整转型升级的难得机遇。任何一项调控政策都会抑制一些产业，但也带来新的发展方向。对于一些劳动密集型、技术含量低的中小企业来说，正好发挥"船小好调头"的灵活性，及时调整优化产品结构，重点向国家鼓励发展的行业转向，向低能耗、低排放行业转向，向市场前景好、利润率高的产品转向。宏观调控是一次重新洗牌的时期，经过这一宏观调控的洗礼，克服了困难、经受了考验的企业将迎来一个快速发展的时期。

3.1.3　我省中小企业在后金融危机时代发展的对策建议

（1）加大基础设施建设力度。基础设施是经济发展的长远支撑，大规模的基础设施投资不仅能带动钢铁、建材、机械、电子等一大批相关产业的发展，同时也能为城乡居民提供大量的就业机会，特别是增加农民的工资性收入，为进一步扩大农村消费需求提供强有力的经济支撑。要用发展的眼光、前瞻性的思维和切实的措施谋划和抓好基础设施建设，想方设法争取国家资金和政策支持，积极推进一批基础设施项目，为经济的长远健康发展提供强有力的支撑和保障。

（2）推进产业升级和建立现代产业体系，提高企业整体抗御风险能力。我省要做好长期应对金融危机的准备，企业则要坚定信心。以往的经验表明，外部环境不佳的时候，往往是企业苦练内功，脱胎换骨的最佳时机。金融危机的发生，对我们的企业有影响，对我们的竞争对手也有影响，甚至影响更大，加上由金融危机导致的能源、资源、人才的价格下降，各省人才、科研、资本在原有环境生存空间下降，这就给我们引进外部的人才、技术设备、资本等带来前所未有的机遇。因此，当前的困难只是暂时性的，所以企业要坚定转型的决心，各级政府部门也要积极作为，采取有效措施消除金融危机的影响。要强化服务，加大对企业的扶持力度，尽全力帮助企业解决困难。具体来说：一是推进自主创新和产业升级。以装备业、信息技术、新材料、新能源和节能环保等领域为重点，组织实施自主创新和高技术产业化示范工程项目。突出抓好发展基础好、产业链条长、技术水平高的制造业项目。二是加大企业技术改造力度，加强重点技改项目调度，对多个在建技改项目实行旬调度，及时协调解决项目实施中的问题。加大专项资金投入，支持一批现代产业体系项目建设。三是支持企业大力开拓国内外市场，加强对大企业生产销售情况的监测，引导企业把握市场动态，生产适销对路产品，努力保持和扩大市场份额。四是繁荣发展现代服务业，增加省级服务业引导资金投入，市县逐年增加政府引导资金。

（3）尽快实施一批民生工程。通过实施民生工程，努力办好涉及群众切身利益的实事，使贯彻落实科学发展观的过程成为不断为民造福的过程。

一是深入实施劳动就业保障工程。就业是民生之本，我省应把就业和再就业工作列入经济和社会宏观调控基本目标和政府责任考核重要内容，并且摆在经济社会发展的突出位置来抓。通过积极构建覆盖城乡的就业服务体系，建立健全市、县区、街道（乡镇）、社区（行政村）四级就业和社会保障服务网络，统一城乡就业政策，消除城乡就业差别，对全省城乡就业人群提供横向到边、纵向到底的就业信息、免费培训、职业指导等服务，推动城乡劳动力的有序流动。

二是实施全民安居工程。加快农村危房改造进程，着力解决贫困户住房难的问题。加快城区安居工程建设，把解决城市低收入家庭住房困难作为住房建设和住房制度改革的重要内容，大力发展廉租住房、经济适用房和中小户型普通住房建设，解决城区特困户和中低收入家庭住房难的问题。

三是深入实施城乡医疗惠民工程。继续深入实施新型农村合作医疗制度，加强农村卫生和城市社区卫生服务体系建设，加快医疗保障制度建设，实施城乡医疗救助新办法，多渠道筹集救助资金，建立惠民医疗制度。

四是实施教育均衡发展工程，促进教育公平。

五是实施生产生活环境改造工程。继续抓好城乡防灾减灾工程建设，抓好事关老百姓生产生活的水、电、路设施改造，促进市区美化、净化、绿化、亮化，为群众创造良好的生产、生活环境等。

（4）用好国家政策，充分发挥积极财政政策和适度宽松货币政策的作用，为企业发展创造良好环境。一是全面实施增值税转型改革，确保企业抵扣其新购入机器设备所含增值税的政策落到实处。二是全面清理各种收费，不合理的收费要坚决取消，过高的收费要尽快调整，对暂时困难的企业可以采取减、免、缓等办法，为企业创造宽松环境。三是引导金融机构扩大信贷投放。对有市场、有效益、有发展前景而资金短缺的企业，通过财政贴息等形式，引导金融机构加大资金投放，加大对重点项目支持力度。四是设立创业投资引导基金，扶持中小型高技术企业发展。

（5）在优化结构基础上，保持适当的固定资产投资规模增速。加大投资力度对于我省经济保持平稳较快增长具有重要意义。首先，以节能减排降耗为原则优化投资结构。其次，针对企业投资、民间投资放缓的趋势，以政府公共基础设施投资、重点工程建设投资、城市拆迁、新建投资以及产业结构调整和城区产业布局调整为主导，来带动社会投资。最后，政府应采取积极措施，给予民营资本国民待遇，降低民营资本行业准入门槛，鼓励民间投资。

（6）抓好中小企业和民营经济发展。一是加强政策扶持，抓好各项政策措施的具体实施，努力解决制约我省中小企业发展的政策环境、资金环境、出口环境等实际问题，确保纺织服装、食品加工等中小企业平稳发展，尽快扭转新增规模以上企业下降较快局面。二是进一步加强企业管理工作，创新管理方式，加快信息化建设，引导中小企业抓好成本、安全、质量和节能等基础管理，降本增效，提高市场竞争力。

（7）继续稳定出口。出口是拉动我省经济增长的重要力量。在当前全球经济陷入衰退的大背景下，设法稳定甚至扩大出口对于保持经济增长具有重要意义。第一，应该紧紧抓住国家鼓励出口的机会，充分利用现行优惠政策，在资讯、报关、出入境、审批、税费减免等方面提供便利条件，协助企业巩固传统国外市场，开拓新的海外市场，扩大出口。第二，优化出口商品结构，除了要加大具备一定竞争力的高附加值、高技术含量、低能耗商品的出口，如机电产品和高科技产品，当前更重要的是扩大劳动密集型商品的出口。在这方面我们具备显著的成本优势，在国外购买力下降的时候，中国商品的竞争力更加明显。另外，这也能够解决大量劳动力就业。

（8）加大招商引资力度。外资是我省固定资产投资的一个重要组成部分。在当前国际金融经济环境动荡不安的大背景下，国内相对稳定的经济环境以及良好的增长预期，对外资具有吸引力。我省要抓住这个时机，扩大基础设施建设和投资，创新招商方式，加快开发区和园区建设，优化法律政策环境，扩大利用外资规模。

3.1.4 小结

通过前面的分析可知，金融危机通过其传导机制直接导致生产企业资金融通不畅，资金链断裂风险增加。同时，市场需求下降，制造企业库存量增加，产能下降，引起企业业绩下滑，这是一个连锁反应。我省虽然没有出现南方外向型大批中小企业关门倒闭现象，但金融危机致外部需求疲软，也已影响到我省的中小企业。集中表现为外贸出口订单减少、工业增幅下滑较快、企业利润空间缩小。此外，略显低迷的预期对工业品出厂价格也产生了影响。而"市场空间萎缩，销售普遍下滑"、"成本总体持续上涨，经济效益下降"以及由于目前银行"惜贷"造成企业"资金压力加大，资金周转困难"等，也将成为困扰我省中小企业发展的难题。

3.2 后金融危机对我省开发区的影响及建议

3.2.1 对开发区企业的影响

从调查情况看，这次金融危机对开发区内以国内市场为主的内销型企业，如机械制造等影响不大，但对部分以出口为主的外向型企业，如纺织服装等影响较大。这主要表现在：一是出口贸易减少。部分企业往年此时正值接单旺季，受金融危机持续冲击，世界经济下行，外需明显减弱，直接导致订单萎缩，出口遇阻，销量下降。如滨州立杨纺织有限公司受金融危机的影响，2009年12月份以来，国外订单与前几个月相比减少21%～31%。2009年1～11月份销售额月平均为 2 341 万元，而 2009 年 12 月份公司销售额仅为 179 万元，与 2009 年前 10 个月的平均值相比下降 31%，与 2008 年同期相比增长 0.6%（产能较 2008 年增加 1/3）；2009 年 1~11 月份出口额为 2 023.4 万美元，2009 年 12 月份出口额仅 80.13 万美元；设备的开台率 2007 年为 100%，而 2009 年 12 月份以来仅为 80% 左右。但从销售市场来看，立杨纺织国内市场目前所受影响不大，基本保持 2008 年同期水平。二是经营风险加大。受人民币汇率调整和原材料价格上升、加工贸易门槛提高、企业融资环境趋紧等不利因素的叠加影响，企业经营风险大大增加，尤其对加工出口为主要经营业务的外贸企业影响较大。如山东麦克斯威尔服饰有限公司生产的产品长期出口欧美市场，2010 年 10 月份销售收入比 9 月份同比下降 24%，产值下降 33%，利润下降 43%。

3.2.2 政策标准混乱，不适当竞争现象影响严重

我国开发区优惠政策有两个层次，包括国家制定的具有普遍指导意义的鼓励政策和各个开发区自己制定的各种优惠政策。由于我省开发区数量过多，在竞争项目资金过程中，便在优惠政策上层层加码，相互攀比，进行过分压价竞争，造成大量土地资源流失和有限资金被过度分割，从总体上造成资金浪费、经营效益下降。同时，一些高新技术开发区在受到周边地区过分竞争的压力下，开始脱离开发高新技术产业的总体规划约束，不断引入一些普通工业项目，甚至一些制造污染的项目。这样，总体规划的意义就无法得到实现，不同开发区的个性日益混合，开发区类型的界定日益显得模糊、困难，造成了开发区总体规划实施欠佳，加剧了开发区之间日益严重的过分竞争。

3.2.3 对招商引资情况的影响

由于资金短缺，招商引资仍然是薄弱环节。目前，我省各级、各类开发区都不同程度地存在资金短缺问题。由于资金紧缺，致使一些开发区"饥不择食"地选择一些短、平、快项目，忽略了对规划目标的追求，同时无原则地杀低地价，造成隐性国有资产流失。一些地方政府在争设开发区时固然有着想借此为地区经济培育新的经济增长点的显著一面；同时，还另有一个隐性意图，即在地方资金比较紧缺的情况下，设置开发区还可以为地方财政收入带来快速而有效的增加。正是由于这一意图的存在，使得开发区的开发建设本应得到地方财政的支持，反倒变成了要向地方财政纳赋。这种财政倒吃及负债经营问题已成为开发区中普遍的资金问题。

3.2.4 对我省开发区建设的建议

针对目前山东省开发区存在的问题，应采取以下对策：①建立全省开发区宏观调控体系，对全省开发区统一管辖，双重领导，增强整体优势和增大合力；②加强开发区规划管理，坚持少而精的原则，扶优扶强培植一批省级重点开发区，使之尽快成为全省的经济"增长极"；③加快与国际惯例接轨，争创体制新优势；④探索多种形式，缓解资金困难；⑤适应知识经济挑战，加快产业结构调整和高新技术产业化发展。

3.3 问卷调查情况

3.3.1 被调查企业的基本情况

本次调查对象为山东省中小企业，均为非上市公司。本次调查问卷的发放，采取实地访问、信函邮寄和电子邮件等相结合的方法。本次调查共发放问卷 200 份，回收有效问卷 166 份，问卷回收率为 83%。其中，青岛市 94 家，占被调查企业的 57%，东营市 24 家，威海市 10 家，济南市 8 家，烟台市 8 家，淄博市 6 家，潍坊市 6 家，滨州市 4 家，聊城、德州、临沂各 2 家。

本调查问卷主要按行业分类，将被调查企业分为：纺织及鞋帽（8%）、计算机网络（4%）、家电电子（1%）、石油化工（12%）、食品饮料（12%）、现代装备制造（5%）、医药卫生（4%）、造纸及纸制品（1%）和其他（53%）共九大类。其中，服务业占总数的 20%。这些被调查企业按性质划分，国有企业 16 家，占企业总数的 10%；集体企业 4 家，占企业总数的 2%；民营企业 132 家，占企业总数的 80%；三资企业 14 家，占企业总数的 8%。

3.3.2 被调查人员的基本情况

统计结果显示，被调查人员中职务属于中层及以上的人员占 51%。其中高层人员占 10%；被调查者的年龄，40 岁以下的占 89%；被调查者中，高中或中专文化程度占 13%，大专文化程度占 10%，本科文化程度以上占 77%。

3.3.3 调查内容

基于研究的需要，在设计调查问卷时，分别从中小企业的基本情况调查、金融危机对中小企业的影响、中小企业应对金融危机的措施和效果以及政策影响四个方面进行调查分析。

共发放问卷200份，收回200份，剔除无效问卷8份，有效问卷192份，问卷有效率为96%。

3.3.4 问卷调查结果与分析

（1）金融危机对不同性质中小企业的影响程度的调查分析

①金融危机对不同性质中小企业的主要影响因素

通过对调查问卷中的"自国际金融危机爆发以来，其对贵公司最大的影响因素有哪些：资金、成本、销售、利润、其他"进行调查，无论何种性质的企业，大部分都选择了销售和利润这两个因素。除此之外，国有企业及民营企业还选择了资金及成本因素。

②金融危机对不同性质中小企业生产经营情况的影响

在被调查的国有企业中，有50%的企业生产经营情况下降。而民营企业与三资企业中分别有65%、43%的企业生产经营情况下降。这说明金融危机对国有中小企业、民营企业及三资企业的生产经营影响巨大。在中小企业中占主要成分的民营企业受影响尤为突出。

③金融危机对不同性质中小企业的市场份额、成本及利润的影响分析

在金融危机影响下，市场份额下降比较大的依次是三资企业、民营企业以及国有企业，分别有86%、56%、38%的被调查企业下降；而利润下降比较大的则依次为：国有企业、集体企业、民营企业及三资企业，分别有63%、50%、44%，29%的被调查企业利润下降。这与市场份额下降的顺序正好相反。究其原因，是因为三资企业、民营企业与国有企业、集体企业相比，机制更灵活，市场反应更迅速，能比较有效地控制成本。民营企业仅有41%的被调查企业成本增长，低于国有企业的50%。

（2）金融危机对不同行业中小企业的影响程度分析

调查结果显示，在这次被调查的九类行业中，造纸及纸制品、纺织及鞋帽、食品饮料及石油化工行业，以生产仿制品和生产技术成熟的大路货为主，产品技术含量低，在产品创新方面投入较小。这几类行业中，外销企业员工学历水平明显比内销企业高，基本为本科及以上学历。而医药卫生、家电电子、计算机网络和现代装备制造等行业则相反，产品技术含量高，基本以自主开发产品为主，而且企业员工总体学历较高。

由于食品饮料、纺织鞋帽、医药卫生行业的产品多是居民生活消费品，因

此除部分外销企业外，对其冲击不大。但是由于金融危机使投资者资产缩水，减弱了部分居民的实际购买力，影响了居民的投资信心，从而导致社会需求整体下降，使这些行业的销售受到较大影响。采取应对金融危机的措施后，2009年的经营并未有多大好转。

（3）金融危机对外销企业的影响程度远远大于内销企业

在这次被调查企业中，共有外销企业42家，占总数的25%，而且外销企业的产品基本上是销往欧美地区。统计显示，受金融危机影响及汇率变动影响，有71%的外销企业其生产经营呈下降状态，而内销企业则只有56%的企业生产经营呈下降状态。究其原因，这次金融危机对欧美地区的影响比较大，外销企业对客户的依赖度较高。相比较而言，是外销企业的产品技术含量低所致。

3.4　东营垦利：中小企业品牌在"蓝黄"战略中体现

东营市垦利县辖5镇2个街道办事处和1个省级经济开发区，面积2 331平方千米，人口24万。垦利县区位交通优势突出，万里黄河从这里入海，胜利油田在这里诞生，处在黄河三角洲开发建设主战场的最前沿和山东半岛蓝色经济区的重要区域，面临两大战略叠加、黄蓝经济交汇的重大历史机遇。县城位于黄河之畔，是东营市中心城市北组团；北距国家一类开放口岸东营港60千米，通过东营港与辽东半岛相通，是东北地区水路进入中原的最佳途径；南距东营火车站15千米，客运及货运便利畅通；东营胜利机场坐落垦利境内，距县城仅15分钟车程，目前已开通至北京、上海、大连、重庆等地的航班；荣乌高速纵贯南北，是连接胶东半岛与京津冀地区的重要通道。可以说，垦利县处在环渤海经济区与沿黄经济带的交汇点上，具有聚集生产要素、吸引各方投资和辐射周边、带动区域发展的独特优势。

垦利县工业底蕴深厚，特色明显，经过多年发展，已经形成了12个工业门类、七大支柱行业、1 000多种产品、具有一定区域特色的地方工业体系。中小企业是支持经济增长，缓解社会就业压力，改善社会经济结构的重要力量。近年来，垦利县高度重视中小企业发展，在政策、资金、技术等方面对中小企业进行大力扶持。目前，垦利县中小企业总数达到1 604家。2013年上半年，全县中小企业呈现平稳较快增长态势，实现工业总产值890.5亿元，同比增长25.9%。

3.4.1 创新机制 环境建设亮点频现

环境就是生产力。近年来，垦利县先后开展了"抢抓机遇、跨越发展，为实施国家战略建功勋"、"抢抓机遇、率先突破，在实施国家战略中跨越崛起"和"解放思想争一流，为民服务树形象"主题教育实践活动，出台了《关于中小企业十强评选暂行办法》、《全县20家最具发展潜力工业企业评选暂行办法》、《关于进一步优化工业结构加快工业转型升级的意见》等政策，为全县中小企业发展提供了强有力的政策支持和资金保障，中小企业发展环境建设亮点频现。

（1）以"畅通渠道"为重点，拓宽政策覆盖，增强中小企业发展潜能。加强网络宣传，发挥网络信息传递速度快、质量好、效率高的优势，整理相关政策近百条，建立了中小企业政策法规数据库，在"中国中小企业山东垦利网"开设了政策法规搜索页面，供中小企业查询浏览，网站日浏览量突破1 000余人次；印制宣传资料，整理汇编了有关中小企业行政收费、财政税收、金融、环境优化等政策，印制了《中小企业不能不知道的好政策》1万册，供中小企业免费使用；深入开展"政策大讲堂"活动，专题讲解中小企业扶持政策，帮助中小企业加深对政策的理解，传授中小企业使用政策的途径和方式，深挖政策潜力，让政策发挥出最大的作用，今年已培训300余人次。

（2）以"增强信用"为重点，优化融资环境，破解中小企业融资难题。加强诚信体系建设，开展了"信用垦利"建设活动，政、银、企三方共同努力，营造"守信光荣，失信可耻"的信用环境。金融机构加大对企业的支持力度，2013年中小企业贷款增幅达到15%以上；落实《小企业会计准则》，建立规范财务制度，提供真实财务信息，不断增强诚信意识；建立政府担保体系，政府投资成立担保公司，为全县中小企业提供贷款担保服务，有效缓解了中小企业贷款难的问题。现在，中国银行、农业银行、工商银行、建设银行等大型银行垦利支行，均设立了中小企业贷款专柜；垦利县农信社、垦利乐安村镇银行、垦利邮储银行以及明珠、万得福两家小额贷款公司，专门向中小企业提供贷款。

（3）以"提升效能"为重点，健全服务体系，提高中小企业发展能力。设立一站式行政审批服务大厅，全县凡具有审批职能的部门均在服务大厅中设立窗口，提高了办事效率；搭建中小企业网上服务平台，充分发挥"中国中小企业山东垦利网"和"垦利经信网"的作用，引导广大中小企业完善企业信息库内容，打造独具特色的网上展示平台；从特色产业集群和特色产业镇入手，做大优势产业，完善服务功能，加快了公共技术服务平台建设；深入开展"千名干部进百村（企业），万名党员联万户"和"服务下基层、政策进企业"活动，每名干部联系2家中小企业，帮助企业解决难题。目前，已帮助企业解决融资、项目等实际问题300余个。

3.4.2 优化配置 产业集聚生机勃发

集群化是工业经济发展的必由之路。垦利县在中小企业发展过程中，通过优化配置，以发展产业集群为重要抓手，着力推动中小企业集聚集约发展。以"产业园区"为载体，培植特色产业，提升企业市场竞争力。

垦利县通过高层次产业规划，重点抓好特色产业集群、产业镇和特色产业集聚区的规划布局和产业定位，夯实中小企业发展基础。组织专门力量，对确定的精细化工、石油装备、农副产品加工、汽车及零部件、纺织服装6个特色产业进行论证，制定长远发展战略；精细化工、石油装备制造2个产业集群已被确定为省级产业集群。按照全省"中小企业成长计划"要求，围绕加速企业成长和产业特色集聚，大力实施"四项计划"，筛选了68个重点工业项目，形成重点项目库，总投资达145.3亿元，为区域经济发展注入了新的生机和活力。

（1）以"科技创新"为抓手，提升项目层次，增强中小企业发展后劲。深入开展"一企一技术"创新活动，增强企业自主创新、自主研发能力。目前，省级"一企一技术"企业达到3家，市级9家，全县80%以上的中小企业实施了企业技术创新计划，研发投入近50亿元，实施产、学、研合作项目300余项，建成科研开发机构6家；先后创建市级以上企业技术中心17家、国家级高新技术企业7家，形成了多层次、宽领域的技术创新体系。

（2）以"人才战略"为动力，增强企业家素质，打造人才聚集洼地。坚持"请进来"和"走出去"相结合，每年组织企业家参加各类培训、高端论坛和国内外大型展会等活动，特别是组织企业家赴清华、北大、浙大等知名高校开展的高级研修培训活动，更新了企业家知识层次，拓宽了视野，提升了境界，增强了企业家们在企业战略研究、企业管理、市场营销、品牌打造、自主创新、企业文化建设等方面的意识，成效显著，得到了企业家和社会各界的广泛认可和一致好评。大力推广分类培养模式，推进企业家队伍建设。对重点骨干企业的董事长、总经理，实行"精英化培训"；对年轻企业家实行"成长化培训"；对重点企业职业经理人实行"职业化培训"，提高企业家素质和层次，增强企业的竞争力、执行力和现场管理能力。目前，全县共开展培训400余场，培训3万余人次，为全县中小企业发展提供了强有力的人才智力支撑。

同时，高度关注企校实训基地建设，全县共建立实习、实训基地8家，实习、实训场地达到11万平方米，投入资金达1.1亿元，有30多所高等院校、科研机构与基地建立了长期合作关系。

（3）以"创业中心"为基础，搭建发展平台，构筑完备创业乐园。自2006年以来，垦利县先后投资近3亿元，建成了占地300多亩（1亩＝0.066 7平方千米）的瑞丰资产运营中心，实现了厂房建设标准化、道路畅通化、环境优美化和配套设施完善化，为中小微企业发展搭建起了创业发展平台。几年来，先后培育30多家小微企业成为有潜力的中小企业，陆续落户垦利经济开发区高新技术工业园。

3.4.3　质量兴县　名优品牌群星闪耀

山东宝世达石油装备有限责任公司成立之初，只不过是一个员工12人、年销售收入100多万元的小公司。多年来，公司以质量为根本，以品牌为基石，不断加大产品研发力度，现在已成为拥有国家专利几十项、员工500人、年销售收入10亿元的研发型高新技术企业，先后被评为山东省高新技术企业、山东省200家成长企业、山东省专利明星企业、山东石油装备协会理事单位。

在垦利县，像这样的中小企业还有很多。垦利县按照"培育一批、发展一批、储备一批、壮大一批"的工作思路，大力实施项目拉动、科技带动和品牌驱动战略，中小企业品牌建设取得重大突破。截至目前，全县通过质量体系认证的企业达到110家，6家企业参与了6个产品的国家（行业）标准制定，并已发布实施；1家企业和1名个人获得首届东营市市长质量奖；万全牌聚丙烯酰胺获得"中国名牌"产品称号；万全牌电力电缆获得"中国驰名商标"称号；艾瑞斯特牌智能箱式变电站、明珠牌预应力混凝土管桩、胜通牌子午线轮胎用钢帘线、新发牌D－泛酸钙、宝世达牌抽油泵、万得福公司绿色家园牌大豆油等28个产品获得"山东名牌"称号。

（1）提高产品质量，夯实品牌基础。积极引导企业实施科学规范的管理方法，努力提高产品质量。一方面，经信、质监等部门帮助企业加强质量、标准、计量和认证等基础工作，引导企业采用国际标准和国外先进标准，积极承担国家标准、行业标准的制定（修订），切实提升企业竞争力。另一方面，加快企业技术改造和创新步伐，通过"产、学、研"合作等方式，开发具有自主知识产权的核心技术，加大技术改造力度，选择一批企业技改项目作为重点，积极争取上级支持，在项目用地、项目推介等方面优先给予支持。新发药业、力诺玻璃、明珠集团等企业，立足科技创新，注重质量，加强管理，以信誉抢占市场，拓展发展空间。万得福等农产品加工企业，紧贴产业实际，不断提高农产品加工精度和深度，为加快全县农业产业化发展，发挥了重要的龙头带动作用。

（2）实施名牌战略，提升发展品质。将全县一批质量保证企业纳入品牌培育规划，分为中长期不间断递进实施，将现阶段已具备申报条件的中小企业列为近期培育对象，将有发展潜力的中小企业作为长期培育对象，建立跟踪联系制度，加强沟通与交流，引导企业创建品牌。不断加大对品牌创建工作的政策资金奖励力度，制定出台了《关于进一步优化工业结构加快工业转型升级的意见》，牢固树立质量兴企、名牌兴企观念，对新获得省长质量奖、中国名牌产品的企业给予一次性奖励 50 万元；对新获得市长质量奖、山东名牌产品的企业给予一次性奖励 20 万元；对承担国家标准制定（修订）的企业给予 10 万元补贴；对承担行业标准（地方标准）制定（修订）的企业给予 5 万元补贴，有效提高了中小企业创建名牌、制定行业标准的积极性和创造性。

（3）规范服务引导，优化发展格局。严格落实《垦利县关于推进商标品牌战略工作的实施意见》，以优势产业、优势产品为重点，综合运用经济、法律、行政等手段，集中力量培育、扶持、壮大一批中国驰名、山东省知名商标，努力构建商标品牌梯级发展、结构优化的发展格局。加大宣传力度，鼓励企业制定、实施符合自身特点的知识产权战略。以"世界知识产权日"、"3·15 国际消费者权益日"为契机，广泛宣传商标品牌法律知识。2012 年以来，组织各类大型品牌宣传活动 26 次，发放宣传材料 10 000 余份。严厉打击侵权行为，切实维护企业合法权益。建立受理及时、反应迅速、程序合法、处理得当的行政执法机制，定期开展"商标专项整治"，严厉查处侵犯注册商标专用权行为，打击生产销售假冒名牌产品的不法行径，维护名牌产品、名牌企业的合法权益。

3.4.4 小结

垦利县中小企业现已发展到 1 600 多家，它们在活跃经济、改善就业、创建品牌、科技创新等方面，为县域经济发展做出了重要贡献。下一步，垦利县将继续加大对中小企业的扶持力度，通过完善服务体系、加强自主创新、培育产业集群等措施，打造富有地方特色的中小企业品牌，力促中小企业在"蓝黄"战略实施中发挥更大作用，做出更大贡献。

4 国际典型的中小企业案例比较分析

4.1 欧盟促进中小企业发展的政策措施

4.1.1 欧盟改善中小企业生存环境政策

中小企业由于本身力量较弱，在市场竞争中往往处于不利地位。因此，欧盟对中小企业的支持首先是改善中小企业生存环境。企业生存环境主要包括行政、立法、财政等方面的内容。

4.1.1.1 在行政上，简化行政机构和行政手续，避免给企业带来负担

欧盟委员会和各成员国达成共识：在对中小企业提供最好的服务的同时，尽可能避免给企业带来负担。为此，欧盟委员会成立中小企业专家委员会，对中小企业进行调研，与来自欧盟各成员国的中小企业代表对话，在此基础上形成意见书，供欧盟委员会和各国政府参考。

4.1.1.2 在立法上，注意保护中小企业利益

欧盟的经济立法原则是市场的公平和效率。但由于中小企业处于竞争的弱势地位，欧盟立法将保护中小企业的利益放在首要位置。

4.1.1.3 在财政上，实施财政补贴，制定统一税则，简化关税条例

欧盟对中小企业普遍给予一定的补贴，主要用于中小企业的技术创新和环保改造，而这种补贴一般比对大企业的同种补贴高出10%。1996年欧盟委员会成立税收政策小组，税收政策小组发布一篇题为《欧盟的税收：关于税收体制改革的报告》的通讯，建议制定统一税则；1996年12月欧洲议会通过新关税法案《关税2000》，新法案简化税收目录，使中小企业易于操作。

4.1.2 欧盟中小企业的金融扶持政策

4.1.2.1 欧盟举办中小企业与银行的圆桌会议，帮助建立良好的银企关系

中小企业与银行的圆桌会议开始于1995年9月，每年召开一次，目的是请来自银行和各中小企业部门的专家，就中小企业和商业银行的关系发表看法，以此建立中小企业与银行的良好关系。欧盟委员会在此扮演会议秘书和"催化剂"的角色，帮助解决彼此之间的分歧，以求达成共识。

4.1.2.2 成立针对中小企业的资本市场

1995年和1996年，欧盟执委会正式通过了两个关于"为中小企业服务的欧洲资本市场"的决议。自1995年以来，一些股票市场被建立起来以满足中小企业的需要，尤其是那些高速成长的中小企业。伦敦的"选择投资市场"于1995年成立，巴黎的"新市场"于1996年成立，法兰克福、阿姆斯特丹和布鲁塞尔的股票市场也于1997年成立，一起组成"欧洲新市场"。另一个泛欧洲市场（欧洲证券商自动报价协会）于1996年在布鲁塞尔成立，集中为中小企业，特别是高成长的中小企业筹集资金。

4.1.2.3 加大欧洲投资银行对中小企业的政策支持力度

欧洲投资银行是欧盟的发展银行，其资金的90%用于欧盟不发达地区的项目，其余的10%用于东欧国家或者与欧盟有联系的发展中国家。欧洲投资银行通过"综合贷款"间接地为中小企业投资筹措资金，这是由负责研究中小企业项目的商业银行根据欧洲投资银行的指导原则做出的贷款。

（1）欧洲投资银行对中小企业的综合贷款。自从1990年以来，欧洲投资银行向45 000家以上的中小企业提供融资。这些资金中的将近45%给予工业和服务业，这些中小企业的80%以上雇员少于50人，97%少于250人。超过25 000项业务涉及被援助地区的投资，大约13 000项在这些地区之外。为了促进商业银行对中小企业贷款，欧洲投资银行综合贷款项目同时向12家银行和金融机构提供超过20亿欧元的信贷限额。

（2）欧洲投资银行为中小企业提供就业的补贴贷款。为了鼓励中小企业提供更多的就业机会，欧洲投资银行专门启动10亿欧元的贷款基金，对创造一个工作给予的最多贷款为30 000欧元，并且在5年中给予每年2%的利率补贴，这样每创造一个工作在5年中获得的利率补贴可达到3 000欧元。这种利率补贴由欧盟财政预算支出，由欧洲投资银行管理。

（3）阿姆斯特丹特殊行动项目。1997年，欧洲投资银行根据阿姆斯特丹

欧盟理事会关于"增长与就业创造"的结论通过了一个 3 年项目。该项目向银行或者金融机构提供 21 900 万欧元,将欧洲投资银行融资的重要部分用于对高度劳动力密集型中小企业的投资。其投资项目包括四个方面:城市重建,教育和健康投资,落后地区发展和经济结构调整,保护环境。

4.1.2.4 欧洲投资基金对中小企业的政策性投资成为中小企业发展重要的资金来源

1996 年创立欧洲投资基金的目的是对跨欧洲的项目和中小企业提供贷款和担保。在欧洲投资基金 20 亿欧元的捐赠资本中,40% 来自欧洲投资银行、30% 来自欧洲联盟、30% 来自所有成员国中的 80 多家金融机构(大多数是银行)。对中小企业的支持表现在以下两个方面:

(1)给予中小企业的贷款担保。欧洲投资基金可以提供的担保总额最多能够达到其捐赠资本的 8 倍,即 160 亿欧元。中小企业的业务额占欧洲投资基金总业务额的 35%。欧洲投资基金也可以投资于那些专为中小企业资本融资的企业股票。在这种股票投资中(占其业务额的 5%),欧洲投资基金集中参与具有高增长潜力企业的风险资本投资,特别是那些发展和利用新技术或者新产品的企业。

(2)"增长和环境"引导项目。1995 年 12 月,欧盟执委会与欧洲投资基金签订了一个关于实施"增长和环境"引导项目的协议。根据协议,欧洲投资基金为少于 100 名雇员的中小企业(倾向于少于 50 名雇员的企业)提供部分贷款担保,用于可以带来重大环境利益的投资。这种贷款担保措施使中小企业能够获得具有环境利益投资的更为有利的融资贷款条件。欧洲投资基金的担保使得中小企业不仅能够获得贷款资源,而且也具有较低的利率。

4.1.3 欧盟中小企业的欧洲化和国际化政策

欧盟鼓励中小企业的欧洲化和国际化,在这方面,欧盟主要采用了两种方法:一是为中小企业提供更好的信息服务;二是促进企业间的国际合作,建立伙伴关系。

4.1.3.1 建立欧盟企业信息系统,为中小企业提供更好的信息服务

(1)设立欧洲信息中心网络。该网络包括了欧盟内部的 230 所欧洲信息中心,以及分布在中东欧和地中海国家的 20 所欧洲信息通讯员中心。作为一个倾力服务于企业界的机构,欧洲信息中心的功能非常全面,它可以为中小企业提供有关欧盟事务的所有专业知识,尤其在欧盟的项目和政策方面可以为它们提供建议和帮助。欧洲信息中心提供多种服务:① 信息服务。作为欧盟的信息服务机构，欧洲信息中心可以解答企业提出的有关欧盟事务的问题，并为它们提供许多这方面的文件，包括各种小册子、信息公报以及《管理指南》之类的手册（《管理指南》是一种供中小企业按照欧盟的标准进行自我评估以及提高自我认识的工具书）。②初期的建议与帮助服务。欧洲信息中心主要就欧盟向企业开放的财政项目、欧盟的质量、标准化与证书政策，以及欧盟环境政策等问题向中小企业提供建议和服务。③中小企业的信息反馈。欧盟委员会有意识地通过欧洲信息中心了解参与欧盟项目的中小企业在执行欧盟法规时遇到的特殊问题。欧洲信息中心的信息反馈工作所采用的形式主要包括：在上述方面直接与中小企业进行磋商，对中小企业所在的地区进行调查，以及对成功的案例进行汇编等。

（2）其他信息服务举措。为了满足不同团体，包括企业界、职业机构、顾问机构以及学生们直接对执委会提出的信息需求，1995 年欧盟委员会的企业政策部门对他们的综合商务信息服务进行了重构，建立了一个对来访者开放的信息中心。在执委会其他部门的密切协作下，这个中心可以针对个人的需要提供高效率的信息服务，组织研究个人来访和团体来访，免费发放 6 万份《欧洲信息》月刊和一份面向中小企业的简明信息公报。

4.1.3.2　发挥欧盟超国家的力量，建立企业国际间的合作与伙伴关系

在欧盟范围内促进企业之间的合作，是欧盟企业政策的一个侧重点。为了推动在欧盟内部企业之间建立伙伴关系，欧盟委员会已经建立了合作伙伴搜寻网络，网络覆盖 40 个国家，拥有 300 多名顾问，向欧盟的中小企业提供合作和创业的机会。为促进欧盟中小企业的跨国发展和国际合作，欧盟还启动了以下的项目和计划。

（1）设立欧洲经济利益集团。欧洲经济利益集团提供一种有利于中小企业跨国合作的法律框架，于 1985 年开始实行，主要为中小企业之间的国际合作提供法律服务和信息服务。

（2）伙伴关系计划。欧洲伙伴计划旨在通过促进中小企业之间的跨国合作，引导需要做结构调整的欧洲地区的经济发展。欧盟每年举行两次这种活动，帮助企业找到潜在的合作伙伴，并就可能达成的合作协议进行讨论与谈判。这种做法的成功已经吸引 70 多个国家参加了欧洲伙伴计划，来访公司（每次会谈在 1 500～2 000 家之间）不仅来自欧盟，也来自欧洲自由贸易区国家、地中海国家、东欧国家、东南亚国家、拉丁美洲国家和北美国家。

（3）跨国转包。欧盟委员会在转包领域中的政策从一开始就把促进形成真正的欧洲转包市场作为自己的目标，近来又把加速欧洲转包市场的国际化、

增强在全球经济中的竞争力作为自己的目标。欧盟的行动主要追求以下三个目标：① 提高转包市场的透明度。主要方法是编制工业转包法规方面的实用指南，编制转包组织的名录（目前已经出版了第三版），研究转包的重要性，组织这方面的研讨会和论坛。② 增强企业间的伙伴关系。欧盟建立了一个叫做SCAN 的转包网络，支持筹备举办国际买主博览会。③推进欧洲转包的国际影响。为在日本举办的培训计划提供奖学金，在北美召开专题研讨会等。

4.1.3.3 加强与第二国的合作，拓展海外市场

欧盟经济的繁荣在很大程度上有赖于对外贸易和外部投资，欧盟企业既需要充分利用统一大市场的优势，也需要确保它们在第三国市场上的位置。欧盟内部市场自由化给外部竞争者带来的利益应当与确保欧盟企业，包括中小企业在第三国市场上得到的商业与投资机会相互协调起来。为此，欧盟委员会在通过贸易政策确保欧盟企业自由走向第三国市场的同时，还设置了专门的措施来支持中小企业在联盟外部的发展。

1996 年，欧盟委员会开始实行一项"市场准入战略"，确立了欧盟打开其他国家市场的基本战略。与世界贸易组织及其他多边行动框架中的双边措施相参照，欧盟委员会推荐实行一种"双轨"的方法。此项战略的一个重要步骤是建立可以相互作用的市场准入资料库，并将其纳入国际互联网。这就使得欧盟的中小企业可以通知委员会代表它们在世界贸易组织或双边合作框架内采取行动。

世界贸易组织框架内，欧盟在实行一种坚定的市场开放战略。1996 年，在世界贸易组织框架中，欧盟正式通过了《信息技术产品贸易宣言》。到 2000 年，此项宣言的参与国取消 400 项海关关税以及其他针对信息技术产品的收费，这标志着欧盟在国外供应商的市场准入方面进行了影响深远的改进。同时，也使得欧洲企业，尤其是中小企业能够以较低的价格购买这些产品，从而在竞争中刺激增长。

4.1.4 欧盟中小企业技术创新政策

4.1.4.1 制定欧盟企业统一的质量技术标准和认证体系

欧盟成立后，欧盟各成员国企业缺乏统一的质量技术标准，欧盟委员会致力于中小企业统一的技术标准，并将其上升到增强中小企业国际竞争力的全球战略的高度。欧洲质量管理委员会于 1997 年专为中小企业设立了欧洲质量奖，以鼓励欧盟中小企业采用欧盟统一的质量体系和技术标准；同时，欧洲商业与工业委员会和欧洲信息中心启动欧洲质量工程，以帮助中小企业了解各行业的技术基准。为了更进一步推进中小企业统一的质量标准，欧洲标准化委员会和

欧洲电子技术标准化委员会联合设立了手工业中小企业标准化局，专门负责推进中小企业标准化。

4.1.4.2 激励中小企业参与研发

为激励中小企业参与研发，欧盟委员会设立中小企业研发奖金，各成员国的中小企业提出一个为大家共同关注的课题均可获得一定的资助，一般可承担75%的研发费用或 45 000 欧洲货币单位。同时，欧盟推出合作研究计划，鼓励中小企业与大企业共同开发，欧盟的资助一般可达到 50 000 欧洲货币单位或承担450%的研发费用。欧盟中小企业的研发主要涉及工业技术、生命科学、环保、非核能源、运输、信息技术等。据欧盟委员会的统计报告显示，1991—1994 年，共有 6 276 个项目获得各种奖励或资助；1994—1996 年，获得资助的项目达到 5 439 个。

4.1.4.3 组织技术交易，建立技术流通网络

1996 年 11 月在布鲁塞尔举办第一个"欧盟中小企业技术日"，会议吸引来自 21 个欧洲国家的 800 多家企业和投资机构的代表，与会的企业中绝大多数为中小企业。会上中小企业可寻找新的研发项目，同时也可以出售研究成果或寻找合作伙伴。此后，"欧盟中小企业技术日"每年举办一次，逐步成为技术交易和转化的中心。欧盟还成立创新传播中心。创新传播中心是非营利组织，有 52 个分中心，每个中心为当地的这些中小企业创新技术提供潜在购买者的信息。中心的工作人员都在相关的领域有相当的经验，对相关领域的技术进展有很好的了解，他们的建议往往对技术交易产生重大的影响。1995 年通过中心完成的技术转让达 489 项，1995—1996 年与之保持联系的中小企业达39 337 家，得到帮助的达到 7 052 家。

4.1.5 欧盟与成员国中小企业政策的协调

由于成员国在实质上保留了制定中小企业政策的权力，欧盟意识到自己的权力是有限的。欧盟委员会的目标是促进成员国和欧盟各机构在中小企业的政策和行动上更协调，通过重新明确各部门的职责，使对中小企业已采取的政策发挥最大效用。正如欧盟执委会在 1998 年《关于支持中小企业和手工业部门的行动的报告》中所得出的结论——"为创造就业、促进增长和竞争而发挥中小企业潜力的唯一方式是将中小企业发展中的各种伙伴的努力和动力结合起来"。欧盟委员会在实际行动中采取对话机制，对话者包括欧盟各机构、成员国政府、地方政府、中小企业专业组织以及中小企业代表。对话是为了加强信息的交流，了解企业家的需要以及企业的实际运行，根据实际需要采取必要的行动。

4.2　美国政策措施的借鉴作用

在美国，中小企业被称为"美国经济的脊梁"，已成为美国技术创新的重要源泉。研究表明，美国的中小企业创造的技术创新成果和新技术在数量上占全国的 66% 以上，中小企业人均技术创新量是大企业的 2.6 倍。在 1952—1977 年的 25 年中，美国最重要的 319 件科技研究项目有 200 多件为中小企业所创造。1999 年，全美技术创新成果的 55% 是中小企业提供的。在高科技企业中，中小企业占 93%，一批科技型中小企业现已发展成为世界级的大企业。由于中小企业规模小、筹资难等方面的原因，与大型企业相比，在技术创新中处于不利竞争地位。因此，美国政府高度重视中小企业的技术创新，采取了一套行之有效的措施，取得了显著的成效。研究美国政府推进中小企业技术创新的政策措施，对促进我省中小企业的发展有着借鉴的意义。

4.2.1　美国政府促进中小企业技术创新的政策措施

美国政府一般不直接参与中小企业技术创新，而是通过制定法律、采取务实的政策措施等间接方式鼓励和引导中小企业的技术创新，为中小企业技术创新提供一个良好的外部环境。主要做法是：

（1）制定促进中小企业技术创新的专门法律法规

健全的法律法规，是中小企业技术创新的基本法律保障。为了使中小企业健康发展，促进中小企业技术创新，美国政府高度重视对中小企业技术创新的立法保护，制定了一系列有关中小企业技术创新的法律法规。美国以《小企业法》作为其指导中小企业工作的主要依据。在此基础上，先后制定了《小企业投资法》、《机会均等法》和《小企业经济政策法》。1982 年美国政府颁布了《小企业技术创新发展法》。该法规定，凡是研究与开发经费超过 1 亿美元的联邦政府部门，都要将超额部分按法定比例，用于资助小企业的技术创新研究。近年来，联邦政府又相继颁布了《加强小企业研究与发展法案》、《减税法》、《新税法》。这些法律法规为中小企业技术创新提供了强有力的支持与保护，对中小企业的技术创新具有明显的推动作用，新的税法给中小企业创新开发提供了较大的减税空间。

（2）建立专门机构——小企业管理局

为了加强对中小企业技术创新的宏观管理和指导，经美国国会授权，美国政府于 1953 年成立了小企业管理局，专门负责处理中小企业事务；美国还设立白宫小企业委员会和国会小企业委员会，协助小企业管理局开展工作。目前，小企业管理局在美国各地设有 10 个分局，100 多个地方分支机构，形成一个全国性的网络。作为美国中小企业的最高政府管理机构，小企业管理局的主要职责是执行法律和政策，协调政府部门与中小企业的关系，为中小企业提供直接或间接的资金援助以及经济、技术、法律等方面的服务与指导。

（3）设立小企业技术创新奖励项目

联邦政府先后于 1983 年和 1994 年设立了小企业技术创新奖励项目和小企业技术转让奖励项目，支持中小企业的技术创新。技术创新奖励项目分三个阶段：①对小企业技术创新的构想和可行性，由联邦政府有关机构进行评估，如被认可，则在 6 个月之内可获得最高额为 10 万美元的资助奖金。②对完成第一阶段工作进入批量生产阶段的项目给予最高额为 75 万美元的资助资金。③技术创新成果进入批量生产，实现商业化，资金可由商业贷款解决。小企业技术转让奖励项目由国家科学基金会等 5 个部门负责，旨在推动非营利性科研机构向科技型小企业转让科技成果。该项目分为三个阶段：①论证科研产品是否具有商业开发价值，如论证通过，可在 1 年内获得 10 万美元以内的资助奖金。②确认第一阶段的商业潜力，如被认可，本年内可获得 50 万美元以内的资助奖金。③研究成果市场化阶段，所需资金由商业贷款解决。小企业技术转让奖励项目从 1994—1997 年 3 年间，共有 108 亿美元用于该项目的奖励。

（4）提供技术创新的金融扶持

美国政府根据中小企业技术创新的不同需求向中小企业提供贷款担保、投资等方面金融扶持。这些扶持主要有：① 为中小企业提供创业资金和经营资金的"长期贷款担保"、"简化手续贷款担保"及"微型贷款担保"等。②为中小企业提供国际贸易贷款担保、出口风险贷款担保及向购买美国产品的外国进口商提供多种贷款。③鼓励私营金融机构向中小企业贷款、投资，向从事小企业投资的私营投资公司提供贷款担保；开设第二市场，允许向小企业提供贷款的金融机构在该市场上自由买卖政府的担保权，以提高资金的效益和流动性。小企业通过政府担保，不仅可以获得贷款。而且在贷款期限、利率等方面也可以有优惠。科技型中小企业除享受上述金融扶持外，还可以获得风险投资的支持。据统计，1997 年美国风险投资商共向 1 848 家公司投入 114 亿美元的风险资本。

（5）为中小企业技术创新提供全方位服务

美国政府非常重视社会中介组织在促进中小企业技术创新过程中的作用，

为此建立了一批中介组织，为中小企业技术创新提供信息、咨询、技术、人才培训等全方位服务。①创办小企业发展研究中心。小企业发展研究中心是在小企业发展中协调各中介机构、社会团体和政府关系的组织，其成员来自专业贸易协会、法律界、银行界、学术界、商会及退休人员服务社，均是志愿者和兼职人员。该组织为已开办和拟开办的小企业提供管理培训、信息和技术帮助。②建立小企业信息中心，定期公布市场的最新发展动态，向小企业提供技术创新方面的计算机硬件、软件和资讯等信息。③组织退休经营服务队。美国政府将集中700多个国家实验室的大部分技术解密，以"扶持幼小的高技术工业，扩展国家经济基础"，这极大地推动了小企业的技术创新活动。此外，联邦、州及地方小企业局的商业杂志和计算机程序图书馆，对小企业开放，免费提供政府支持小企业发展的有关项目和服务资料。通过联邦小企业局的因特网系统，向小企业提供迅速、简易的帮助；通过小企业导航网，为小企业提供产品广告、销售信息和政府采购合同信息等。

4.2.2 美国促进中小企业技术创新的政策措施对山东省的启示

在山东省，中小企业是社会主义市场经济的重要组成部分，在国民经济发展中发挥着极其重要的作用，中小企业已成为我省经济增长的最重要的支撑力量之一。但是，中小企业在技术创新过程中遇到的困难也不少，主要表现在：企业规模较小，信用程度低，特别是高新技术企业的发展存在着技术风险和资金风险；社会信息服务网络尚未建立，获得市场信息的概率低；人才严重缺乏，并且人才流动很大。因此中小企业的改革和发展引起了我国各级政府部门的普遍关注。1999年中央经济工作会议指出："要高度重视发展中小企业，采取更加有效的政策措施，为各种所有制小企业特别是高新技术企业的成长创造必要条件。"借鉴美国政府促进中小企业技术创新的成功经验，结合我省的实际情况，增强我省中小企业的技术创新能力，应做好以下几个方面的工作：

（1）加强立法，制定有关中小企业技术创新的法律法规

美国政府促进中小企业技术创新的经验告诉我们，健全、完善的法律体系，是改善中小企业经营环境、促进中小企业技术创新的前提和保障。改革开放以来，我国制定实施了《公司法》、《乡镇企业法》、《合伙企业法》、《个人独资企业法》等法律，国家有关部门也制定颁布了《关于鼓励和促进中小企业发展的若干政策意见》等政策性文件。但是，我国有关中小企业的法律保护体系还很不完善，表现在立法上，现在我国还没有一部关于中小企业发展的法律，更谈不上有关中小企业技术创新的专门法律了，这使我国中小企业在国

民经济中的地位得不到确认，国家制定的有关促进中小企业技术创新的政策措施得不到法律保障。为此，国家应尽快制定并出台《中小企业法》、《中小企业技术创新法》、《中小企业融资法》及《科技型中小企业风险投资法》等相关法律法规，确定中小企业在国民经济中的地位和作用，保护中小企业的正当权益，为中小企业技术创新提供充分的法律支持和保护，为中小企业技术创新创造更好的制度环境和发展空间。

（2）健全中小企业管理组织体系，以保证法规的贯彻实施

美国的经验告诉我们，中小企业的技术创新除了有健全的法制基础外，还要有相应的政府机构来保证法律、法规的贯彻实施。我国中小企业数量众多，所有制构成比较复杂。尽管我国也成立国家经贸委下属的中小企业，但中小企业管理机构并没有扩展到省、自治区和直辖市，可以说我国中小企业管理机构还不完善。而且中小企业管理部门多而杂，造成中小企业管理"政出多门"，这在一定程度上制约了中小企业技术创新活动的开展和企业发展。因此，为了加强对中小企业的管理，应当建立以中央政府为主导、地方政府为基础、民间团体为补充的中小企业管理体系，健全中小企业组织机构，以协调政府各部门解决有关促进中小企业发展及技术创新活动的法律、政策和管理问题，反映中小企业要求，引导中小企业健康发展，帮助中小企业解决在技术创新过程中遇到的资金、技术、人力、信息等方面的问题，更好地促进中小企业的技术创新。

（3）建立为中小企业服务的信贷担保体系

信用担保是提高中小企业金融信誉、解决贷款难、抵押难的有效方式。美国的小企业局作为永久性的政府金融机构，通过直接贷款、协调贷款及担保贷款等形式，向中小企业提供资金支持。国家经贸委于1999年颁布了《关于建立中小企业信用担保体系试点的指导意见》，此后各省都在按照国家经贸委的统一要求有组织地进行小企业信用担保试点工作。截至1999年年底，全国已有70多个城市建立了中小企业信用担保机构，并通过财政拨款、资产划拨、企业入股等方式筹集担保资金40多亿元，按5倍放大系数和担保机构承担70%的贷款风险推算，可为中小企业解决400亿元的银行流动资金贷款。但是，由于各个担保机构是由不同部门组建起来的，因而在实际操作中就没有统一、明确的行业管理；而且从目前的实践来看，担保机构还没有一套完善的操作流程，缺乏科学的管理。因此，必须加快推进建立中小企业信用担保体系试点工作，规范操作，科学管理，控制和分散风险。我们可以成立由国家财政资金、金融机构和中小企业共同出资的信用投资基金，资金为中小企业提供担保

并对所担保的项目进行风险管理；鼓励企业集团为相关联的中小企业提供担保；成立为中小企业担保服务的专门机构。

（4）参照美国"小企业创新研究资助计划"（SBIR）和"小企业技术转移资助计划"（STTR）计划，为中小企业技术创新设立专项鼓励基金

根据国务院办公厅1999年6月下发的《科技型中小企业技术创新基金的暂行规定》，国家每年有10亿拨款设立"科技型中小企业技术创新基金"，用来支持科技型中小企业的技术创新活动。该基金的支持分为三种形式：① 无偿援助。这主要是针对中小企业技术创新项目的研发后期以及中试前期，作为项目的补助资金和科技人员创办企业进行科技成果转化的启动资金补助。②贷款贴息。中小企业从银行获得贷款后，将由创新基金支付部分利息，以减少中小企业的财务负担，解决企业的后顾之忧，使企业有充足的资金用于扩大规模、及时占领市场。③资本金的投入。基金管理中心将选择一些有发展前景、成长性好的企业，以股份的方式投资。在基金支持对象方面，只要是外资不超过50%的中小企业，不分所有制，都可以申报。科技部每年将发布由专家委员会审定的重点项目指南。为了使基金确实起到其应有的作用，基金管理中心除对申报项目本身严格审定外，还要对项目的承担单位的企业内部管理、研发能力、财务管理以及管理者自身素质等因素进行全方位的考察。

（5）制定促进中小企业技术创新的优惠政策

中小企业在技术创新中具有重要地位，而其在资金、技术、人才等方面又处于竞争劣势，因此我国政府应当制定各种优惠政策，以鼓励和扶持中小企业的技术创新。这主要包括：① 合理调整贷款利率机制，要根据不同行业、不同企业制定不同的贷款利率，在中央银行的宏观调控下，应允许国有商业银行制定合理的利率区间，使利率更具有弹性；在利率政策方面还应将部分流动资金贷款转为中期贷款，适当降低中小企业贷款利率，真正减轻中小企业的利息负担。②国家应尽快制定鼓励中小企业自主创新的优惠政策，对于符合国家产业政策的中小企业，特别是对科技型中小企业重点发展的高新技术、高附加值、资金密集型的产品，应给以财政补贴、税收减免等优惠；进一步完善金融政策，为中小企业的研究开发、产学研结合提供资金支持和贷款担保，并为中小企业的科技产品进入国际市场提供出口信贷等。③积极发展风险投资，在风险投资的资金渠道上，要逐步拓宽现有资本市场的范围，大胆鼓励发展面向中小企业的资本市场，建立国家风险基金，在新兴产业和重点项目上投入一定比例的资金，以调动和引导社会风险投资者的积极性。

（6）建立健全中小企业技术创新的服务体系

美国的经验表明，中小企业的技术创新需要有一个完善的社会化服务体系。就我国而言，政府应当充分发挥"生产力促进中心"、"创业服务中心"等中介机构的作用，为中小企业技术创新提供技术支持；可以由国家和大企业共同出资建立非营利性的中小企业技术创新研究与开发中心，为中小企业技术开发提供信息及实验场所，并以较低的价格租给中小企业使用；国家应在"星火计划"、"火炬计划"和"成果推广计划"三大科技开发数据库的基础上，利用国际互联网等计算机网络系统，广泛搜集国外技术发展信息，建立一个向中小企业技术创新提供直接服务的数据资料库，从而使中小企业以较少的费用及时、准确获得所需要的各种信息；此外，国家有关部门应当把大企业和科研院所退休的科技人员组织起来，建立一个为中小企业技术创新提供直接服务的"退休经营服务队"，专门给中小企业"搭脉诊断"，分析风险，为中小企业技术创新和发展提供帮助。

4.3　韩国支持中小企业的政策选择

韩国中小企业自20世纪50年代以来发展极为迅速。到2006年年底，有大约300万个中小企业，约88%的工人受雇于中小企业，中小企业创造的附加值占工业企业总附加值的一半以上。中小企业在韩国经济中地位的不断提升主要得益于韩国政府的重视。韩国政府建立了颇具特色的中小企业政策性金融体系，包括政策性资金支持体系、政策性信用担保体系和直接融资服务体系，这些都为保证中小企业稳定经营、风险投资、技术开发以及国际化提供了广泛的金融支持。韩国中小企业与我国有较多相似性，韩国在此方面的经验值得借鉴。

4.3.1　韩国支持中小企业的政策措施

4.3.1.1　建立中小企业政策性资金支持体系

按照传统的市场经济理论，政府应该退出竞争性产品市场，专注于公共物品的供应。中小企业信贷业务显然属于竞争性金融服务领域，理应由商业银行自行决定是否提供中小企业信贷业务服务、提供的规模以及提供的价格和条件，并由看不见的手进行调控。从实务来看，尽管目前无论是理论界还是商业银行从业人员，大家已经统一了对于中小企业在国民经济中的重要地位的认识，对于支持中小企业的必要性也不存在疑义。但是，由于中小企业自身固有的问题，作为经济人和以审慎经营为宗旨的商业银行在支持中小企业的初期难以采取大的举措。于是，在实际的商业行为中采取了保守观望、多说少做的态度，最终导致了市场失灵。尽管企业有需求、服务有市场，但是中小企业信贷业务发展仍然步履维艰。这个时候，就需要作为公共物品提供者的政府出面推动一把，充分发挥政策性金融机构的推动作用，使其作为整个中小企业信贷体系的原动力，起到四两拨千斤的作用。这就是韩国政府成立韩国企业银行、韩国信用保证基金等政策性金融机构的初衷。从韩国经验中我们可以看出，向单个的、具体的中小企业提供特定的信贷产品属于竞争性商品，应该由市场调节，让商业银行自行决策。但是，建立整个健全、有效的中小企业信贷业务体系，则是属于政府提供的公共产品的范畴，在这一方面，政府责无旁贷。

韩国政府的政策性资金主要通过两种方式投向中小企业。一是建立政府政策性基金，通过专业银行向获得支持资格的中小企业发放。各政府部门可以根据其产业政策确定援助的对象和条件，指定银行遵照这些指示，并根据商业贷款的发放原则对申请贷款企业进行贷前审查和贷后管理，信用风险由银行承担。这种政策性贷款一般利率较低、周期较长，主要支持中小企业的技术研发、信息化和自动化，并重点培养有潜力的需要风险投资的中小企业。二是通过专门的政策性银行为中小企业提供资金。韩国早在 1961 年就成立了专门为中小企业提供金融支持的中小企业银行（IBK），韩国几乎 70% 以上的中小企业都与该银行有融资业务往来。为了保证 IBK 将贷款专项用于扶持中小企业，韩国法律明文规定：中小企业在 IBK 的贷款业务比率不能低于 80%；在银行扶持中得以发展壮大后，不再符合中小企业标准的企业，IBK 不能再与其有业务往来。该银行的成立对韩国中小企业融资起到了巨大作用，在韩国全部银行对中小企业贷款中占到 16.5% 的份额。目前，IBK 已由最初国家全额注资发展为政府控股 51%、民营资本控股 20% 以上、其余为韩国其他银行所有的资本结构。民营资本的介入使得 IBK 在将全部贷款的约 85% 用于中小企业的同时，采取商业银行的运营模式，自负盈亏。2003 年 IBK 的纯利润达到了 1.87 亿美元，各项经营指标在韩国各大银行中处于优良水平。可见，既能盈利，又能解决中小企业困难，这可谓韩国中小企业银行的成功之处。

4.3.1.2　建立中小企业政策性信用担保体系

（1）解决信用担保的途径是建立中小企业信用担保体系。缺乏抵押物和信用记录是中小企业获得银行贷款的最大障碍，解决途径就是建立中小企业信用担保体系。韩国是亚洲第二个开展中小企业信用担保计划的国家，其信用担保体系在中小企业发展中发挥的作用也是最大的，主要担保机构有1976年成立的韩国信用担保基金（KCGF）、1989年成立的韩国技术信用担保基金和14个地方性担保基金。在政策性资金保障的同时，KCGF又是独立的法人实体，遵守利润最大化的市场运作原则，保证资金的运行效率。同时，考虑到担保资金的政策性用途，其一方面通过《韩国信用担保基金法》的规定控制其风险，如规定担保额不能超过担保资本金的20倍，KCGF每个财政年度的经营计划只有得到财政部的批准方可执行，KCGF的剩余现金用于购买股票和其他用途须得到财政部的批准等；另一方面，KCGF自身也注重提高风险管理水平，不断健全中小企业风险评级体系，并建立再担保机制，有效分散和规避了风险。

（2）建立信用保证基金是中小企业信用体系的核心。尽管韩国信用保证基金尚无法解决自身的商业可持续发展问题，但在推动韩国中小企业发展过程中，信用保证基金功不可没。信用保证基金用少量资金撬动了10倍的银行信贷资金，更重要的是，信用保证基金同时推动了中小企业整体信用的发展，逐步建立了一个全国性的中小企业信用监督—交易体系，积累了比较丰富的中小企业信用记录，极大地解决了商业银行贷款交易中的信息不透明问题。

（3）加强中小企业信贷的精细化经营与管理。韩国支持中小企业发展经验的一个重大特点就是其对于中小企业信贷风险的管理已经超越了对单一客户、单一产品的风险管理，并发展到了对中小企业整体的组合风险管理阶段，国民银行、企业银行等都已经开始推广落实巴塞尔新资本协议要求的风险评价体系。强化信用风险、市场风险和操作风险的精细量化管理已经成为韩国银行中小企业信贷业务健康、平稳发展的重要保障。为了实现精细量化管理，少不了精确、科学、充分、广泛的数据积累。国民银行从2001年开始进入对违约概率和违约损失率的数据观察期，计划到2007年完成完整的信用风险违约概率和违约损失率的数据准备，并于2002年9月从中小企业率先开始实行风险定价。这是韩国银行业实现市场细分、资本配置、营销指导、风险定价、业绩评价和考核激励的基础。

4.3.1.3 建立中小企业直接融资服务体系

为进一步拓宽中小企业融资渠道，解决间接融资不足，1996年韩国政府参照美国建立了自己的二板市场（KOSDAQ）。二板市场为中小企业，特别是科技型中小企业提供了直接融资场所。从定位看，该市场是为了配合政府拉动高科技和创意行业的政策而设立的资本市场，对于高科技企业在上市条件、门槛方面给予了充分考虑，使得那些技术含量高、有增长潜力但资金不足的科技企业能够通过证券市场这一平台获得资金，以此促进韩国高科技行业发展。根据世界交易所联盟2008年的统计，二板市场的成交量及换手率仅次于美国纳斯达克。二板市场采用多样化的上市标准，将企业划分为风险企业、非风险企业、共同基金和国外企业四种类型，分别适用不同的上市标准。其中对高科技风险型公司设定了较低的上市标准，基本没有任何数量和财务指标要求，同时政府还给予税收优惠，充分体现了对其的鼓励。除了上市基本条件，成本也是中小企业的一个重要考虑因素。二板市场的上市费用约为3.9万元人民币，是纳斯达克的1/20，而上市公司所缴纳年费为4 500元人民币，是纳斯达克的1/46，均是新市场中最低水准。这些使得韩国中小风险企业得以通过直接融资增加资金来源。当然，二板市场之所以能稳定发展14年，形成目前相对成熟的创业板市场，成为中小风险企业融资的重要渠道，自然离不开严格的监管：要求企业定期信息披露，除了定期报告，还必须披露公司管理方面以及财务状况和经营业绩重大变化的信息，否则将受处罚，甚至被摘牌；有价格涨跌幅限制和暂停交易等稳定市场的日常监管措施，保证上市公司质量的严格退市制度等；努力提高机构投资比重，减缓因个人投资者占比过大造成的市场波动。2009年，韩国新成立了"上市停止实质审查委员会"，目的就是对上市公司信息的实质内容进行审核，以打击部分企业通过虚报业绩"混迹"于股市的行为。

4.3.2　启示与借鉴

4.3.2.1　建立中小企业政策性资金支持体系

近年来，我国中央财政也设立了一系列中小企业专项基金，如中小企业发展专项资金、科技型中小企业技术创新基金、中小企业服务体系专项补助资金，以及商务部的中小企业国际市场开拓资金。许多地方省市也从财政资金中设立专款成立相应基金。2008年，中央财政安排专项资金49.9亿元，用于支持中小企业发展，较2007年增长75%，2009年升至108.9亿元，可见财政对中小企业的支持力度正在加大。但我国这些政策性基金的支持方式是无偿资助、贷款贴息和资本金注入，具体是通过政府审核，财政直接拨付，这不同于韩国政府以借款形式向指定银行提供资金，指定银行以该借款利率再加1%～1.5%的利率向中小企业提供贷款的做法，更加偏重于财政直接支出。我国也并没有设立专门针对中小企业的政策性银行，主要通过各商业银行向中小企业提供贷款，而商业银行的逐利性注定了其对中小企业支持的有限性。如在各家商业银行对于向中小企业支持的明确表态下，2008年对中小企业贷款的发放规模却比2007年明显降低。2009年大幅增长的信贷也主要落在了政府基础设施等大型工程上，中小企业信贷余额的增加占全部信贷余额增长比重几乎没有多大增长。财政直接支出有一定的机制缺陷，它无法形成一个更有效的市场化运营、专业化管理的支持系统，不像政策性金融体系能带来种种效率和管理上的好处。而完全的财政不支持，也难以保证商业机构对弱势中小企业的平等对待其或扶持。因此必须考虑借鉴韩国对中小企业扶持的经验，在财政直接支持和不支持的中间地带形成一个以财政为后盾，引导、调度各方面共同参加的一个运行体系，以追求较高的绩效。一种选择是在有条件的省市设立政策性中小企业银行，由地方财政出资或担保融资，有重点地扶持区域性中小企业的发展。

4.3.2.2 建立中小企业政策性信用担保体系

我国的信用担保体系1999年开始试点，2003年步入依法实施阶段。截至2007年年底，全国中小企业信用担保机构已达3 700多家，筹集担保资金总额超过1 770亿元，累计为70万户中小企业提供担保总额1.35万亿元。但不同于韩国，我国除政策性担保机构外，还存在大量商业性和互助性担保机构，后者发展较快，占比较大，但普遍实力弱、规模小，导致融资成本高、抗风险能力弱。近两年，由于商业性担保机构普遍运行不佳，加之金融风暴的冲击使中小企业处境雪上加霜，许多省市都加强了对政策性中小企业担保机构的支持。但问题是由于没有在法律上确立政府对担保金的增补机制，形势紧迫时政府就增加投入，财政紧张了就取消增补，这样便导致担保机构的实力难以扩大，银行对其信任度难以提升，可持续发展受到制约。解决方式便是对政策性担保资金来源以及财政补偿机制立法，确定政府捐助的形式和比例，还可尝试规定由政策性银行为担保公司提供低息贷款或发行次级债以补充担保金，以切实增强担保机构实力和资信，从而使担保机构有能力增强中小企业的资信。

目前，中国没有全国统一的信用保证基金，大大小小的各种国有、民营、合资的担保公司无论是政策性的、营利性的还是互助性的，普遍规模偏小，各自为政；有的民营担保公司管理混乱，甚至沦为股东的融资工具，根本无助于建立和维持全社会的信用交易体系，不仅未能解决中小企业融资难的问题，反而形成了不小的金融风险。因此，目前非常有必要建立一家独立运作、独立承担民事责任的全国性、非营利性的中小企业贷款信用保证基金，在初期以为中小企业提供信用担保为主，其长远目标则在于建立全国性的、中小企业信用体系。至于保证基金的资金来源，除了财政拨付的启动资金外，可以借鉴韩国对中小企业的做法，向借款企业征收特别税，由贷款银行履行代扣代缴职责。如果按照贷款余额的0.1%征收，不会对借款企业造成太大的财务负担，但考虑到 2005 年年末中国全部金融机构人民币贷款余额已经超过 20 万亿元，2006 年则征收 200 亿元用于充实基金，按照 1：10 的倍数放大，至少可以撬动 2 000 亿元的贷款余额；而 2005 年 9 月，中国全部中小企业贷款余额一共只有 2.7 万亿元，2 000 亿元虽然只相当于 7.4% 的份额，但却可以解决那些最困难、最需要资金的小型和微型企业的问题。全国性信用保证基金的首要任务是为中小企业借贷行为提供担保，同时，信用保证基金还要致力于中小企业信用体系的建立，为中小企业信用交易提供咨询、见证、担保、保险等服务，负责建设并维护中小企业信用数据库，使之成为未来中小企业信用体系的核心。这将比仅仅为中小企业借贷提供担保的单一任务来得更重要，其意义也将更加深远，将极大地促进我国中小企业信贷业务的发展。

从理念上看，目前我国商业银行与韩国同行的差距不大，但面临的最大问题就是基础数据的匮乏。一方面，外部信息采集困难，能够获取的数据又缺乏权威性，有时还相互矛盾。另一方面，商业银行内部中小企业数据库建设滞后，不仅缺乏能够将各子系统数据整合、集成并供各业务部门共享的平台，也难以对来自柜台操作、系统管理、行业分析等多个数据库的数据进行整合加工。而且目前各商业银行的数据模式主要是建立在账户中心基础之上，而不是建立在客户中心基础之上的，使得商业银行对于风险情况的掌握止于管中窥豹，无法全面了解企业的综合面貌，中小企业风险管理基础的薄弱造成风险的难以控制。有鉴于此，我们目前就要着手做一些基础数据的准备工作，对于企业的综合贡献、经营环节中发生的各项运营成本、人力费用、贷款违约率、违约损失率、抵押物变现率以及各个信用等级的迁移度等数据进行持续观测和记录。这项工作是一项长期而有益的工作，将为能够下一步全面推进中小企业信贷业务的发展奠定扎实的基础。

4.3.2.3 建立中小企业直接融资服务体系

我国的二板市场由于刚刚建立，各方面发展尚不完善，应借鉴韩国等市场的经验，建立良好的运作机制，包括准入制度、交易制度等，确保市场高效运行；采取严格的监管措施，加强信息披露，大力发展机构投资者，完善各项制度，防范各类风险，全力维护市场秩序，确保创业板市场的持续发展。通过对比韩国中小企业政策性金融体系的发展，针对我国目前的弱势，加快推进我国中小企业政策性金融体系建设，既发挥政府的适度干预作用，也坚持市场化运作，提高可持续发展能力，从而能尽早缓解我国中小企业的融资困境。

4.3.2.4 成立专业的中小企业信贷机构

由于国家开发银行实际上相当于韩国的韩国产业银行（Korea Development-

Bank），其传统和主营业务还是集中在基础设施建设项目上。因此，有必要专门成立类似于韩国企业银行这样的中小企业银行，阶段性地从事中小企业贷款的推动工作，特别是在起步阶段推一把，为中小企业信贷业务发展创造一个良好的氛围，其他商业银行跟进才会有信心。成立的中小企业银行应该以保本微利为经营宗旨，拥有遍布全国的网络机构，这样才能贴近中小企业，更好地服务于中小企业。中央政府也应该给予一定政策支持，例如给予高于商业银行的法定准备金利率（但超额准备金利率必须与商业银行持平）、享受优惠再贷款利率、免征营业税等，扩大其可用资金额度，提高营运收益，鼓励其更好地服务于中小企业。从国内的现实情况来看，邮政储蓄机构正在探索转型，实际上邮政储蓄机构非常符合未来的中小企业银行的要求：机构多，网点深入城市乡村；资金雄厚，已经是第五大储蓄机构；员工众多，可以胜任未来的零售业务需求等。因此，可以考虑将邮政储蓄机构改造为中国的中小企业专业银行。

4.3.2.5　政府引导商业银行增加对中小企业的信贷投入应该以经济手段调控为主

与韩国政府一样，中国政府在金融机构，尤其是国有商业银行中具有巨大的影响力，一旦政府决定动用行政力量全力支持中小企业发展，必将又形成一种运动，其严重后果我们过去已经看到，韩国也曾遭受切肤之痛。也正因如此，韩国政府改变了依靠行政命令强制银行贷款资金投向的做法，代之以经济手段来加以科学的引导，通过对商业银行的窗口指导、道义劝说、直接补贴（如税收减免、优惠再贷款利率）和风险补偿的扶持方式，鼓励、推动商业银行加大对中小企业信贷投入，更符合市场经济规律。因此，在大力发展中小企业信贷业务的过程中，政府的主要职责是积极为商业银行创造有利的金融生态环境、严厉打击逃废债行为、扩大商业银行风险补偿来源、保证商业银行的正当权益，更多地担任社会信用体系守护神的角色，而不是以所有者、管理者的身份直接指挥商业银行的行为。政府只有放手让商业银行在市场力量、经济利益的引导下逐步增加对中小企业的信贷投入，中小企业信贷业务才能够健康地发展起来。

4.3.2.6　国有控股的大银行应发挥支持中小企业的主渠道作用

目前，中国理论界比较流行的一种观点认为，中小企业信贷业务应该主要取决于地区银行、社区银行和信用社等中小型金融机构，或是民营银行；大型商业银行，特别是国有控股的大型商业银行，由于信息的不对称，很难做好中小企业信贷工作。简单地说，就是大银行服务大客户，小银行服务小企业，金融服务产品的供需双方必须规模对等、所有制形式相当。这是一种似是而非的论断，小银行固然主要是服务于小企业，其贷款的大部分理所当然是提供给中小企业；然而真正解决大量的、整体的中小企业群的融资困难还是要靠大银行。韩国的例子就很有说服力，70%的中小企业贷款由全国性大银行提供，地方商业银行的份额还低于专业银行。另外，对中小企业信贷风险的有效管理必须落实全面风险管理，而全面风险管理主要是建立在内部评级法基础之上的，只有全国性的大银行才能建立起涵盖地区、行业、债项和经济周期的风险认定、计量和防范化解体系；而地方性小银行受规模和人才的限制，只能借助于外部评级机构或是走联合评级的道路，其风险防范体系是局部的、被动的，而非全面的、主动的，因而是不完善的。在韩国，也是全国性银行中小企业不良贷款率要低于地方性银行。这也说明，只要有好的体制和机制，再加上在经济规模、网络、成本、技术及管理等方面的优势，大银行完全能够，也应该在中小企业贷款方面发挥主渠道作用，其对于中小企业的整体推动作用将远远超过小银行。

4.4　日本支持中小企业发展的途径分析

4.4.1　政府在法律层次上的支持

1963 年日本正式颁布了《中小企业基本法》，并根据中小企业基本法设立了国家中小企业局，通过计划、协调和编制预算保证了中小企业政策的贯彻落实。

4.4.2　政府在金融和财政政策上的支持

4.4.2.1　享受税收优惠

发达国家企业税收一般占企业增加值的 40%～50%。在实行累进税制的情况下，中小企业的税负相对轻一些，但也占增加值的 30%左右，负担仍较重。

4.4.2.2　提供贷款援助

具体做法有：一是一般担保贷款。中小企业管理局（SBA）对 75 万美元以下的贷款提供总贷款额 75%的担保；对 10 万美元的贷款提供 80%的担保，贷款偿还期最长可达 25 年。二是少数民族和妇女所办中小企业的贷款担保。SBA 对它们可提供 25 万美元以下的 90%额度比重的担保。三是少量的"快速车道"贷款担保。对中小企业急需的少数"快速"贷款提供50%额度比重的担保。四是出口及国际贸易企业的贷款担保，做法与一般担保基本相同。近几年，美国小企业局又直接承办了一些不足2.5万美元的小额贷款业务，通过中间人，如商会和其他商业机构等，由他们出面再贷给小企业主。

4.4.2.3　创建风险投资

风险基金是政府或民间创立的为高新技术型中小企业创新活动提供的具有高风险和高回报率的专项投资基金。

4.4.2.4　运用市场融资

中小企业规模小，其股票难以到一般的股票交易市场上与众多的大企业竞争。日本目前有5家专门为中小企业提供服务的金融机构，包括中小企业金融公库（为中小企业解决设备资金和中长期周转资金不足问题，利率和贷款期限都优于市场贷款）、国民金融公库（向制造业100人以下、商业50人以下规模的企业提供设备资金和周转资金贷款）等。此外，政府全资或部分出资成立了为中小企业申请贷款提供保险和担保的机构，如中小企业信用保险公库、信用担保公司等，大大增加了中小企业从民间银行获得贷款的机会。

日本的金融体系以银行为主体，专门为中小企业提供资金支持的政策性金融机构有三家，分别是国民金融公库、中小企业金融公库以及半官半民的商工组合中央金库。它们在提供贷款的用途、对象上均有差异，彼此互为补充，为中小企业的间接融资创造了一个良好的环境。不同于美国，日本是典型的政府主导型国家，在日本中小企业融资体系中，政策担保占有重要地位。日本各地方政府设有中小企业信用担保基金，其基金的来源20%～30%由中央财政拨款，其他由地方拨付，基金由中小企业信用保证协会操作，负责对中小企业提供信用担保。为了防范中小企业信用保证协会的风险，日本中央政府还建立了中小企业信用保险公库，由各地的中小企业综合事业团操作，一旦信用保证协会发生代偿，事业团将向协会支付代偿金70%～80%的保险金。在日本，民间也有很多专门为中小企业服务的金融机构，如互助银行、信用金库、信用合作社。信用金库、信用合作社均采用会员制，这些金融机构地方性强，合作互助性强，资金量、贷款量均小于银行。尽管从整体来看对中小企业贷款的比例不大，但其能了解所在地区企业的情况，可以根据企业的要求，采取多种服务方式，为中小企业融资提供便利。

4.4.3　政府在企业信息化发展方面的支持

在企业信息化方面，日本企业要比美国企业晚行一步，但近两年大有奋起直追之势。为制定日本高度信息化社会发展的综合政策，协调国际合作，2000年森喜朗政府上台后，专门成立了信息通信技术战略总部，并明确提出了优先发展日本信息技术的新战略：将信息技术革命作为动力，加快恢复和发展经济，推进经济结构改革，增强国际竞争力。日本在 20 世纪 80 年代初建立了日本中小企业事业团信息中心，并与中央及地方政府群众团体和有关单位、机构互相支援，密切合作，加强交流，共同发展。日本政府还加快网络建设步伐，加强和完善支援中小企业机构的跨区域合作，实现信息共享。

4.4.4　政府在人才培养方面的支持

日本对中小企业在人才培养支持方面主要有三点做法：第一，建立了中小企业诊断指导制度，以帮助中小企业提高经营管理水平；第二，政府出资创办中小企业大学，培养中小企业经营管理者和中小企业指导员；第三，利用社会各种力量培养发展中小企业的人才。美国的中小企业管理局也向中小企业提供管理人员和员工培训方面的服务，不仅为中小企业的发展提供良好的外部硬环境，也为中小企业的发展创造可持续发展的软环境。可以看出，发达国家主要是通过为中小企业提供一个良好的发展环境、指导环境、应用环境积极支持中小企业的健康发展。政府在中小企业发展壮大的过程中起了巨大的推动作用。这些政策措施使得中小企业在美、日两国国经济中扮演着极为重要的角色。

4.5　日本、德国中小企业政策比较分析

4.5.1　基本共性

（1）在政策目标上，均以立法的形式阐明制定中小企业政策，即改善中小企业在市场经济中的弱势地位，提高中小企业的竞争能力，使其更好地发挥作用。

（2）在组织管理上，都设立负责中小企业事务的专门管理机构，负责对全国中小企业状况的统计、调查与分析，制定和实施支持中小企业发展的政策、措施。

（3）在法律制度上，均制定了一系列有关支持中小企业发展的法律法规，并随着经济情况的变化而不断修订与完善。

（4）在服务体系上，都有公办的或民办的服务机构和中介服务组织，为

中小企业提供信息咨询、经营管理、人才培训等各种服务。

在日本，以中小企业振兴事业团的"中小企业情报中心"为核心的庞大的中小企业情报体系，负责搜集国内外与中小企业有关的经济、技术信息，为中小企业提供情报；各都道府县的中小企业综合指导所开展中小企业诊断服务，提出有益中小企业改善生产经营管理的具体的可行性建议；地方的专门技术学校和中小企业大学，运用长期、中期、短期培训等多种形式为中小企业培养人才。

在德国，工商会和手工业协会通过技术转移咨询网络和数据银行网络，向中小企业提供信息咨询、技术培训等服务；青年企业经营者协会帮助新企业克服创办时遇到的困难，帮助经营者编制企业和财务计划；储蓄银行与合作银行也为中小企业提供信息咨询，并给予技术支持。

（5）在金融扶持上，普遍建立中小企业政策性银行或信用担保与信用保险机构，通过给中小企业贷款提供担保或政府直接贷款来推动中小企业的发展。

日本建立了不同性质的中小企业金融机构，如中小企业金融公库、国民金融公库、商工组合中央金库等，为中小企业提供优惠的信贷资金；建立民间资金信用保证制度，成立信用保证协会（1953年）、中小企业信用保险金库（1958年）、风险基金（1995年）等，为中小企业提供信用保证；根据《中小企业现代化资金助成法》，专门制定中小企业设备现代化资金贷款制度和设备租赁制度，为中小企业提供长期、低息贷款；实施经营稳定对策借贷制度，防止中小企业因信贷紧缩而倒闭；政府还认购中小企业为充实自有资本而发行的股票和债券等。

德国政府向中小企业提供贷款，德意志银行起主要作用，它通过地方商业银行放款给中小企业，地方商业银行获得低息的再筹贷款，承担主要的债务拖欠风险。政府还制订计划补充银行的信贷融资，如德国平衡银行的"欧洲地区促进产权资本援助计划"，向新办中小企业提供低息贷款，与复兴信贷银行有关的"欧洲复兴创新计划"，向研究开发新产品的中小企业提供长期低息贷款。

（6）在财税政策上，普遍给予中小企业财政援助，实行税收优惠，制定各种中小企业税收的减免与宽限政策，提高中小企业的竞争能力。日本中央财政每年都有中小企业对策预算，大体占到中央财政的0.25%。在税制上减轻中小企业税负，设立以中小企业为对象的法人减税税率，规定资本在1亿日元以下的中小企业，法人税税率低于大企业的25%。推行促进创业与技术高度化的税制，对新购机器设备在第一年里可作30%的特别折旧，或免交7%的税金。实施与特殊政策配套的补助措施，对进行贷款事业、企业论断与指导事业的地方公共团体与中小企业团体支付补助金。

德国在中央财政预算中安排有扶持中小企业发展的专项资金，1979年起实施鼓励中小企业增加自有资本的专项纲要，对中小企业的补贴额达到全部补贴额的30%。在税制上，1975年后进行了一系列改革，一是提高课税收入的最低标准，增加非课税收入的折旧、回扣；二是降低累进税率，所得税率上限降至53%，下限降至19%。1990年后，对周转额低于2.5万马克的中小企业免征周转税。通过税制改革，中小企业的非课税收入增加了16倍，50%~60%的手工业企业被免除了营业税。

（7）在技术创新上，都把技术创新看成中小企业发展的生命线，从资金、信息、科技成果转化等方面给予支持，鼓励中小企业进行技术创新。

日本政府根据《中小企业创造活动促进法》，增加对创造性中小企业的技术开发费用的补助；对研究开发型中小企业实施特别赋税制度，包括减免法人税和所得税；举办"技术顾问指导事业"、"巡回技术指导事业"，为中小企业提供技术信息；建立"重要技术研究开发补助金制度"，给予新技术企业化贷款、提供新技术企业化保险；建立技术顾问制度，对中小企业产品设计、试制到投产提供具体的技术指导；利用公立试验研究机构与中小企业振兴事业帮助中小企业开发研究高级技术。

德国1995年成立"研究、技术与创新委员会"，表明政府高度重视创新在国家发展战略中的地位；设立中小企业开发促进资金，对中小企业科研人员费用和技术项目给予资助；实施"欧洲复兴创新计划"，为中小企业贴近市场的新技术的研究开发与市场导入提供长期贷款援助；制定"技术开发纲要"，重视为中小企业提供信息和咨询服务，排除采用新技术的各种障碍。

（8）在市场开拓上，政府通过政府采购、鼓励合作、产品出口等形式，帮助中小企业的产品打开国内和国际市场。日本制定了《政府公共团体需求法》（1953年），保证政府向中小企业订货。实行分包、转包制度，鼓励中小企业与大企业建立稳定的合作关系，帮助为大企业生产零部件的中小企业建立同大企业联系的信息通信网络，提高签订承包、订货合同的效率；指导企业通过因特网介绍产品，扩大销路，提高中小企业的营销能力；设立直接向外投资的贷款制度，对直接向国外投资所需的资金给予低息融资。

德国"经济部"帮助中小企业提高产品质量、降低成本与销售运输费用、同国有企业和外国企业建立合作关系；组织中小企业到欧洲市场考察，帮助它们开展营销活动。组建专业化财团，建立产品生产销售的国际体系；实行促进中小企业外贸出口的优惠政策，如由政府出面或出资在国外举办各种产品展销会、交易会；设立外贸基金会，资助出口；建立进出口银行、外贸保险公司等。

4.5.2　差异

4.5.2.1　扶持重点不同

德国重点扶持手工业中小企业和落后地区的中小企业：手工业是德国的传统优势项目，政府通过优惠措施鼓励传统手工业与现代技术的结合；为促进落后地区经济发展，政府运用减免税收、优先贷款等方式，如规定在落后地区，新办中小企业5年免征营业税，对中小企业使用内部留存资金进行投资的部分免交财产税。日本侧重于创造性中小企业的发展，这是由日本技术立国的国家发展战略所决定的。

4.5.2.2　具体手段不同

德国注重税收优惠，如在20世纪80年代中期向中小企业提供了180多种减税、免税办法。日本突出金融扶持，金融机构是日本中小企业外筹资金的主要来源，同时建立大中小企业的分工协作关系。即使同样在金融扶持政策上，两国采取的具体方法也大相径庭：日本特别重视政府金融机构的作用，德国则着重发挥私人银行的中介功能。

4.5.2.3　政府作用不同

日本是政府主导型市场经济国家，为加快经济增长，采取了主动干预的中小企业政策，把中小企业政策作为产业政策的补充，政府有时直接干预中小企业的经营管理，如力促大中小企业形成"垂直型"的企业分工体系、企业诊断制度等。德国政府的作用则以政府主导与市场调节为主，政府基本不干预。

4.5.3　启示

我国中小企业在国民经济中占有重要地位。目前，工商登记注册的中小企业占全部注册企业总数的99%，提供了75%的城镇就业机会和60%的出口额。在全球经济一体化与市场竞争日益激烈的情况下，中小企业的生存与发展面临巨大挑战。虽然我国2000年9月颁布了《关于鼓励和促进中小企业发展的若干政策意见》，但至今仍无完整意义上的中小企业政策体系。因此，借鉴吸收日本、德国等国的支持中小企业的成功经验，对促进我国中小企业的健康发展有重要意义。

4.5.3.1　从观念上、法制上、组织上优化中小企业的发展环境

要把促进中小企业的发展提升到战略高度，使中小企业政策成为国家经济发展战略的重要组成部分。将可持续发展战略、科教兴国战略和国家长远经济发展规划作为制定中小企业政策的依据，把中小企业政策与宏观经济政策、产业政策、就业政策、地区开发政策等有机结合起来。加快立法步伐，早日颁布、实施《中小企业促进法》，并在此基础上，逐渐建立系统的、完备的中小企业政策体系。规定经贸委中小企业司的法律地位，逐步充实相应的执行机构，统一负责中小企业事务，在省、市设立分支管理机构并在全国人大设立中小企业委员会。

4.5.3.2　扶持政策需有针对性，不可四面出击

做好中小企业的分类工作，分清轻重缓急，在不同时期、不同地区要选择好重点扶持对象，并随着经济环境的变化作出相应调整，这样既可防止资源浪费、盲目建设与低水平重复，又有利于优化中小企业的结构和产业合理的地区分布。可借鉴日本、德国等支持中小企业发展的经验，通过实施中小企业有关发展计划或建立基金的方式分别予以重点扶持。当前，结合经济结构的调整与经济全球化的浪潮，可重点扶持科技型、就业型、资源综合利用与环保型、社区服务型中小企业和贫困地区的中小企业。

4.5.3.3　政策倾斜要掌握好尺度，应以间接支持为主

支持政策旨在创造一个公平竞争的经营环境，应以间接支持为主，重视经济手段的诱导，避免行政力量的干预。扶持中小企业政策最核心的目标应提高中小企业的素质和竞争力，故对中小企业应给予开发性援助，以增强其"造血"功能。

4.5.3.4　把保障供给政策与增加需求政策有机结合起来

供给政策主要有国家直接投资、财政补贴、低息贷款、减免税收、实行加速折旧等。供给政策为中小企业的发展提供了基本的资源条件，是各国政府扶持中小企业的重要具体措施。我国根据国情，也应设立中小企业政策性银行、建立信用担保体系、实施税收优惠等。但没有需求的生产难以持久，政府应为中小企业直接制造需求和刺激需求增加。我国需加强制定增加需求的中小企业政策，包括政府采购、通过减税降息推动大企业向中小企业的采购、帮助中小企业开拓国际市场等。只有生产和消费形成良性循环，中小企业才能更好地发展。

4.5.3.5　高度重视中介机构的作用，完善社会化服务体系

健全的服务体系是中小企业生存和发展的催化剂，中小企业量多面广，布

局分散，中介机构在向中小企业提供融资、信息、培训、咨询等社会化服务中的作用，政府是难以替代的。因此，政府可运用经济诱导手段，动员、鼓励、推动社会力量，建立全方位的、遍及中小企业生产的上、中、下游的社会化服务体系。德国金融机构结合融资项目向中小企业提供融资、信息、培训、咨询等配套服务的做法都值得我们借鉴。

4.5.3.6　鼓励中小企业之间及其与大企业之间的合作

鼓励中小企业间建立行业协会组织与类似德国专业化财团的组织体系（提供保持原有专业化的条件，并创造参与者既可竞争又可"共生"的条件），共同抵御市场波动风险，避免过度竞争。鼓励中小企业通过并购等产权交易方式，调整或扩大自身竞争能力。借鉴日本支持中小企业发展的经验，鼓励中小企业与大企业建立稳定的分工协作、专业互补的网络关系。

5 国内典型的中小企业案例比较

5.1 珠三角中小企业面临的困境与对策分析

随着 2008 年全球金融危机不断深化，珠三角中小企业，尤其是外向型企业，出口明显放缓，而对国内市场开拓力又严重不足。在当前这种内外交困的情况下，如何走出困境，迎接挑战，抓住机遇，是珠三角中小企业当前面临的重要的战略抉择。

5.1.1 珠三角中小企业面临的困境

金融危机的不断深化，已然从虚拟经济波及实体经济，珠三角中小企业面临的处境越来越艰难，出现经营管理困难、利润率下降、资金链非常紧张甚至面临断裂的危险。截至 2008 年 12 月，广东有 15 000 多家中小企业倒闭。尽管未出现大规模倒闭，但是倒闭的企业数目在广东省范围来讲确实较大。

5.1.1.1 处在国际产业链低端

珠三角中小型出口企业大多处在"微笑曲线"的低端。在对外贸易中，长期被动接受国际产业分工，研发和营销两头在外，只负责加工生产，导致所处产业被挤压在国际产业链低端，既无自主知识产权，又无定价权，利润率极低，平均利润率在 2% 左右。因为长期被动接受国际化产业分工，珠三角中小企业所处产业存在着许多结构性缺陷，如产业结构层次低、产业整体规模偏小、市场结构对外依赖程度过高等。很多企业尽管经过长期经营积累了一定的实力，但仍然不足以抵御一般的风险，更不要说像本次金融危机已经波及实体经济这样的风暴了。

5.1.1.2 融资困难

珠三角中小企业近几年遭遇前所未有的金融危机，中小企业资金本来就很紧张，如果商业银行对中小企业提高贷款门槛，不批贷款，或要求企业提前还贷，很容易出现资金链断裂，企业自然容易倒闭。而部分中小企业倒闭后，商业银行更为谨慎。进而商业银行在审批未倒闭中小企业贷款时，审核手续就会更加严格，能成功贷款的可能性又大大降低。结果未倒闭的中小企业要获得银行贷款就会变得更加困难，这些中小企业又会出现资金周转困难、资金链非常紧张等问题，从而又有可能引发新的企业倒闭。经过这样的恶性循环，中小企业的融资将会变得更加困难。

5.1.1.3 粗放型的发展模式

珠三角中小企业过去过分依赖资源的粗放式发展模式，目前已经面临资源、环境约束的挑战，粗放式的发展模式已经很难适应当前可持续发展与低碳经济发展的要求。珠三角中小企业要实现可持续发展必须要解决好两大难题，即资源问题和环境问题。资源和环境问题是企业在发展过程中不可绕过的问题，发展需要资源来支撑，在消耗资源的同时也会出现环境问题。对珠三角中小企业来说，土地和能源保障问题是迫切需要解决的。

5.1.1.4 管理创新能力不足

珠三角中小企业多数是民营企业，大多数采用的是家庭式的组织管理，常常因为缺乏适当的组织结构而影响企业的发展壮大。另外，珠三角企业的管理者大多是改革开放初期的社会闲散人员、部分国有企业和集体企业的普通员工及农村干部，他们大多数缺乏足够的管理知识和专业技能水平，这在一定程度上影响和制约了珠三角中小企业的发展和壮大。

5.1.1.5 区位优势弱化

珠三角中小企业过去所推行的前店后厂的粤港澳区域产业分工合作模式，当时来说确实给广东经济注入了强大的活力。时至今日，这种模式已经遇到发展瓶颈。随着国际环境的不确定因素和贸易摩擦增多，同时珠三角中小企业在国内市场上面临的国内和国际竞争对手日益增多变强，这种区域产业分工合作模式带来的竞争优势不断削弱。在这种内忧外困的情况下，珠三角中小企业如何扩大市场份额，提高产品的竞争力，是企业在后金融危机阶段发展面临的最大挑战。

5.1.2 珠三角中小企业突破发展瓶颈的对策

5.1.2.1 向"微笑曲线"两端延伸

珠三角中小型企业应从生产、加工或代加工，转向一方面搞设计，一方面搞营销，向"微笑曲线"的两端延伸，向高附加值的区域扩展，将自己原来的加工部分可以通过代工（OEM）方式在国内外招标，进行外包，将低附加值的区域进行转移，由此进行产业升级，加大对高附加值区域的投入比例，适当加大研发投入，积极发展国内外两个市场，掌握产品的定价权。

5.1.2.2 完善中小企业融资金融体系

作为商业银行来讲，应该以市场为导向，以利润最大化为经营目的，而并非只为国有大中型企业提供金融信贷服务，应摒弃对中小企业的歧视，在信贷计划中根据实际情况适当增加对中小企业贷款业务的份额，加大对珠三角中小企业信贷的扶持力度，积极寻找和扶持有市场、有潜力、有良好信用的中小企业。当然，商业银行要针对中小企业可抵押物品少、固定资产不足、资金薄弱等特点，制订切实可行的信贷操作应对方案，才能提高对中小企业贷款的回收率，实现银行与中小企业双赢。当然，最根本的还是要中小企业提高自身的经营管理能力，强化自己的"造血"功能，而不是等着银行"输血"。

5.1.2.3 加强技术创新走集约化发展模式

中小企业由于资产规模较小、现金流短缺、技术力量薄弱，为适应激烈的市场竞争，迫切需要政府提供强有力的政策支持。政府对中小企业技术创新方面的扶持，应改变以往主要充当技术创新主体的角色，转而主要充当技术创新环境的建设者。政府当前最紧迫的任务是要加快建立社会化服务体系，促使中小企业全面提升技术创新能力，促使科技成果向中小企业转化，抓好"产、学、研"结合。另外，政府倡导对新能源的开发与利用也是解决能源与环境问题的重中之重，引导珠三角中小企业大力发展循环经济，做到高产、低能耗。

5.1.2.4 加强管理创新能力建设

珠三角中小企业的发展，归根结底是要靠自身经营管理能力的提高，优化企业的管理组织结构，有条件的珠三角中小企业要建立现代企业制度，尝试股权激励机制，最大程度激发员工的工作热情。重视员工培训体系建设，提高员工的综合素质和相关技能。另外，要加快培育名牌产品，利用品牌凝聚核心技术、自主知识产权、优秀人才、现代管理手段、严格的质量管理和优质的市场服务等相关软资源的巨大能量和作用，打造名牌，提升企业的市场竞争力。管理创新还应体现在企业对商业模式的创新，而商业模式的创新比技术创新更加难能可贵。

5.1.2.5 大力发展电子商务

珠三角中小企业应大力发展电子商务，积极开拓国内、国外两个市场，通过电子商务，扩大产品的知名度，拓宽企业的销售渠道。近几年，美国通过网络出口的产品，其中大约 70%是由中小企业提供的，这其中批量很小的"冷门"产品，几乎全部由中小企业提供。最近 3 年，美国中小企业以年均 150%以上的速度增加电子商务，在网上提供的商品月均增加 30%以上。珠三角中小企业未来完全有可能在信息高速公路上与大企业在同一起跑线展开公平竞争。

珠三角中小企业发展面临的困境主要体现在产业升级、技术创新和融资困难等方面，而突破这些困境除了要强化自身经营管理能力之外，还需要借助周围一切可用资源及相关科研技术成果，大力发展循环经济，走可持续发展之路。

5.2 浙江中小企业推进国际化的策略分析

浙江作为外向型省份，企业国际化已有 20 余年。从国际化阶段理论来看，浙江省国际化已进入第二阶段，即进入企业结构调整和技术、产品升级的阶段。因而，结构调整和技术、产品升级，是浙江省企业迫切需要研究和解决的问题。

5.2.1 推进国际化策略的企业是经济的主体，也是市场的主体

如何走出金融危机的阴影，加大力度促进企业升级，或者说面对新的社会环境寻求科学对策，是浙江企业的职责和使命。

5.2.1.1 加大技术创新力度

目前，浙江省企业处于国际化的初期和中期之间，其标志和特征还是以劳动力密集型产业和产品为主，技术密集型产业和产品很少。浙江省中小企业必须扭转"轻软技术、重硬设备"、"轻消化吸收、重技术引进"的倾向。因此，促进中小企业在引进技术的基础上积极进行消化、吸收和二次创新，势在必行。从国际化成功的企业来看，加大企业的研发力度，坚持技术和产品自主创新，这是企业国际化的秘诀。浙江省中小企业不能将技术进步与产业结构升级的希望完全寄托于国外跨国企业。对跨国企业投入国内过时的技术和产品，企业不能单纯消化和吸收，而是要边消化吸收，边技术研发和创新，掌握国际化的主动权。因此，浙江中小企业要加大研发投入，从目前的 1.52%逐步提高到 5%。对于技术性企业，研发投入应不少于 5%（发达国家企业平均研发投入 10%以上），这是企业自主创新最重要的资金保证，也是企业国际化的基础

和前提。

5.2.1.2 发挥产业集群规模效应

浙江中小企业产业集群化程度不高，尤其是区域集群，并没有充分发挥集群效应。而反观发达国家，其模式值得我们借鉴。如日本同行业的中小企业建立"事业协同组合"，即就某些特定经营活动进行联合，如批量采购、联合销售等，从而扩大生产，增强竞争能力。中小企业从实际出发，走横向组合的道路，精心设计和构筑产业集群。在产业集群区域中，由一家实力较强的企业牵头对外负责，对内协调，从而形成较强的集群优势，获得集群效益。

5.2.1.3 动态调整出口区位

企业选择和调整出口区位，主要是根据企业自身技术、产品性质和层次决定的。浙江企业，特别是制造业企业在进入国际市场时，缺乏具有国际声誉的品牌和营销网络，主要占据"微笑曲线"的底部。如浙江制造业主要采用 OEM 的方式生产，因而这些企业普遍规模小、技术含量低、资金投入少、抗风险能力弱。这些企业的产品或产业基本上是劳动力密集型产品和行业。这些产品以其价廉物美，赢得发达国家和发展中国家市场的青睐。因而，它们一直以来深受美国、欧盟和日本等发达国家或地区欢迎，占浙江出口比例的50%以上。而发展中国家包括东南亚国家，占浙江出口比例的30%左右。但是，现在发达国家成为金融危机的重灾区，而发展中国家特别是东南亚国家和地区受金融危机影响不大。因此，浙江企业应及时调整出口区位，即主要出口市场由美国、日本和欧盟等发达国家和地区转移到发展中国家，实行多元化策略。

5.2.1.4 多途径解决贸易摩擦

面对金融危机的全球背景，在国际贸易中的贸易摩擦和反倾销越来越多。统计显示，2009年前三季度，美国对华发起贸易救济调查共14起，涉案总额58.4亿美元，同比更是大增639%。因此，浙江要积极应对。一是通过内部化途径，尽量减少对外直接投资；二是要积极利用有关国家和地区司法制度，切实维护自己的合法权益；三是要寻求国际性行业协会支持，争取国际贸易中的公平地位；四是可以提高部分产品卖价，或由该国经销商提高市场售价，让该国消费者买单。同时，在产品规格上尽量减少在加征关税范围内产品的出口。

5.2.2 推进国际化的政府策略

在推进企业国际化进程中，政府的产业政策及其他相关政策扮演着重要角色，对推进中小企业国际化、形成自身内部优势具有十分重要的导向作用。

5.2.2.1 促进技术创新和产业升级

这次金融危机为浙江中小企业的结构调整和产业升级提供了机遇。这是因为有些产业或产品已经没有市场或市场很小，迫使企业不得不痛下决心，进行产业或产品结构的调整，或者加大技术创新的力度，保有市场的主动权。因此，政府应充分利用融资、税收等政策的导向，对企业结构调整和产业升级进行激励。为促进中小企业加快技术进步和结构调整，转变经济增长方式，应采取以下措施：一是支持中小企业加大研发投入、创建自主品牌；二是在中央预算内技术改造专项投资中，要安排中小企业技术改造资金；三是促进重点节能减排技术和高效节能环保产品、设备的推广和普及，淘汰落后技术和产品；四是鼓励中小企业与大型企业开展多种形式的经济技术合作，建立稳定的供应、生产、销售等协作关系；五是改善产业集聚条件，支持培育一批重点示范产业集群；六是支持中小企业在科技研发、工业设计、技术咨询、信息服务等生产性服务业和软件开发、网络动漫等新兴领域发展。

5.2.2.2 为企业提供服务平台

发展相关的中介服务机构，特别是信息、咨询、培训和技术服务机构。企业在国际化过程中单独依靠自己的力量进行信息搜集，会造成高成本、低效率现象。所以，借鉴国外的经验，应以国家的名义建立一套完善的信息服务机构，相关行业也可以以行业协会名义建立类似的服务机构，依靠规模化、专业化来提高信息搜集的效率。同时，要协助企业做好人员培训工作，为国际化经营培养优秀的经营管理人才；通过数据交换和信息共享与其他国家地区的公共信息服务部门建立合作关系，积极扩大信息来源，为企业拓展和直接投资提供参考。

5.2.2.3 拓宽企业融资渠道

中小企业发展中最突出的瓶颈就是融资。因此，政府应加大对中小企业的金融扶持力度。这就需要调整金融结构，大力发展地区银行和中小银行。目前，四大国有银行已经设立了中小企业贷款部。另外，还需要加快发展地区性银行。同时，政府应积极扶持中小企业，放宽融资限制、审贷条件，从而解决中小企业的资金难问题。比如，商业银行应为中小企业提供一户一策的"一揽子"金融计划，并为纳入该计划的中小企业提供综合授信，方便融资，利率优惠，减少成本，优先提供，新推产品，提供多种担保融资，绿色通道办理业务，咨询服务、参谋相伴等多种服务的优惠政策。保险公司也应为中小企业在开拓海外市场时提供收汇风险和出口融资双重保障，从而争取在业务开拓中掌握主动。

5.2.2.4　为企业"走出去"创造良好环境

在金融危机的国际背景下，企业对外贸易显得更加复杂和艰难。当前主要聚焦两大问题：一是我国市场经济国家的地位问题。现在美国、欧盟等国家和地区对我国产品的反倾销和调查，很大程度上是来自不承认我国市场经济国家地位。二是人民币的汇率问题。自 2005 年汇改以来，人民币兑美元汇率累计升值21%。由于物流、库存、信用等因素，与欧美本土产品相比，"中国制造"的价格至少要便宜30%才有竞争力。人民币如果再升值，"中国制造"就会失去价格竞争力。因此，政府一是要通过各种渠道和途径争取我国市场经济国家的地位，或者争取提前（即在 2016 年）进入市场经济国家的行列，减少因这个问题而引起的贸易冲突；二是对一些发达国家要尽量做到进出口贸易中的平衡，只有保持这种平衡，贸易摩擦和反倾销才会相应减少；三是尽管为了有利于国际贸易平衡，中国人民银行决定进一步推进人民币汇率形成机制改革，然而保持人民币汇率的稳定，有利于对外贸易的可持续发展。

5.3　温州中小企业融资现状分析及对策

5.3.1　温州中小企业融资现状

温州市 2009 年统计公报：工业企业 146 132 家，规模以上企业 7 672 家，规模以下企业占95%。但是由于我国现有企业融资体系存在着系统缺陷，温州的中小企业发展受制于融资，长期难以实现健康、持续、快速发展。经调查，温州中小企业融资现状如下：

5.3.1.1　融资渠道

（1）直接融资。截至 2010 年 7 月 2 日，我国已发行股票上市企业 1 845 家，为全国企业总数的万分之一，直接融资额不足企业总融资的 10%，远低于发达国家 50% 的比例。企业直接与间接融资比例严重失调，直接融资的"短板"效应日益显现，已严重制约了企业发展。温州中小企业发展过于依靠内源性资金，温州市政府金融办《金融改革创新调研报告（2009 年度）》调研，温州中小企业融资由自有资金、银行贷款、民间借贷三部分构成：至今，温州只有美特斯邦威服饰、报喜鸟、正泰电器、华峰氨纶、浙江东日等企业通过首次公开募股（IPO）上市直接融资 451 884 万元，华仪电气、瑞立集团等几家企业实现借壳上市。利用私募股权、民间资本参股、外商投资等直接融资的比重也很小。

（2）间接融资。间接融资是中小企业最重要的融资渠道，其中信贷融资是首选融资渠道。2009 年年末温州企业贷款 2 417 亿元，个人银行贷款 1 977 万元，企业与个人平分秋色。民间借贷是重要组成部分，2010 年 4 月，中国人民银行温州市中心支行就温州民间借贷问题发放调查问卷显示，温州本地民间借贷容量达到人民币 560 亿元，有 89% 的家庭个人和 56.67% 的企业参与民间借贷。以村镇银行、小额贷款公司、担保公司、典当融资、信用联保融资为补充。

5.3.1.2　融资成本

据温州银监会监测，2010 年 1 ~ 5 月，温州民间借贷月利率在 6‰ ~ 40‰之间波动，加权平均利率为 10.93‰。同时，中国人民银行温州市中心支行公布的各年度温州金融业改革发展状况，银行业实现利润 2003 年 26 亿元，2004年 41 亿元，2005 年 54.7 亿元，2006 年 63.5 亿元，2007 年 92.95 亿元，而2009 年更是达到 120 亿元，全行业无一不盈利。温州集聚了所有全国性商业银行，区域性的浙江稠州商业银行、宁波银行、台州市商业银行、海峡银行、泰隆商业银行等赶场进驻温州。温州银行贷款利率远高于国内其他地区，今年以来温州地区银行贷款纷纷上调，高的信贷融资实际资金成本比基准贷款利率高出一倍以上。资金成本的提高，增大了银行业的利润空间，削减了实体企业本已微薄的利润空间，致使中小企业生存空间大大缩小。

5.3.2　中小企业融资难的原因

5.3.2.1　政策和法律原因

（1）银行政策。尽管我国相继出台了《中华人民共和国中小企业促进法》、《关于鼓励支持和引导个体私营等非公有制经济发展的若干意见》、《国务院关于进一步促进中小企业发展的若干意见》、《关于进一步做好中小企业金融服务工作的若干意见》等有利于中小企业融资的政策法规，但没有从根本上赋予中小企业平等的生存空间、融资待遇和发展环境。2008 年国家出台了 4 万亿应对金融风暴的经济刺激方案后，银行出于自身利益考虑，两年期间银行发放的 9.56 万亿贷款，大部分流向了大中型国有企业或政府融资平台。

（2）财税政策。我国现行财税政策税负过重、费率过高、折旧率过低，客观上抑制了中小企业的留利水平和自我积累能力。

（3）利率政策。我国利率机制僵化、利率体系不完善，利率与资金使用期限、风险等级不配比，利率市场化程度低。

5.3.2.2 中小企业自身原因

（1）中小企业行业属性。温州中小企业主要从事能耗高、环境代价大、资源承载度重、产品附加值低、技术含量低、可替代性强、市场化程度高、产品利润率单薄、企业可持续经营性差的产业，该类产业不符合资金选择的方向。

（2）中小企业寿命周期。在美国每年有50多万人创办企业，而其中至少有40%的人所创办的企业当年倒闭，80%以上的人所创办的企业不到5年就倒闭（Michael E. Gerber，1996）。亚洲开发银行驻中国代表处副代表兼首席经济学家汤敏指出："中小企业的存活率很低，即便在发达的美国，5年后依然存活的比例仅为32%，8年后为19%，10年后为13%。"2008年金融风暴影响我国的期间，温州中小企业便倒下一大批，温州市鹿城区鞋业行业协会反映，全区283家会员企业中处于停产、半停产的有47家，倒闭的有26家，合计占了企业总数的25.8%。海区的693家规模以上企业停产的有42家，占规模以上企业的6.1%；半停产73家，占规模以上企业的10.5%。在"要赔全赔，要赚却只赚利息"，严重的风险与收益不对称的情况下，资金按市场化原则运作，自然"嫌贫爱富"，愿意"锦上添花"，不喜欢"雪中送炭"，不愿将资金贷给中小企业。

（3）中小企业诚信度和信息透明度。温州的中小企业大多是家族式企业，产权不明晰，管理水平不高，经营效率低下，市场开拓能力不强，风险控制能力有限，没有完整的企业发展规划，缺乏高素质的金融、营销、经营、管理人才，企业透明度低，严重影响了中小企业的信用等级评定。

（4）企业缺乏行之有效的融资担保。国家发展与改革委员会2004年对我国中小企业发展较好、信用担保机构较多的省份进行的一次调查表明：中小企业因无法落实担保而被拒贷的比例为23.8%，再加上32.3%因不能落实抵押而被拒贷的，拒贷率达到56%。

（5）企业缺乏一个完善的全国范围的信用体系。全国范围内完善的社会信用体系的缺乏是导致中小企业融资难的一个关键原因。目前，我国各地征信系统各自为政，相互隔离，互不联网，导致信息不对称，增加了企业的融资成本和银行授信成本。典型的就是这次国家房地产调控多套房认定时，由于房管、银行、公安、土地等行政管理部门的信息系统自成体系，增加了多套认定的难度，平添了信息资源共享的难度，导致融资难度增强。

5.3.2.3 融资体系原因

我国金融体系层次较少，产品匮乏，如银行体系高度集中，缺乏为中小企业提供融资服务的合适的中小银行。

5.3.3　解决中小企业融资难的对策

5.3.3.1　银行业

银行业应根据 2006 年开始执行的巴塞尔新协议，深刻反省传统的抵押信贷文化，严防"垒大户"的信贷集中风险，增强做好中小企业金融服务的责任感和使命感，切实改变经营和服务理念，要以中小企业发展事关国家经济与银行自身长期活力和持续健康发展为高度来制定政策，树立银企是一个唇齿相依、互生互长、互利共赢的利益共同体，企业发展是银行发展的根本的战略。

（1）建立和完善中小企业信贷利率的风险定价。改变以传统抵押物为主的信贷模式，建立以授信为主的信贷模式；改变所有制歧视的信贷模式，根据企业各种指标来确定企业与银行的信贷关系。形成企业信贷成本差异化机制，由企业的风险高低决定贷款利率的高低。

（2）设立中小企业信贷独立核算制度。银行应根据中小企业信贷改造现有审批流程、会计核算、信贷准入、风险评估和准备制度，根据制造业、服务业、科技业等不同行业属性的中小企业进行相应的再造，提升贷款审批效率，加大对具有自主知识产权、自主品牌和高附加值拳头产品中小企业的支持，增强其自主创新能力和市场竞争能力。

（3）积极开发风险可控的适合中小企业的金融产品。银行应在有效防范风险的前提下，根据中小企业资金需求特性，推动动产、知识产权、股权、应收账款、保理、林权、保函、出口退税池、票据贴现、供应链融资等业务，探索依托温州商会、行业协会、社会中介等信贷创新。

（4）完善激励约束机制。金融创新势必对银行信贷和评审人员提出更高的要求，要加强人员的专业化培训，并建立有针对性的考核激励约束机制，做到既要服务好中小企业，又要有效控制信贷风险。

（5）建立中小企业违约信息通报机制。对中小企业违约信息及时予以通报，实现银行间信息共享，提高中小企业违约成本。

5.3.3.2　中小企业

（1）拓展内源性资金。提高经营管理水平，提升盈利能力，积累自有资金，增加经营资金，有效管理现金流，提高资金周转速度，减少无效益资金占用，发挥资金的最佳效率。

（2）实施产业转型升级。积极进行产业转型升级，向新材料、新技术、新工艺的自主创新、自主知识产权、自主品牌转移，提高市场竞争力，争取国家政策的扶持。

5.3.3.3 加强自身信用建设

实行财务会计透明化，以实际行动展现自身的资信。扫除企业"契约整合"的发展障碍，努力提升经营水准，规避和善用风险，求得企业的永续发展以吸引投资者，打通或拓展融资渠道。

5.3.3.4 建立完善中小企业融资体系

（1）继续大力发展中小银行、小额贷款公司，有效发挥金融机构再造派生存款功能，服务中小企业；政府牵头组建区域中小企业担保公司，鼓励发展民营担保公司、中小企业投资公司；鼓励民营资本在本土组建信托公司、资产管理公司、基金管理公司和金融租赁公司。

（2）完善企业债券评估体系，进一步放开企业债券发行市场，支持有条件的中小企进行债券或集合债券融资。2009年深圳远望谷等20家中小企业、北京中关村，成功"捆绑"发行了中小企业集合债，已经实现了中小企业融资方式的新突破。

（3）完善中小企业股权融资机制。在浙江温州、台州之类民间资本雄厚且活跃的地区，建立区域产权交易市场；发展风险投资和产业投资基金等能满足形式多样、良莠不齐、不同信用等级的中小企业融资需求的立体式中小企业融资体系，打通对接民间资本与企业的"金融管道"，将体外资本纳入国家金融循环体系，增强国家宏观政策调控的有效性。

（4）发展融资租赁业务。在产业区域化的地区和季节性强的行业发展融资租赁业务，最大限度地解决机械设备产能效益，避免企业重复购置机械设备，造成生产要素闲置浪费。融资租赁业务作为一种适应性较强的融资方式，集融资与融物、金融与贸易于一体且具有对企业整体的资信能力要求低、不需要额外担保、融资手续简单、融资费用相对较低、租金支付灵活、能规避引资的利率和汇率风险、减少设备陈旧的风险及优化资本结构等优势，既可切实解决中小企业融资难的问题，又可有效提高社会生产要素使用效率。

（5）引导保险机制植入中小企业融资。在中小企业融资过程中引入保险机制，有利于中小企业信用增级，取得相应高的企业信用综合评定等级，解决中小企业信用不足的难题。

5.3.3.5 发展开发性金融

开发性金融有风险资本模式、开发性资本模式、"动手做"资本模式三种。风险资本模式作为风险基金参与企业投资，追求风险高额利润，开发性资本模式虽风险仍旧较高，但与风险资本不同；开发性资本模式并不以追求高回报率为条件，目的在于获得开发性或者环境性收益。泛美开发银行的多边投资基金采用上述两种模式运作就非常成功。"动手做"资本模式与相当多的中小企业保持密切的合作关系，并在为中小企业各个方面的发展都提供了较为深入的商业援助，为中小企业开展市场研究、获取投资资金、寻找投资退出渠道提供帮助。

5.3.3.6 完善中小企业融资的法律体系

以构筑全方位体系为原则，尽快制定《中小企业担保法》、《中小企业融资法》、《产业投资基金法》等法律，使中小企业的各种融资渠道都有法可依。例如，我国关于中小企业私募融资的法规就一直不明确，这就限制了中小企业的融资途径。完善企业的法律体系是中小企业顺利发展的基本保证，是中小企业金融机构的生存依据和操作指南。它可以引导中小企业投资的方向，保障私人投资权益，推动中小企业健康发展。

5.3.3.7 加强中小企业扶持力度

中小企业的发展关系到国家经济的未来，国家应实行降低税率、税收减免、提高税收起征点、提高固定资产折旧率、财政补贴等优惠政策，扶持做大做强中小企业，这将为国家和地方长期持续发展奠定基础。所以，对中小企业应该予以"养"，而非"取"，让其休养生息，使其尽快长大，"生蛋孵鸡"，为财政提供新税源。

5.4 苏州中小企业融资担保机构发展分析

5.4.1 苏州中小企业融资担保机构发展概况

截至 2009 年年底，我国共设立各类中小企业信用担保机构 4 800 多家，累计为 115 万户（次）企业提供担保总额 2.6 万亿元。苏州地处我国经济最具活力的长三角地区，中小企业蓬勃发展。目前，苏州市融资担保业务总量占江苏省 30%以上，运行绩效显著，有力地助推了苏州经济的发展。担保机构主要特点有：

5.4.1.1 担保业务规模不断扩大

截至 2010 年 6 月底，苏州市融资担保机构已累计为 3 万多户中小企业提供 4.9 万多笔，总额达 1 433 亿元的融资担保。其中：2010 年上半年新增贷款担保额为 273 亿元，比 2009 年同期增长 50.8%；期末在保余额为 393 亿元，比 2009 年同期增长 67.9%。在 70 多家已正常开展融资担保业务的担保公司中，年累计担保金额超 20 亿元的有 20 家，超 50 亿元的有 8 家，100 亿元的有 1 家，担保规模名列江苏省第一，位居全国前列。

5.4.1.2　信用担保体系日趋完善

以苏州市级担保机构为核心、县级市（区）担保机构为主体、商业性担保和企业互助担保为补充的中小企业信用担保体系已初步建成。目前，商业性担保机构已经占主要地位，占比为 73%。互助担保虽然只占 7%，但也很好地解决了中小企业融资难的问题。在各级政府的推动下，苏州市再担保体系建设已稳步推进。目前，苏州市区、工业园区、沧浪区及吴江市、太仓市已先后设立了再担保基金或再担保公司，总额达 4.85 亿元，为今后建立市级再担保公司打下了良好的基础。

5.4.1.3　政策扶持力度不断加大

苏州市财政连续 3 年每年设立资金近千万元，按担保机构年新增担保额的 1% 给予补贴，高新技术企业再增加 0.5%；通过国资引导、税收优惠等手段营造良好的发展环境，增强了担保公司融资担保能力和风险防范能力，提升了担保机构服务中小企业的信心。

5.4.1.4　加强对担保公司的监管

自 2005 年担保机构评级试点工作启动以来，苏州市的担保行业始终处于江苏省龙头地位，其中地区担保机构数量位于江苏省前列，参评担保机构数量由 2005 年的 6 家发展到了目前的 84 家。据不完全统计，截至 2010 年 6 月底，苏州地区参加行业管理的担保机构数量多达 96 家；同时，地区担保机构平均资本金规模也位列江苏省前茅；苏州地区 2010 年担保机构的平均注册资本金规模在 1.19 亿元左右，远高于江苏省内其他地区。

5.4.2　苏州中小企业融资担保机构存在的问题

5.4.2.1　担保机构规模小，资金少，专业人员不足

目前，苏州纳入市经贸委（中小企业局）备案管理的担保机构其户均资金 1.1 亿元，平均可利用担保资金为 2 000 万元，规模偏小，实力较弱。政府出资设立的信用担保机构通常仅在筹建之初得到一次性资金支持，大多数都没有明显的资金追加，缺乏后续的补偿机制。同时，担保专业人才较为缺乏，多数担保机构的管理层都存在着学历低、经验不足的现象。

5.4.2.2　机构主业不明显，且担保期限短

苏州市大部分担保企业涵盖的产业都比较分散，所提供的信用担保期限一

般较短，通常是在 1 年以内，以 6 个月到 1 年居多；也有少数企业规模较小，以 3 个月到 6 个月为多；而提供长期担保在 3 年以上的机构则数量很少。

5.4.2.3 担保机构与银行地位不平等，缺乏风险分散与补偿机制

目前，中小企业担保贷款规模决定了仅靠有限的保费和利息收入难以维持担保机构的持续发展。担保业务的扩大也增加了担保机构的风险，苏州很多担保机构都独自承担担保贷款风险，未与协作银行形成风险共担机制。此外，政府对担保机构的代偿、补偿机制还不完善，使得担保资金的放大作用和担保机构信用能力均受到较大制约。

5.4.2.4 中小企业信用不足制约担保行业发展

目前，最制约担保行业发展的还是企业的信用问题。很多中小企业素质不高，财务制度不健全，给担保机构开展业务带来了困难。一些中小企业信用观念淡薄，甚至恶意逃废银行债务，骗贷骗保，也加大了金融机构和信用担保机构的经营风险，制约了一些地区对中小企业信用担保体系建设的政策支持。

5.4.2.5 担保机构运作存在不规范行为

一些由政府出资设立的担保机构法人治理结构不完善、政企难分，项目选择受到行政干预，难以自主运营，独立承担风险；有些担保机构热衷于大项目和高盈利、高风险的投资业务，资产缺乏流动性和安全性，加大了发生代偿的可能性；还有些担保机构业务操作程序不够完善，必要的管理制度、风险控制制度不健全，识别和控制风险能力差。

5.4.3 苏州中小企业融资担保机构的发展对策和措施

5.4.3.1 充分利用集群信用，大力发展互助担保

互助担保运行机制的优越性，表现在贷款银行、担保公司、会员企业的关系固定在一个产业集群上，对行业信息、会员信用及经营状况信息较为对称。

5.4.3.2 加强风险监管，加大商业担保作用

根据现代企业管理制度建立的公司制法人，其完善的法人治理结构、内部制度和财务会计规则有利于减少外来干预，能够保证担保机构独立运行。

5.4.3.3 对政策性担保和商业性担保机构实施分类管理

政策性担保机构与商业性担保机构在服务宗旨、服务对象、资本金来源、资金补充渠道、适用法律方面都不尽相同，对两类机构进行考评的标准也应该有所不同。为了更好地为中小企业融资服务，有必要分类管理，完善专业信用担保机构的评级体制。担保机构是银行和企业之间的桥梁，它利用自身的信用实现银企合作，所以担保机构自身的信用状况是关键因素。苏州市每年一次的

担保机构信用评估制度对规范担保机构运作、提高自身信用起到了很大的推动作用。今后应将更多的担保机构纳入信用评估体系中，分类管理，根据信用等级决定担保机构业务范围，使担保机构良性、有序发展。

5.4.3.4　处理好担保机构和银行之间的关系，建立风险分担机制

按照国际惯例，银行与担保公司按合同约定比例（担保公司承担约70%~80%，其余由银行承担）分担坏账损失，形成利益共同体，共同防范贷款风险。而我国目前担保公司往往要全部承担风险，既不利于担保公司的生存发展，又增加了银行放贷的随意性。因此，将银行、企业、担保公司三者结合为一体，把风险化为三者共同做好贷款业务的合力，能够塑造新型的"银企保"关系。

5.4.3.5　完善信用担保风险分担的第三市场

一是完善再担保体系。二是建立联合担保体系。联合担保又称共同担保，即两个以上的担保机构对同一债权提供担保。它能够有效地转移、分散风险，有利于从行业整体控制中小企业信用担保风险。担保机构间广泛进行联合重组，可以通过整合现有各类担保机构资源，成立行业组织，以团队力量争取银行更多空间，推进担保业的发展壮大。

5.4.3.6　改革与创新信用担保

信用担保的创新与改革，有利于担保机构的发展。一是改变传统的担保品种，根据不同地域开创独特的担保品种，如江浙专门针对出口企业的出口信用证担保、船舶担保等业务。二是结合当地的经济发展，提供适合本地区中小企业融资的担保品种，促进当地中小企业与信用担保机构共同发展。三是加强与创投行业合作，为创投公司投资的中小企业提供融资担保服务，担保机构也可以把优质客户推荐给创投公司，携手并进。

5.5　河南省中小企业融资体系分析

近年来，河南省的中小企业有了长足的发展，其整体素质和对国民经济的贡献率在不断提高。中小企业不仅以其数量庞大、就业容量广阔成为最活跃的经济主体，而且以其蕴含的创新精神和蓬勃活力成为社会财富创造的重要源泉。

5.5.1　河南省中小企业融资现状及困境分析

5.5.1.1　河南省中小企业的融资现状分析

（1）河南省中小企业融资困难。据河南省中小企业局2008年12月对外发布的《关于目前全省中小企业发展情况的调查报告》披露：河南新建企业继续增加，但停产、半停产、倒闭企业增多。据河南省中小企业局调查报告测算，2008年上半年全省规模以上的中小企业亏损、半停产、停产和倒闭的企业分别约为5.5%、15%、10%、3%。这其中，郑州市上半年半停产企业近2 600家，停产企业近1 000家，倒闭企业400多家。如此多的企业，何以停产甚至倒闭？就此，河南省中小企业局给出的解释是，"全省亏损、半停产、停产和倒闭企业中有80%是因为筹集不到流动资金而陷入困境的"。河南省中小企业局总经济师陈根成介绍说，他们所调查的270多家企业，其发展所以受困，全部是因为资金问题，部分经营形势和实力较好的企业，也遭遇了金融部门的"只收不贷"。

（2）河南省中小企业出现金融缺口。从需求看，河南省中小企业对资金需求量很大，对融资期限、融资风险、融资成本、资金使用的自由度、资金到位率和融资主体的自由度有一定要求。

5.5.1.2　河南省中小企业融资困境原因

河南省中小企业融资难，究其原因是多方面的，其中既有金融机构的原因，又有企业自身的原因，同时也存在担保体系不完善、资本市场不健全、政府支持不到位的因素，更与国家偏紧的宏观调控形势和产业结构调整政策密切相关。

（1）企业的内在缺陷。就河南省而言，中小企业主要存在以下四种缺陷：①财务状况不稳定。河南省的中小企业普遍存在着资产负债率偏高、流动资产不足、流动比率偏低、短期偿债能力不强和财务状况不稳定的情况。②单位融资成本高。中小企业与大企业相比，其融资规模和资金流量不大，但每笔贷款的发放程序、经办环节大致相同。银行对中小企业贷款的管理成本平均为大中型企业的5倍左右，这使得许多银行不愿贷款给中小企业。③信用等级较低或者没有信用评级。部分企业在和银行的博弈中，抱着一次博弈的态度向银行贷款，贷款过后赖账或借改制逃避债务。④短期行为严重。中小企业，尤其是国有中小企业和一些村办、县办中小企业，运作方式不是按市场规则，而是按个人意志。表现在贷款使用上，只管贷，不管还。遇有债务纠纷，请政府出面干预者居多，银行往往处于被动地位，不愿向中小企业贷款。

（2）担保机制不健全。目前，河南省中小企业间接融资不容乐观。从银行角度看，河南省银行向中小企业提供信贷不足。2008年河南省金融机构第四季度向不同企业类型贷款发生额占比分别为：大型企业贷款发生额占比为52.6%，中型企业贷款发生额占比为28.1%，小型企业贷款发生额占比为19.3%。河南省中小企业局统计，截至2009年12月，全省已批准设立各类担保机构810家，注册资本总额205.8亿元。河南省担保业发展历史也不长，世纪之交，开始有担保公司零星出现。随后几年，河南担保行业发展态势平缓。只是在近几年，担保公司在河南的发展势头才开始变得迅猛。但中小企业信用担保机构的数量和规模还不够，不能有效满足中小企业融资需求。此外，部分担保机构运作不规范，一系列机制尚未建立或健全。再担保制度的缺乏，致使全省担保体系不够健全、完善。

（3）政策性银行的支持不够。河南省甚至全国到目前为止缺乏专门为中小企业服务的政策性银行或金融机构。虽然，四大国有银行建立起了中小企业金融信贷部，但是银行客户评价体系和授信业务流程主要是针对大中型企业而设计，难以适应中小企业贷款"小、急、频"的特点；在激励约束机制方面，由于实行严格的信贷风险责任追究制度，限制了基层银行和信贷人员放贷的积极性；适合中小企业的融资产品单一，难以针对中小企业的业务特点和融资需求设计灵活多样的融资产品。

5.5.2　河南省中小企业金融服务体系的建设

5.5.2.1　加快企业自身调整

从现实情况来看，河南省不少中小企业资信能力很差，其信用意识淡薄，用各种方式悬空、逃废银行债务。这些违背市场交易规则的行为极大地挫伤了银行对中小企业提供贷款的积极性，从而使得河南省中小企业更难从银行获得贷款。所以，政府组织、银行参与，全方位、多层次、宽领域为中小企业培训行政、财务管理人才，努力防范道德风险，帮助企业强化内部管理，打破传统的家族式经营管理模式，建立现代企业制度，特别是帮助企业加强财务管理，形成完善的财务系统，增强银行对企业信用的信任程度。引导中小企业增加积累意识，扩大技改支出，用先进技术改造传统产业，提升技术含量和产品档次，搞好新产品开发和高科技项目开发，以诚信的企业形象、强势的核心竞争力吸引信贷资金源源注入，使中小企业真正快速发展壮大。

5.5.2.2　建设企业信用担保体系

目前，河南省已基本形成国有政策性、民营商业性和互助性三类担保机构共同发展的局面。截至 2009 年 12 月，全省 810 家担保机构中，由政府出资或参股的政策性担保机构有 189 家，占担保机构总数的 23.3%；注册资本有 60.54 亿元，占注册资金总额的 29.42%。民营商业性和互助性担保机构在数量、注册资金额上则占有 70% 以上的份额。具体来讲，河南省的信用担保机构要处理好与地方政府、银行和中小企业三个主体的关系：首先，要处理好与地方政府的关系。信用担保机构要多向政府汇报担保发展情况，多争取政府的大力支持。其次，处理好与银行的关系。信用担保机构应该加快自身建设，增强资金率，加快资产流动性，建立并完善能使银行信服的识别、防范、化解、分散风险的机制措施，加大风险补偿力度，增加银行的信任感。最后，处理好与中小企业的关系。信用担保机构应力争中小企业积极配合对其信用状况的调查，也要深入、细致、全面地调查企业信用状况。

5.5.2.3 设立为中小企业服务的政策性银行

中小企业贷款难是个世界性的问题，一些经济发达国家解决这个问题的办法是建立中小企业政策性银行，如日本中小企业金融公库、韩国中小企业银行、加拿大发展银行、德国复兴银行和平衡银行。这些银行在解决中小企业贷款难问题上发挥了很大作用。我国中小企业融资的主要渠道是银行，但从金融机构的设置来看，缺乏专门为中小企业服务的政策性银行，我国现有的 3 家政策性银行没有一家是对中小企业服务的，所以一定要成立为中小企业服务的政策性银行。可以考虑中小企业政策性银行的资本由中央政府和地方政府共同注资，也可以考虑由国有独资商业银行或其他股份制商业银行出资。这是因为中小企业政策性银行组建后，将在很大程度上将国有商业银行从政策性重组中解脱出来。同时，中小企业政策性银行扶持起来的企业将有相当部分会成为国有和股份制银行的优质客户。它的组织结构可以采用总分机构模式，有统有分，既便于开展业务，又便于管理。为中小企业服务的政策性银行的资金来源主要应依靠政府资金，可由财政（包括中央财政和地方各级财政）每年按照一定比例出资提供资金。当然，也可以通过中央银行再贷款、金融市场以及国外资金获得资金支持。中小企业政策性银行的业务范围可包括贷款、投资、担保等。贷款一般分为普通贷款和特别贷款两类：前者为短期流动资金贷款，满足中小企业日常周转资金需求；后者为中小企业提供特别项目贷款，主要用于符合国家产业发展方向和经济宏观调控方向的中小企业，体现中小企业政策性银行的政策性。

5.5.2.4 加大政府支持力度

市场经济体制下，政府在解决中小企业融资难问题上应承担的责任，概括地讲，是营造符合中小企业发展的外部环境。具体来说，就是制定、完善相关的法律法规，建立相应的扶持中小企业发展的金融机构，创建相关的服务平台等。我国今后应尽快健全中小企业法律体系，主要包括中小企业金融机构的设立、中小企业融资措施等规定，从而使中小企业金融机构以及中小企业融资等具有法律地位，符合法律规定。此外，政府应该健全社会法律体系，保障社会公平，制定中小企业扶持政策。财政援助与税收优惠是世界各国政府扶持和保护中小企业的普遍做法。政府的政策虽然不能代替市场自身的资源配置，但有效的引导加上特定的扶持，发挥政府财政资金的杠杆作用，引导商业性资金的介入，能在相当程度上起到减轻企业负担、优化产业结构、促进中小企业良性发展的效果。各级各类商业银行要把支持中小企业作为信贷工作的重要内容，制定有针对性的贷款政策和管理办法。在规范中小企业财务制度的基础上，增加贷款种类和贷款抵押物种类等新的服务品种，只要符合信贷条件，银行应接受中小企业以财产抵押、上市公司以市值抵押等方法，并适当提高现有资产抵押率。通过立法保护中小企业是发达国家解决中小企业融资问题的重要手段。目前，河南省中小企业所面临的法律法规还不完善。河南省政府出台的相关政策性文件给中小企业注入了活力，但是与国外比较，还是有一定的差距。因此，除了要坚决贯彻已出台的《中小企业促进法》和河南省现存法规外，还必须根据河南经济发展的需要，有步骤地制定有利于中小企业融资方面的地方性法规。通过立法的方式着力改善河南省中小企业发展环境，切实维护中小企业合法权益，积极引导和支持企业产品上水平、规模上水平、技术上水平、经营管理上水平，努力改善中小企业融资难、贷款难、担保难的现状，推动全省中小企业健康、快速发展。

5.6 河北省中小企业发展现状及思路

5.6.1 河北省中小企业发展现状分析

5.6.1.1 河北省中小企业的发展概况

（1）河北中小企业数量总体呈增长趋势，吸纳从业人员不断增加。河北省2004年拥有中小企业共14.7万个，到2008年增长为16.6万个，5年来企业数量增幅达12.9%。尤其在经过了2006—2007年的下降后，从2007年到2008年，中小企业数量增幅明显。而以中小企业为主体的民营经济，已名副其实地占据全省经济的半壁江山。随着企业数量的增长，吸纳从业人员由 2003 年的 490 万人发展到 2008 年的 1 450 万人，占全省第二、第三产业人员的 67%，年均吸纳就业 88 万人，对缓解河北省劳动力就业压力做出了重要贡献。

（2）中小企业全员劳动生产率有了较大幅度提高，工业总产值稳步上升。2003—2007 年，河北省中小型工业企业全员劳动生产率有了较大幅度提高，2007 年中型企业劳动生产率达到 137 129 元/人·年，小型企业劳动生产率达到 142 522 元/人·年，分别是 2003 年的 2.04 倍和 2.81 倍。全员劳动生产率是反映企业生产技术水平、经营管理水平、职工技术熟练程度和劳动积极性的综合指标，以上数据表明河北省中小企业自身素质 5 年间有了很大提高。但从总体来看，中小企业劳动生产率及其增长速度均低于大型企业。同时，自 2003 年以来，河北省中小企业工业总产值呈稳步上升趋势，年均增长速度达到 32.2%。2007 年中小企业完成工业总产值 10 583.98 亿元，是 2003 年的 4 倍，实现利税 2 000.66 亿元，占全部工业企业的 51.5%。近 5 年来，河北省中小企业完成工业总产值始终保持占全部工业总产值的六成左右，成为推动河北省工业经济发展的主体力量。

（3）专业化产业集群已具雏形。改革开放以来，河北省在充分利用自然资源优势的基础上，通过发展具有地域特色的传统产业，造就了以辛集皮革、唐山陶瓷、高阳纺织、白沟箱包、蠡县毛纺、安国医药、定兴汽车及零部件、安平丝网、衡水工程橡胶、冀州采暖、河间电线电缆、清河羊绒、隆尧方便食品等 50 个重点中小企业产业集群。2008 年，河北省产业集群实现增加值 2 641.4 亿元，比 2007 年增长 23.3%；上缴税金 223.8 亿元，比 2007 年增长 24.8%；出口交货值 475.8 亿元，比 2007 年增长 55.8%；从业人员 353.7 万人，比 2007 年增长 5.68%。河北省年营业收入 100 亿元以上产业集群达到 16 个，比 2007 年增加 5 个；50 亿元以上产业集群达到 60 个，比 2007 年增加 10 个；10 亿元以上产业集群 207 个，比上年增加 15 个。

（4）在拓展融资渠道方面取得一定成效。通过拓展融资渠道，在一定程度上缓解了中小企业融资难问题。截至 2009 年 7 月末，河北省大型企业贷款余额 3 520 亿元，占 47.72%；中小企业贷款余额 3 857 亿元，占 52.28%。其中，全省大型企业 1～7 月贷款增加 751 亿元，占 45.63%；中小企业贷款增加 895 亿元，占 54.37%。中小企业贷款双双超过大企业，显示了河北省委、省政府和全省金融部门共同破解中小企业融资难所做的有效努力。国家开发银行河北分行创造了"三台一会"贷款模式，建立贷款融资平台、担保平台、政府管理平台，并成立了中小企业信用评价委员会，解决中小企业信用信息缺失和银企信息沟通不畅的瓶颈；工商银行河北分行专门成立了小企业金融业务部，各地分行成立了小企业金融业务中心，积极探索贷款客户的互助互保模式；建设银行河北分行创造了"信贷工厂"模式，提高中小企业贷款的质量和效率。此外，河北省中小企业信用担保体系建设快速发展，截至 2008 年年底，全省共成立 282 家各类中小企业担保机构，累计提供中小企业担保贷款 228.9 亿元。

（5）政府越来越重视中小企业发展政策环境的改善。自 2005 年国务院发布《关于鼓励支持和引导个体私营等非公有制经济发展的若干意见》（简称《非公 36 条》）以来，河北省政府在深入调查研究的基础上，先后起草了《河北省中小企业促进条例》、《关于加强中小企业社会化服务体系建设的指导意见》、《关于加快中小企业产业集群发展的指导意见》等九个重要政策文件，为营造中小企业良好的发展环境发挥了重要作用。

5.6.1.2 存在的主要问题

（1）中小企业发展速度仍然较慢，经济效益整体不佳，亏损比例较高，企业寿命短。尽管近年来河北省中小企业数量总体呈上升趋势，但发展速度仍然不够快，尤其是从 2006 年到 2008 年，企业数量并没有得到实质性增长。与周边省份相比，河北省中小企业的数量差距很大。2008 年山东省中小企业有 55.5 万个，浙江省有 50 万个，河北省分别少了 38.9 万个和 33.4 万个。每千人企业数量，河北省为 2.5 个，分别比山东、浙江低 3.7 个和 7.6 个。与此同时，2007 年，河北省全部国有及年产品销售收入 500 万元以上非国有工业企业中，大型企业亏损的比例为 5.76%，而中型企业和小型企业亏损比例分别为 14.44%、12.78%，远高于大型企业。此外，大型企业的工业成本费用利润率为 9.82%，而中型企业和小型企业分别为 5.91% 和 8.13%，投入产出效率较低。对此，河北省中小企业平均寿命不足 3 年，远低于全国平均 6 年的水平。调查显示，我省中小企业大部分集中于劳动密集型、技术含量相对较低的传统行业，其中约 61% 属于工业制造业企业；其次为批发零售业企业，约占 10%；再次为建筑及房地产业，约占 6%。而技术密集型的新兴行业如信息传输、计算机服务和软件行业等，企业数量仅占 3%，产业结构需要进一步调整和优化。

（2）资金问题仍然是阻碍中小企业发展的瓶颈。

①主融资渠道不畅，中小企业贷款难现象仍然突出。虽然银行信贷在企业融资总额中所占比重最高，但与企业的信贷需求相比，贷款渠道依然不够畅

通，贷款难的现象仍未有效解决。主要表现为有贷款需求的企业多、实际获得贷款的企业少，普遍认为贷款难。据对 500 户样本企业问卷调查显示，412 户企业把银行贷款作为融资的首选渠道，但与银行发生信贷业务的企业只有 16%；239 户企业认为股权、债权融资难度最大，其次就是银行贷款，甚至有 176 户企业认为银行贷款难度最大。造成中小企业贷款难的主要原因是企业的实际发展情况与商业银行信贷政策的要求严重错位，表现为：中小企业财务管理不规范、信息不透明、信用水平较差，商业银行很难给予较高的信用评价，达不到授信要求；中小企业有效抵押资产不足，有效担保不足，但由于信贷政策限制不可能获得信用贷款，同时担保中介机构规模小、管理不规范，很难达到银行的要求；中小企业资金需求规模相对较小、单笔贷款额度较小且期限较短，表现在银行方面则是管理成本较高、规模效益较差，银行多倾向于规模较大、期限稳定、收益水平高的大企业、大项目贷款。除贷款之外，票据融资、票据保证金差额融资等其他间接融资方式也面临同样的难题。

②新型融资渠道缺失，企业未能实现融资多元化。随着我国金融业的改革发展和金融服务的不断创新，新的金融工具、金融产品层出不穷，企业可供选择的融资渠道不断增加。除贷款和贴现之外，银行等正规金融机构还为企业提供了包括融资租赁、贸易融资、担保融资、信托融资以及各种票据业务融资、应收账款质押贷款、股权质押贷款等方面的服务。从调查情况来看，银行融资的渠道主要集中在传统的抵押贷款、担保贷款和票据贴现上，企业没能充分利用现有的金融资源和条件，实现多元化融资，进一步开创和拓展新兴的融资渠道。由于企业对金融知识尤其是融资方面的知识了解不足，对创新融资方式、开拓融资渠道的重视不够，大部分企业对融资租赁、贸易融资、保理、保函等金融业务知之甚少，不能顺利运用此类业务进行融资。银行推出新产品、新业务时，对企业的宣传力度不够，使得企业不能及时获知信息，享受国家政策带来的实惠。被调查企业通过非信贷方式融资的占比不足 5%，办理保函业务余额仅 3 万元，保理业务、融资租赁业务余额为零；全部企业质押贷款余额仅为 3 000 万元，股权质押贷款余额为零。

③民间融资渠道地位尴尬，成本居高不下。从可选择性的角度来看，中小企业在民间范围内进行直接融资的范围更加广泛，方式更加多样化，可以通过企业间拆借、民间借贷、内部集资等多种方式筹集资金。但是从本次调查情况来看，虽然国家对个人放贷的管理有所松动，中国人民银行起草的《放贷人条例》呼之欲出，但各企业对这部分融资仍有所顾虑。在选择民间借贷的时候"偷偷摸摸"，大部分调查企业未能如实填报民间借贷的情况。内部集资涉

及各方面的问题较多，自愿还是摊派，合法还是非法，以及企业经营发生困难后的偿还问题，都给企业造成了一定的压力。融资成本过高也是民间融资渠道面临的一个关键问题。据调查，2008年河北省民间借贷利率平均水平在16%左右，最高达40%。

④股权、债权融资门槛偏高，新型金融服务组织水平参差不齐。当前我国创业板市场已经放开，首批企业已经开始上市交易，但是正式进入股票市场，对于绝大多数中小企业来说是可望而不可即的事情。在被调查的500户中小企业中，只有一家通过股权融资1.9亿元，没有企业发行债券。出于对市场风险的考虑，我国对企业发行债券的限制也非常严格。为了扩充企业融资渠道、降低融资门槛，曾创新中小企业集合债券等新形式，但是对于发债企业的总体规模、盈利水平和管理机制等方面的制约并没有明显放松，收效不明显。小额贷款公司等新型金融服务组织发展较快，但各地区之间水平不均衡。被调查的5个地市中，廊坊市小额贷款公司试点最早、发展最为迅速，其他地市则相对缓慢，公司实力、贷款规模、业务发展比较落后，为企业提供融资能力有限。以衡水市为例，最初成立的8家小额贷款公司中只有6家正常营业，另外两家由于资本金不足处于停顿、半停顿状态。

⑤应收账款周转速度放缓，占用企业大量资金。受国际金融危机的冲击，中小企业生产经营困难加大，来自上下游企业的影响逐渐延长了应收账款的循环周期。企业问卷调查结果显示，有301户企业表示金融危机爆发以来应收账款周转速度"明显放缓"，有145户企业选择了"有所放缓"，只有54户企业认为应收账款周转速度"没有变化"。应收账款回收速度的放缓，造成企业被占用资金大量增加，进一步加剧了企业资金紧张的情况。

尽管在国家政策的扶持和各级政府、有关部门的努力下，中小企业的融资环境得到了一定程度的改善，但大多数中小企业资金短缺的问题仍未从根本上得到解决。据调查，河北省有63%的中小企业反映资金紧张，18%的中小企业因资金紧张而致使开工不足，59%的企业呼吁亟须解决资金短缺问题。在民营中小企业固定资产投资来源中，国家及有关部门扶持资金占0.4%，金融机构贷款占11.1%，两项相加不到12%，贷款难直接影响了中小企业扩大再生产和技术、设备的更新改造，遏止了中小企业可持续发展的后劲。

（3）发展环境还有待进一步改善。虽然近年来一系列支持和鼓励中小企业发展的政策相继出台，但由于政策落实不到位，执行力不够，中小企业的发展环境仍面临诸多亟待解决的问题：市场秩序混乱，不公平竞争现象严重，假冒伪劣产品泛滥；企业间相互拖欠货款不能及时收回；"三乱问题"没有得到根本遏制，各种不合理、不公平收费、摊派负担过重，耗费了中小企业大量有限的资金；发生经济和知识产权纠纷不能及时妥善解决，严重影响企业的日常经营。另外，社会化服务体系建设滞后，中小企业在了解市场，引进人才，获取政策、技术、投资信息以及工商、法律、会计服务等方面缺少必要的帮扶。此外，"重大轻小、重公轻私"的现象仍时有发生。另外，据调查显示，河北省城镇居民创业意愿不到5%；大学生毕业创业比例不到1%，与发达国家相比低19个百分点。由于个体工商户创业成本过高，引领社会就业明显倾向于"进政府"。环境导致的创业意愿淡薄已成为制约河北省中小企业快速发展的重要因素之一。

5.6.2 河北省中小企业发展思路

5.6.2.1 积极融入河北省现代产业体系构建，形成与大型企业分工协作的产业配套体系

构建现代产业体系，是加快河北省经济发展的重大战略部署。中小企业是构建现代产业体系不可或缺的组成部分，应积极融入现代产业体系构建，找准产业定位，打造完备的中小企业加工服务配套体系，与大型企业形成专业化协作程度极高的分工配套体系。一般而言，原料来源分散、产品市场小、制造过程可分割、不具备明显的规模经济效应的产业（或产品）比较适合中小企业生产经营。河北省中小企业的产业定位的目标就是要形成合理的产业组织结构，围绕河北省钢铁、装备制造、石化、医药、纺织服装等主导产业，从资源和生产条件的充分合理利用、分工协作和技术进步及经营效益原则出发，为大企业提供关联配套服务；从事多品种、多花色、多规格、小批量产品及手工艺产品、民族特色产品等传统工业生产；在新兴服务业（科技服务、社会服务、文化娱乐服务等）和高科技新兴产业上发挥自身优势。

5.6.2.2 提升产业集聚层次，加强集群品牌建设，形成区域特色产业，以区域产业集聚带动小城镇的形成与发展

河北省中小企业集群大部分集中于充分竞争性的劳动密集型制造业，主要以低成本优势参与市场竞争，以生产中低层次的产品为主，缺乏自有核心技术和知识产权。集群内部更多只是一种生产加工型企业的集聚，多以水平分工为主，垂直分工较少，这种低水平的集群形式和分工特点极大地约束了创新因素的集聚和竞争能力的放大，限制了集群效应的充分发挥。中小企业集群应积极引导内部成员企业从产业链和企业价值链对接的基础上，运用产品差异策略和特色经营策略，合理确定企业定位，加快产业集群内重点企业的上下游及侧向

产业链的配套建设，构建产业配套体系。中小企业产业集群内的多数单个企业的资金、技术、人才等不足，综合实力有限，往往难以树立起自己的品牌。集群品牌就是把集群整体作为一个品牌来管理经营，其品牌名称由地名和当地特色产业结合而成。集群品牌是区域内所有企业发展的共同资源，代表着区域产业竞争力。发展集群品牌可以避免集群内低端品牌的泛滥及恶性竞争，通过销售渠道共享，形成分销与产品流通优势以及由渠道费用的节约带来价格竞争优势，着力打造区域品牌，提升产业集群的国内外知名度。通过中小企业的集聚以及大型企业的辐射带动，形成一个由供应商、生产企业、销售商及金融、技术研发等服务机构共同组成的商业系统，引发商品流、资金流、信息流、技术流和人才流等要素的汇聚和扩散，带动供电、供水、交通运输、邮电通信等城镇基础设施建设，并促进金融、商贸、餐饮、教育、科技、文化、卫生、体育事业的全面发展，从而推动小城镇建设，形成农村经济发展新模式。

5.6.2.3　大力扶持科技型中小企业发展，优化中小企业产业结构

科技型中小企业是我国技术创新的主要载体和经济增长的重要推动力量，在促进科技成果转化和产业化、以创新带动就业、建设创新型国家中发挥着重要作用。应采取有效措施鼓励各类机构和人员创办科技型企业，在土地使用、财税政策、政府采购等方面制定优惠政策。进一步发挥国家及河北省科技型中小企业创新基金的作用，通过拨款资助、贷款贴息和资本金投入等方式扶持和引导科技型中小企业的技术创新活动，促进科技成果的转化，培育一批具有自主创新能力的科技型中小企业。创新科技金融合作模式，开展科技部门与银行之间的科技金融合作模式创新试点，探索加大对科技型中小企业信贷支持和提高对科技型中小企业金融服务水平的有效途径。

5.6.2.4　完善中小企业内部治理结构，建立现代企业制度，促进中小企业的可持续发展

中小企业大多是家族企业，一般采取传统的权威管理模式，即依靠家族成员的个人魅力来管理整个企业。有的企业虽然选择公司制，但与现代企业制度的区别是所有权与经营权不分，股权高度集中。这种治理结构容易导致决策权高度集中，难以形成真正行之有效的激励与约束机制，企业运作效率低下，极大地限制了企业继续发展的空间。中小企业要获得长远发展的能力，必须具备的关键要素之一就是拥有良好的企业治理结构。初创型中小企业可选择家族式的治理结构，管理层的扁平化有利于企业内部信息的传递，有利于企业对市场变化作出及时反应，减少代理成本。

当中小企业规模逐渐扩大，企业发展到一定水平后，应不失时机地调整其

治理结构，建立现代企业制度，成立强有力的董事会，实现所有权与管理权分离，聘请职业经理人来管理企业。当中小企业进入成熟阶段，成为上市公司时，就必然要求其所有者、经营者、生产者之间通过公司的权力结构、决策和治理结构、监督机构，形成各自独立、权责分明、相互制约的关系。研究显示，具有竞争力的中小企业，其治理结构特征之一是良好的股权规模与结构；特征之二是适度的董事会规模；特征之三是设计良好的对高层管理者的激励与约束机制。

5.6.3　加快河北省中小企业发展的保障措施

5.6.3.1　采取有力措施，切实解决好中小企业融资难的问题

（1）充分发挥现有融资渠道的效用。中小企业的融资渠道主要有四种类型：自筹资金；以发行债券和股票的形式直接融资；向金融机构申请贷款进行间接融资；政府以税收优惠、财政补贴、贷款援助等形式提供的扶持资金。在自筹资金不足的情况下，应当发挥银行融资主渠道的作用。国有商业银行和股份制银行应建立小企业金融服务专营机构，完善中小企业授信业务制度，逐步提高中小企业中长期贷款的规模和比重，提高贷款审批效率，创新金融产品和服务方式。加快中小企业板和创业板市场建设，完善中小企业上市养成机制，大力推动规模大、实力强的优质企业和科技含量高、成长性好的企业直接上市融资，在一定程度上缓解中小企业融资难的问题。进一步加大政府对中小企业财税扶持力度，发挥中小企业创业投资引导资金、小企业贷款风险补偿基金的作用，缓解金融危机对中小企业的冲击，使困境中的中小企业尽快复苏。

（2）扶持和发展中小金融机构。我国目前以防范金融风险为主的金融业重组，导致了大银行县级以下分支机构减少、贷款审批权上收和中小金融机构数量减少，从而造成中小企业融资环境的恶化。为了改变这种局面，需要放松金融业的准入管制。在大银行裁减分支机构的同时，准许设立新的地区性的中小银行，以填补大银行撤出县级金融领域后留下的空白，发挥中小银行在中小企业发展中的融资主导作用。这样不仅可以从根源上解决中小企业的融资困境，而且金融市场竞争机制的增强也有助于推动国有金融机构改革顺利进行。

（3）完善中小企业信用担保体系。建立由政府全资担保机构、政府参股担保机构、互助式会员制担保机构、商业性担保机构和再担保机构组成的中小企业信用担保体系，增强各类担保机构的融资担保能力，分散和控制信用担保系统风险。开展中小企业信用信息征集和信用评价工作，建立中小企业动态信用信息数据库，对所有评定等级的中小企业建立信用信息库，包含中小企业的

信用等级、法定代表人、注册资产、经营范围、纳税额度等信息，在河北省商务厅网站和中小企业局网站公布，提供可供查询的开放式渠道。

强调多元化资金、市场化运作、企业化管理、绩优者扶持，商业性担保和民间互助担保应作为必要补充。可以由地方财政出（筹）资，建立起一批实力雄厚、制度健全、管理规范的官方担保机构，引导社会力量和民间力量，建立多种形式的互助担保组织，解决中小企业贷款过程中抵押难、担保难的问题。同步制定担保机构风险控制和信用担保资金补偿、奖励机制政策，加大对信用担保行业的监管和行业自律力度，引导和规范信用担保行业发展。

（4）引导金融机构创新金融产品，改善金融服务。商业银行要降低信贷门槛，对有市场、有效益、有信用的中小企业可以发放信用贷款，积极推动股权质押贷款和应收账款质押贷款等业务。同时下放贷款审批权限，完善授信制度，简化审贷手续，以降低企业的融资成本和银行的管理成本。地方性金融机构要继续发挥业务灵活优势和地缘优势，加大对中小企业的支持力度。

（5）加大对中小企业管理、培训、宣传力度，提高企业融资意识和融资技巧。各级政府及有关部门要着眼于提高中小企业的管理和发展水平，加大对中小企业的管理力度，积极提高企业的生产经营和会计财务管理水平，使之符合商业银行信贷准入要求。要加大对企业管理人员尤其是企业家的培训力度。组织开展企业管理、财务筹划、投资理财、融资知识等方面的培训活动，提高中小企业的融资意识。指导企业加强对应收、应付账款的管理，提高债务筹划水平，根据自身情况确定合理的融资规模、制订适当的融资计划。同时，要积极组织中小企业与银行的沟通和对接，为企业提供最新的金融知识、业务信息、信贷政策，向银行积极推荐优秀的企业项目，促进银企之间的协调发展。

（6）制定和实施配套政策，加大对企业融资相关配套环节的支持，努力降低企业的融资成本。各级政府要借助宽松的政策环境，着力加大对中小企业配套环节的财政政策支持力度。主要做法为：政府通过出资建立风险基金或贴息政策，对金融机构发放的中小企业贷款提供风险补偿，帮助金融机构承担一部分信贷风险，为贷款企业降低部分融资成本，以此扩大企业受助范围；逐步建立对支持中小企业工作情况的考核、奖惩制度，引导各金融机构，包括政府各管理部门加大对中小企业的重视程度，简化工作手续、精简工作环节、降低各种费用、提高工作效率。此类措施的"杠杆效应"或者"乘数效应"，有助于破解中小企业在银行融资过程中抬高成本的"堤坝"，从而使得中小企业融资成本得到有效降低。

（7）加快法律法规配套建设，进一步疏通企业直接融资渠道。首先，加快创业板的发展步伐。从国际、国内的实践情况看，通过资本市场进行直接融资是中小企业解决融资困境的另一条有效途径。应在保障市场运行稳定的基础上，适当放宽准入标准，根据各类中小企业的不同特点，制定有针对性的政策，为企业提供更便利的入市选择。其次，尽快推动"放贷人条例"的出台，正确引导和规范民间融资行为，促进民间借贷的稳定、健康发展。最后，加快相关范畴的法制建设。对《担保法》、《公司法》、《保险法》、《商业银行法》等一系列法律法规进行修改和完善，对担保机构法律地位进一步明确界定，有效保护相关权益；对风险投资等其他资金进入中小企业提供法律依据。进一步修改和完善企业债券发行管理办法，适当降低债权融资门槛，为中小企业提供更为宽松的融资环境。

5.6.3.2 适当放宽中小企业市场准入条件，加强对中小企业的立法保护，维护市场公平竞争

适当放宽中小企业市场准入条件，除国家明令禁止的外，凡允许国有和外资企业进入的投资领域，一律对中小企业开放。鼓励、支持和引导中小企业参与国有企业改革，进入金融服务、公用事业、基础设施等领域。完善相关法律法规的制定，加强对中小企业的权益保护，保障中小企业的产权、经营权等合法权益不受到侵犯。努力制止地方保护和地区封锁行为，采取严厉措施抑制乱收费现象，保护中小企业依法参与市场公平竞争的权利，为中小企业营造公平的竞争环境。

5.6.3.3 完善社会服务体系，为中小企业营造良好的生存和发展空间

进一步发挥河北省中小企业服务中心的作用，并推动中小企业服务的社会化服务组织（中介机构）建设，为中小企业提供各种金融服务、创业辅导、法律咨询、技术推广、信息服务、广告服务、产权交易服务。省中小企业局可以会同有关部门，在省内高等院校中着手建立面向中小企业的技术服务中心，并引导每个高校技术服务中心与中小企业结成合作伙伴，探索建立中小企业与高等院校"产、学、研"合作的长效机制，切实解决中小企业技术进步缓慢的问题。不断推进中小企业信息服务网络建设，扶持基础性信息资源平台建设，利用互联网、电话等形式，进一步搭建中小企业公共信息服务平台。加强对中小企业经营管理者的培训，不断提高经营管理者的素质和能力。逐步建立中小企业培训网络体系，充分利用现有高校、培训机构的作用，大力开展中小企业员工在岗及转岗技能培训。

5.6.3.4 积极鼓励创业，大力发展民营经济

鼓励和引导返乡农民工、下岗失业人员、复员退伍军人、高校毕业生、残

疾人等自主创业，为其申请登记注册个体工商户、私营企业提供免费的创业指导以及相关政策、法规和信息咨询服务。尤其应当重点支持五类中小企业的创办：一是科技型中小企业；二是城市失业人群所创办的服务型中小企业；三是社区型中小企业，可以解决就业问题、方便生活、完善社区；四是农民创办的中小企业，可以就近转移农村剩余劳动力；五是出口创汇型中小企业。

5.6.3.5　加强行政管理部门对中小企业的领导和服务工作

各级行政管理部门要理顺中小企业的管理体制，加强对中小企业工作的统筹规划、组织领导和政策协调。在制定中小企业发展政策与发展规划、协助中小企业获得贷款、提供管理咨询和人员培训、提供信息服务和技术支持、组织中小企业参与政府采购、促进中小企业发展对外贸易和技术合作等方面，积极探索新方法、新思路，对中小企业的管理方式由"行政控制型"向"规范服务型"转变。统计部门要建立和完善对中小企业的分类统计、监测、分析和发布制度，加强对规模以下企业的统计分析工作，为决策提供准确、详尽的数据，以便更好地服务于中小企业。有关部门要及时向社会公开发布发展规划、产业政策、行业动态等信息，逐步建立中小企业市场监测、风险防范和预警机制。

5.7　陕西省中小企业信息化建设经验分析

陕西省中小企业在全省国民经济中占有非常重要的地位，已成为陕西省经济的一个增长极，但信息化水平不高。从内部环境来看，作为行为的主体，自身也存在着问题。主要表现在：信息化观念淡薄；管理模式落后；缺乏整体规划；资金投入不足；企业信息化程度低，缺乏适合的信息化方案；员工信息知识匮乏，缺乏专门人才；网络信息安全令人担忧等。从外部环境来看，主要表现在：政府支持不够，缺乏科学引导；法律、法规不完善；缺乏科学、合理的监督机制；软件产品与企业需求脱节；信息通道不畅。

企业信息化是一项相当复杂的系统工程，对已经完成信息化战略选择的中小企业来说，当务之急是在战略、战术的选择上，应借助外部的客观、中立、第三方的信息化咨询机构的力量，切实把握和解决好信息规划和建设过程中的一些带有规律性和策略性的问题。陕西省中小企业信息化建设的总体思路是点面结合、因企制宜、总体设计、分步实施、突出重点、全面突破。只有企业、政府、社会共同高度重视中小企业的信息化建设工作，才能促进企业的共同发展。

5.7.1 企业方面

企业信息化是国民经济信息化的基础，企业信息化发展的水平，不仅直接关系到国家信息化战略的顺利实施，而且还将直接影响国民经济的持续、稳定发展。

5.7.1.1 增强信息化建设意识

应提高企业信息化意识，特别是企业管理人员的信息化意识。首先，通过宣传教育来提高员工对于企业信息化的认识。同时，要让广大企业管理者知道信息化对企业市场竞争力的重大影响。其次，必须从战略上来认识信息化。企业信息化是保持企业持续、快速发展的动力机制，信息化被视为"覆盖现代化建设全局的战略措施"。最后，以成功的信息化案例来加强宣传效果。

5.7.1.2 加快信息化人才培养

企业信息化是一项庞大的社会系统工程，它涉及信息基础结构的建设和应用，涉及数据标准化建设和处理，涉及增值网的连接、使用和管理维护，涉及贸易、海关、银行、工商、税收、交通运输等方面。这不仅需要技术人才，而且需要业务应用人才，同时还需要各层次管理人才。技术人才可以依托大专院校；业务应用人才的培养可以通过院校培养和社会培训机构教育或岗位培训相结合的方式；管理人才可以挑选基本素质较好的管理人员，进行信息化意识、规划和决策知识、技能的培养。另外，还应对企业的信息化建设人员进行各类不同层次的专业培训。

5.7.1.3 全面规划信息化建设方案

首先，积极投入资金，完善网络基础设施建设。其次，确定信息化建设方案。信息化建设应从体制、管理、生产、经营技术等方面纳入整个企业的长远规划，明确信息化的首要目标，确定企业信息化建设的需求和力度，要适应眼前的需要，又要按照生产自动化、管理信息化、决策信息化、营销信息化的思路实施。最后，做好企业自身资源的数字化，建立基于网络的信息处理系统。

5.7.1.4 利用网络营销，尽快产生效益

网络营销是一种基于互联网的营销模式，得到互联网的企业网站和企业客户关系管理系统等业务平台的支持，具有信息广泛、沟通及时、目标细化、成本低廉、服务高效等诸多特点。互联网架构的企业信息平台给中小企业信息化带来了新的机遇，这有利于中小企业在信息化的探索征途上，能够另辟蹊径，探索出一条适合自己发展的信息化新路子，并能在这条路上走出效益、走出特色、走出美好明天。

5.7.2　政府方面

政府要为中小企业信息化营造环境、创造条件，积极鼓励各种有利于中小企业信息化建设的活动，支持社会资源为中小企业信息化提供技术、资金、人才等援助，帮助中小企业，特别是企业的经营领导者提高认识，加快信息化建设的进程。

5.7.2.1　加大政府扶持力度

虽然企业信息化主要依靠企业自身的力量，但是政府在企业信息化中发挥着举足轻重的作用，中小企业的发展和信息化离不开政府的扶持。建议政府在政策上、信息化宣传、人员培训、案例研究、信息发布、制度建设等方面对中小企业信息化的建设给以扶持。

5.7.2.2　建立完善的服务体系

信息化是中小企业提高竞争力的重要手段，这一系统工程需要政府、中小企业和信息技术行业联手打造。创建网上信息供需服务平台，建立共性应用软件的推广平台，创建为中小企业提供网上网下相结合的培训、咨询等配套服务平台，加强网络法律建设，增强上网的安全性。总之，完善信息网络服务体系不仅有利于中小企业进行信息查询，迅速、准确地搜集国内外信息，而且能有效降低中小企业的交易成本。

5.7.2.3　营建良好的法制环境

有效开发和利用政府信息资源对中小企业的加快发展意义重大。作为最大的信息所有者和控制者，政府应做到信息公开化，让信息资源自由流动，以满足社会和企业的迫切需要。同时，要完善信息安全监控体系，建立信息安全的有效机制和应急处理机制，在重点保障基础网络和重要系统安全的基础上全面提高信息安全防护能力。政府部门还应尽快制定信息管理法规，加强信息资源管理，加强知识产权的保护，增强网上交易的安全性。

5.7.2.4　制定科学合理的政策

政府要根据区域产业发展特点，重视中小企业，以点带面地制定企业信息化政策。政府在企业信息化资助的政策面上不可能很广，政策制定和实施应该起到"龙头"与"示范"作用。政府应该通过对龙头企业的资助，在行业和区域形成龙头企业的示范效应，带动相关企业的信息化，进而带动行业或同地区的中小企业群体的信息化建设。

5.7.3　社会方面

社会也应积极参与中小企业信息化建设，中介机构、新闻媒体、行业协会以及企业积极参与和支持，集中社会各方资源和优势，共同促进中小企业信息化建设。

5.7.3.1 信息机构应大力支持中小企业信息化建设

我们应该充分发挥现有社会上信息机构的作用，为中小企业信息化建设奠定基础。第一，要着力建立一批信息技术培训机构和教育基地，加强信息化建设急需的技术人才、管理人才培训，尤其是抓好技术与管理复合型人才的培养。第二，大力发展面向中小企业的信息技术市场，为中小企业"量体裁衣"。第三，加强信息化基础设施建设，加强信息资源的开发和利用，让"信息化高速公路"上有更多的车。

5.7.3.2 建立中小企业信息化建设评价指标体系

中小企业信息化评价指标体系是反映中小企业信息化发展水平、检测中小企业信息设备及软件装备与利用程度、评价企业信息化效益的一项综合指标系统。体系指标内容主要包括：企业信息设备及软件系统装备率与利用率指标、信息化环境完善程度指标、信息化员工知识水平指标、企业信息化直接经济效益与间接经济效益指标等。另外，还应建立科学的"咨询—监理—评价"体系。

5.7.3.3 加强信息化引导，确定合理的解决方案

第一，重视提供正确、有效的企业信息化导向。中小企业信息化尚处在启蒙状态，需要全方位、多方面的积极配合和正确引导。第二，重视提供针对性强的中小企业信息化解决方案。提供技术解决方案的厂商必须深入企业，认真了解企业的应用需求，在坚持适用性的方向下，努力为中小企业提供个性化的产品、技术和服务。总的来说，要想加快陕西省中小企业信息化建设步伐，企业、政府、社会都应联合起来，密切关注企业的信息化建设，才能促进企业的共同发展，促进陕西省经济的腾飞。

6 我国部分地市中小企业 案例分析

6.1 寿光市"政银企"联手破解中小企业融资难题

农业银行山东省寿光市支行被农业银行山东省分行确定为中小企业贷款试点银行后,针对中小企业融资过程中存在的诸多瓶颈,"政银企"三方合力探索建立多渠道的信用担保体系,突破现行信贷制度及流程等多方面的制约,适度降低小企业信贷准入门槛,让众多的小企业获得信贷支持,进而得到更加稳健、快速的发展。到 2009 年 3 月末,该银行小企业贷款余额达到 3.6 亿元,比 2008 年年初净增 3.5 亿元,使 150 余家小企业得到了农行的贷款支持,有力地促进了当地小企业的快速成长,实现了"政银企"三方共赢。

2007 年 9 月,农业银行总行和省行领导到寿光考察、调研县域经济发展状况时,认为寿光经济条件优越、社会信用环境良好,要求农行寿光市支行创新中小企业服务模式,并确定在该行进行小企业信贷业务试点。在省、市分行的指导下,该行制订了《中国农业银行寿光市支行中小企业金融服务方案》,服务方案逐级上报并获上级银行批准后,从 2008 年年初开始,针对小企业贷款过程中的"贷款利率高"、"评级授信难"、"寻求担保难"、"审批环节多"四大难题,积极探索"政银企"三方合力支持小企业发展的新模式,不断完善小企业信贷业务运行机制,破解小企业"融资难"工作,并取得了阶段性成果。寿光银政合作联手支持中小企业的"寿光模式"(即政府出台财政扶持政策,银行实施信贷优惠举措,联手解决中小企业融资难的模式),目前正在全省推广。"寿光模式"的主要内容如下:

6.1.1　出台优惠政策，重置准入门槛，让企业进得来

为使众多的小企业能够迈进农行的信贷门槛，该行实施了一系列优惠政策：一是实行利率优惠，解决"贷款利率高"的问题。为减轻小企业的负担，在该行的建议下，省分行批准将小企业贷款利率由原来平均上浮50%下调到上浮20%，主动让利于企业。二是改进评级授信体系，解决"评级授信难"的问题。该行对生产经营正常、能够提供有效房地产抵押、贷款金额1 000万元以内、只办理低风险信贷业务的小企业，免予评级授信手续，直接办理简式快速贷款。三是积极探索小企业贷款新的担保方式，解决"寻求担保难"的问题。该行推出"以大带小"、"四户联保"、"担保公司担保"三种担保方式供小企业选择，拓宽了小企业寻求担保的渠道。所谓"以大带小"，是指在小企业主动寻求下，由信用等级在AA级以上的大中型企业自愿为其提供担保的一种方式。所谓"四户联保"，是指在政府和有关部门的大力支持下，成立小企业协会，在此基础上，对同在一个园区内的会员企业，由四户以上自愿组成联保小组，共同承担连带责任的担保方式。而"担保公司担保"，则是指对既无房地产抵押，又难以寻求AA级以上大中型企业为其担保的小企业，由政府牵头成立的"信誉担保公司"为其提供担保的一种方式。四是申请进一步简化信贷计划配置程序，下放审批权限，提高贷款额度，解决"审批环节多"的问题。上级银行直接对小企业贷款配置专项信贷计划，并将小企业信用等级评定、授信及其授信项下信贷业务审批权限下放至支行，减少了审批环节，提高了贷款审批效率。同时，其担保贷款单笔融资额和抵押贷款单笔融资额也得到了提高。

6.1.2　创新营销模式，完善激励机制，使贷款放得出

为加强对试点工作的领导，配合《中国农业银行山东省寿光市支行中小企业金融服务方案》的实施，该行一是成立了由行长任组长、分管行长任副组长、有关部室参加的小企业信贷试点工作领导小组。设立了小企业信贷审查、审批中心和小企业业务部，专门从事小企业信贷业务的市场营销、管理工作，建立起了小企业信贷业务审批"绿色通道"。二是配齐、配强了营销管理人员，将所有基层网点主任、公司业务客户经理统一作为前台营销人员，配备了小企业信贷业务专职审查人员，专门从事中小企业信贷业务的审查、审批和上报工作。三是通过小企业新业务、新产品和服务方案培训，现场观摩业务流程，提高了营销人员的整体素质，为中小企业信贷业务又好又快发展奠定坚实

的基础。

为充分调动小企业贷款经办人员的工作积极性，该行制定了相应的考评激励机制。一是将小企业信贷业务开展情况，按 1.5% 的权重纳入对营业网点综合考评，按 20% 的权重纳入客户经理绩效工资考核，按每发放 1 万元小企业贷款兑现 15 元的标准对营销人员进行产品计价。二是对小企业信贷业务实行日报告、旬调度、月考核、季兑现，充分调动营业网点和客户经理的工作积极性与主动性，2008 年该行共兑现小企业产品计价和绩效工资 33 万元。三是进一步完善了从业人员尽职免责制度，明确规定在严格履行尽职调查和贷后管理职责的前提下，经认定小企业贷款形成的风险和损失是由非主观因素造成的，有关人员可免于责任追究，从而解除了小企业信贷工作人员的后顾之忧。

6.1.3　构筑信用体系，强化监督管理，把风险控制住

目前，绝大多数小企业尚未建立起现代企业管理体系，尤其是财务制度不健全，报表资料不完整，依靠常规的贷款管理手段难以控制这一特殊群体的风险，这给该行的信贷风险防控工作带来了严峻的挑战。基于这一现状，该行从以下几方面构筑小企业信用体系，强化对它们的监督管理：

6.1.3.1　在企业选择阶段的监督管理

该行一是通过搜集企业运营必须具备的相关资料，了解企业的基本情况。如提取企业的房地产及主要设备的原始购置发票或付款凭证、企业近年形成的水费和电费缴纳清单或有效汇总缴纳凭证、纳税记录等。二是通过查询人民银行的企业征信系统，掌握企业及其主要负责人的信用状况。查询企业及其主要负责人的信用状况，一方面可以掌握企业及其法人代表的信用履约情况，看能否做到诚实守信；另一方面可以掌握企业在其他金融同业的贷款额以及为他人出具担保情况，以判断企业的承贷和偿债能力。

6.1.3.2　在贷款运作阶段的监督管理

该行通过加强小企业贷款担保管理，构筑起小企业贷款风险防范信用体系。对于能够提供房地产抵押的小企业贷款，该行注重考察企业提供的房地产抵押物是否足值、有效；对于"以大带小"贷款，该行注重考察提供担保的 AA 级以上企业的生产经营状况、资产负债状况和经营现金流；对于"四户联保"贷款，该行充分揭示连带责任风险，建议同一联保体的各企业间相互监督贷款使用和生产经营状况；对于由担保公司担保的贷款，则由信誉担保公司与该行双重考察和管理，只有当担保公司同意为其担保，同时又经过该行考察认可的企业，才实施信贷介入，从而为信贷资金加上了"双保险"。

6.1.3.3 在贷后管理阶段的监督管理

该行要求监管客户经理每半月通过信贷管理系统对贷款小企业进行动态监测，每月到贷款小企业实地考察一次，了解它们的生产经营、资产变动、资金往来等情况，及时发现和处置风险隐患，主动防范和化解信贷风险。另外，该行还根据搜集到的国家宏观调控政策、行业信息、金融动态等，编发《每日信息》，通过电子邮件的形式发送到贷款企业，帮助他们了解行业、产业信息，及时调整生产经营策略，规避行业风险和市场风险。

6.2 莱芜市中小企业知识产权管理分析

6.2.1 莱芜市中小企业知识产权管理现状及存在的问题

6.2.1.1 莱芜市中小企业知识产权管理现状

近年来，莱芜市中小企业知识产权事业得到较快发展，有力地促进了经济社会和企业自身的发展。但从总体上看，莱芜市中小企业知识产权工作基础薄弱，还存在知识产权量少质低、职务发明专利所占比率低、专利实施转化率低、对企业发展的支撑力不强等问题；公众意识薄弱，管理水平低下，对知识产权工作重要性的认识不够，对知识产权工作的紧迫感不强，责任感也不强，有待进一步提高。总而言之，莱芜市中小企业在知识产权保护和管理方面存在的问题也相当突出，大部分中小企业还没有从经济和市场的角度真正领会知识产权的重要性，这与建设创新型企业的要求和日趋激烈的市场竞争形势还不相适应。莱芜市中小企业在2002—2009年8年间平均每3.5项获奖科技成果才申请1件专利；平均发表5.5篇论文才申请1件专利。这种"两多一少"的结构，反映了目前莱芜市中小企业依然重视科技成果评奖和发表论文，而忽视专利申请，也反映了莱芜企业研发能力较弱、研发水平较低、专利意识不强、专利质量低下、自主知识产权严重不足的现状。莱芜市中小企业目前的技术创新状况和知识产权现状不容乐观。

6.2.1.2 莱芜市中小企业知识产权管理存在的问题

（1）产权保护意识不强。莱芜大部分的中小企业缺乏足够的知识产权意识，很多创新成果不能在第一时间产权化，企业缺乏知识产权管理思想和意识，尤其是知识产权战略管理意识，给企业知识产权管理带来了不少困难。

①中小企业对技术创新成果的产权化意识不强。由此，导致了企业自主知

识产权数量不多，自主知识产权保护意识不强，并造成了企业知识产权等无形资产的流失。以莱钢锻压有限公司为例，由于受传统计划经济时代科研体制的影响，该企业对研究开发的新技术热衷于通过鉴定、评审等程序获得奖励或者鉴定证书，然后将技术成果束之高阁，而对技术成果申请专利表现得十分冷淡，对知识产权的保护重视不够，以至于有些已有技术被别人抢先注册了专利技术，使自己被冠以仿冒者的罪名，譬如柔性管端模具。

②企业缺乏知识产权管理思想和意识，特别是知识产权战略管理意识。例如，莱钢锻压股份有限公司的知识产权管理总体上停留在较低的层次上，如申请项目管理、开发项目管理、获权项目管理、基本法律事务处理等，远远没有上升到战略管理层次。而且，此企业在知识产权管理定位上存在误区，即将企业知识产权管理等同于企业技术生产管理或法律事务的管理，根本没有对其给予足够的重视。它将知识产权管理制度的实施当成一项额外的"成本支出"，如申请费、维护费、调查费、专家费、保护费用等，没有建立独立的知识资本制度，没有为知识产权管理提供专门的经费，致使其知识产权管理流于形式。

（2）产权管理体系不健全。大部分的莱芜市中小企业，没有建立起良好、有效的知识产权管理体系，存在企业知识产权管理部门缺失、管理制度不健全、知识产权管理人才缺乏、研发资金投入不足、重开发引进而轻吸收引进等方面的问题。

① 企业知识产权管理部门缺失，管理制度不健全。根据莱芜知识产权局2009年《莱芜市中小企业知识产权工作状况调查报告》，在被调查的100家中小企业中，制定了知识产权内部规章的企业有36家，占有效样本的36%；正在制定规章的企业31家，占31%；没有制定规章的企业33家，占有效样本的33%。近2/3的企业正在建立或者根本没有建立知识产权内部规章。

②企业知识产权管理人才缺乏。这是莱芜市中小企业知识产权管理薄弱的主要因素之一。美国万国国际公司（International Business Machines Corporation，IBM）专利工程师有500多人，微软公司全球25 000名员工近1/5从事知识产权工作，索尼和日立公司均有300多人从事知识产权工作。而莱芜地区80%的中小企业知识产权法律、管理、经营人才几乎是空白。

③研发资金投入不足。莱芜市中小企业研发资金投入严重不足，2000—2009年的9年间，莱芜市中小企业研发平均经费，内部支出仅占销售收入的2.13%，最高年份也仅为4.32%，没有达到5%。

④缺乏有效的知识产权激励机制。莱芜市很多中小企业并没有建立知识产权的有效激励机制，不能充分调动员工从事技术以及知识创新的积极性，使得

企业缺乏竞争的后劲。以莱钢锻压有限公司为例，该企业章程规定，对于取得重大技术突破的员工一次性给予 500 元奖励。此规定具有很大的模糊性，很多员工取得技术突破后申领奖金，却以成绩不够突出为由被企业拒绝，严重打压了员工创新的积极性，而且即便是申领到奖金的员工，也因为奖励力度不够而导致积极性低落。

⑤重开发引进，轻消化吸收。在技术方面，莱芜市大多数中小企业只注重技术开发引进而轻视消化吸收，缺乏技术开发引进的后期跟进工作，技术消化吸收经费明显匮乏。以莱钢锻压有限公司为例，虽然该企业每年在技术开发方面都投入大量资金，其中技术改造经费占经费总额的 54.36%，技术引进经费占经费总额的 35.71%，消化吸收经费占经费总额的 6.02%，购买国内技术经费占 3.91%。对引进技术的消化吸收是企业在引进技术上进行技术创新的前提，而从我国很多中小企业的现实情况来看，企业的消化吸收能力还有待进一步提高。

6.2.2 改善莱芜市中小企业知识产权管理的政策选择

6.2.2.1 增强企业的产权意识

增强企业的产权意识应当先树立起创新成果知识产权化的意识，还应当积极采取措施，增强企业知识产权管理的意识和水平。

6.2.2.2 逐步建立健全企业产权管理体系

为适应生存发展的需要，各中小企业要加强对知识产权的管理工作，健全机构、规范制度、落实人员、保障经费，形成责权明晰、规范统一、运转高效的知识产权管理体系。

（1）建立健全产权管理机构。各中小企业应当设立比较健全的管理机构，分别负责市场调研、知识产权信息搜集、专利申请、制订知识产权战略等诸多知识产权事宜。其职责除制定企业规章制度、组织实施知识产权培训、研究制订知识产权战略、处理企业内外知识产权业务等方面外，还包括制订企业知识产权发展规划，对本企业技术、产品领域知识产权发展状况和动态进行跟踪分析，为企业经营管理提供建议，为企业开展经营管理从技术开发、产品营销方面提供支持，及时对本企业的知识产权实施保护，预防本企业侵害他人知识产权等。在实际操作方面，中小企业可以组织相关人员到高分子材料有限公司、莱钢、泰钢等知识产权管理方面的先进企业进行参观学习。

（2）建立健全产权规章制度。在宏观层面应确立企业知识产权的基本政策、指导方针；在微观层面应针对不同领域、产品、人员制定规章制度，如与企业员工，特别是接触和掌握企业重要知识产权的员工签订知识产权问题的协议，包括商业保密协议、职务技术成果归属等。还应建立企业与其他企业等单位和个人进行业务交流时的商业保密制度、技术合作的产权处理制度等。无论属于何种层面，对企业知识产权的确权和保护、利用、监管等运营方面的规定必不可少。以确权而论，企业应当建立及时对知识产权进行确权的制度，如对新技术、新产品和新工艺开发而产生的技术成果的相应专利申请制度和技术秘密保护制度，对企业商标在国内外的及时申请注册制度和对企业著作权的及时登记制度；以监管而论，需要建立对企业的知识产权进行全程跟踪、监控的机制，以保障整个企业知识产权的运营依法进行，并及时发现侵害本企业知识产权的行为，确保企业知识产权不受侵害。

（3）培养产权管理专门人才。要促进知识产权管理工作健康、较快发展，中小企业必须强化抓知识产权就是抓企业发展的理念，建立一支创新团队，培养知识产权尤其是专利人才。在这方面，中小企业可以出台优惠政策，吸引大学院校优秀毕业生的加入，并定期组织对相关人员的职业培训；还可以聘请相关知识产权专家担当顾问，为企业知识产权工作的开展予以指点、监督。

（4）建立健全产权激励机制。这种激励机制的建立需要规范企业与科技人员之间的权利义务关系，完善奖惩制度，建立鼓励企业技术创新、发明创造的激励机制（包括知识产权要素参与分配的技术创新激励机制、知识产权专项奖励基金），并创建体现科技创新价值的考核指标体系等，将企业知识产权工作的质量作为技术人员晋升职称和提升工资的标准，以调动企业员工的积极性。

6.2.2.3 提高知识产权的实施转化率

各中小企业资金技术实力本来就比较薄弱，所以更应当做好知识产权的实施转化率。中小企业还应当建立知识产权的效用监督、考核体系，积极做好知识产权引进后的效能评比工作，加大知识产权消化资金的投入，实现知识产权效用的最大化，变相地节约成本。如固德化工有限公司2007—2009年专利消化资金投入增加了20%，结果知识产权效能增加了80%。

6.2.2.4 拓宽途径，增加研发资金投入

在激烈的市场竞争中，特别是在知识产权作为企业核心竞争力的今天，在资金方面处于劣势的莱芜市众多中小企业，应当积极采取措施，拓宽途径，增加企业研发资金的投入。

（1）关注政府政策。目前，莱芜市人民政府为鼓励中小企业获取和实施知识产权，制订了一系列的优惠和资助奖励措施，如设立了专利发展专项资

金，仅 2010 年一年莱芜市专利发展专项资金就由市级财政预算安排了 70 万元，主要用于专利申请、专利实施、专利管理及专利保护等方面的专项资助。各中小企业取得的专利权、商标专用权、著作权等，经资产评估事务所评估、有关部门审核认定后，还可以按照评估的实有资产价值作为质押申请银行贷款。作为莱芜地区的中小企业，要充分解读并利用好本地区的相关政策，结合自身的实际情况，加大研发资金的投入，加快企业知识产权的创建。

（2）借助知识产权中介服务体系，节约开发成本。中小企业仅靠自有资金未必就能确保开发出成功的产品。一些公司之所以超过竞争对手，并不是因为它们在研发上花费更多，而是因为它们的开支更明智。比如，"甲骨文公司" 2008 财政年度的研发开支占收入的 12%，而软件类企业的总体比例为13.6%，但 2009 财政年度 "甲骨文公司" 的利润增幅达到 29%，且该公司目前还在增长。这说明了企业应当追求研发资金效用的最大化。对于莱芜市众多的中小企业而言，资金、技术实力相对薄弱，更应当合理、有效地配置研发资金以实现资金效用的最大化。由于内部人员信息上的不足，在面对纷繁复杂的知识产权事务时，可以求助专业的知识产权服务机构帮助处理。专门从事知识产权服务的机构，拥有合理的人员构成，并长期从事知识产权领域的研究与实务工作，积累了丰富的经验，这对中小企业来说无疑是省时、省力的一条捷径。这样可以很好地提升企业研发资本的利用效率，达到资本效用最优化，节约开发成本，变相增加企业知识产权的投入量。

6.2.3　结论

莱芜是一个知识产权保护意识比较淡薄的地市，公众的知识产权保护意识正在逐步建立，对知识产权的理解也还存在着许多不足之处。面对日益激烈的国际、国内竞争环境，众多的莱芜市中小企业，既要主动参与、遵守国际游戏规则，也要尽量利用机制，扬长避短，并充分利用好国家的相关政策，为企业争得最大的发展空间。

6.3　常州市中小企业创新型产业集群分析

创新型产业集群是产业集群的一种重要类型，是指以创新型企业和人才为主体，以知识或技术密集型产业和品牌产品为主要内容，以创新组织网络和商业模式等为依托，以有利于创新的制度和文化为环境的产业集群，是传统产业集群的高端模式。创新是产业集群竞争力的一个重要来源，创新能力是支撑产业集群持续发展的决定力量。经验表明，创新型产业集群是显著提高产业集聚力、要素转化力、市场竞争力和区域带动力的主要形式。

6.3.1 常州市中小企业创新型产业集群的特点

依托本地资源优势和产业传统，经过多年的发展和整合，常州市中小企业创新型产业集群发展迅速，在装备制造、电子信息、新能源及环保、新材料和生物医药产业五大创新型产业集群中已经涌现出 10 多个竞争优势明显的龙头产品群，成为带动相关产业集群乃至全市工业经济发展的重要力量。装备制造业在输变电设备领域聚集了 188 家相关产品制造和配套企业，年产值规模超过300 亿元，变压器等骨干产品生产规模在国内首屈一指。2008 年以来，常州市积极化解国际金融危机、外部需求减弱、市场动荡剧烈等各种不利因素的影响，围绕中小企业产业集群的科技创新和结构调整主线，突出重点，立足长远，形成了颇具特色的创新型产业集群。目前，常州市中小企业创新型产业集群主要具有以下特点：

6.3.1.1 集群链整合高效

在常州市众多产业集群中，已经形成产业集群链的超过了 15 个，规模较大的有湖塘纺织、洛阳机电、横林强化木地板、孟河汽摩配件、湟里电动工具等。这些产业集群企业，不仅完成了各工序部件的专业化分工和配套协作，而且在产品研发、专利技术、市场信息、检测检验、专业市场、物流运输、原材料以及协会管理、专业经纪人等方面形成了一定的方式，从而使产业集群发展趋于成熟化、规模化。从湖塘纺织城来看，该产业集群由处于纺织产业集群链上的本地企业和对产业集群链的相关支持企业构成，其相互作用构成网络组织形态。在湖塘纺织城产业集群链上的企业主要有纺、织、染、整理、服装。湖塘从事织造的企业有 2 800 余家，规模印染后整理企业 30 余家，拥有后整理生产线 30 余条，从事服装设计、加工的企业近 20 家。

6.3.1.2 创新氛围浓厚

产业集群内往往存在着共同的文化传统、行为规则和价值观，相同的社会文化氛围促使集群内部形成一种相互信赖关系。企业间彼此信任的协作关系是产业集群区域创新的关键。处于创新文化中的企业，善于发现市场潜在的需求，并产生创业及创新的强烈要求，这不仅强化了创新氛围，而且保持了创新的持续性。创新让常州市高新区的电子信息、软件、智能仪器、动力机械、新材料六大高新技术产业群的主要经济指标连续多年保持 30% 左右的增幅，高新技术产品产值占常州市高新区工业总产值的47%。在良好的创新氛围中，高新技术企业在常州市高新区获得了初始的成长能量，逐步建立并完善的技术交易、专利转让、风险投资等公共服务平台让企业在自主创新时更加方便。

6.3.1.3 知识技术转移扩散快

创新型产业集群加快了创新的速度。集群内相互关联、高度专业化的产业集群由于空间、产品、文化、技术等相似，使知识在传播过程中失真情况降低，转移的知识也可以更好地被理解并运用到创新过程中，促进了技术的扩散和知识的流动。知识和技术扩散对企业生产率的提高会产生积极的影响。知识和技术在产业集群组织内的相应集中，集群内企业的竞争、合作与交流，促使技术和知识由产业集群的中心向四周扩散与传播，为集群内企业提供了实现创新的重要来源。企业间的相互比较带来竞争压力，促使企业必须干中学、学中干，将竞争的压力转化为创新的动力，进一步促进企业技术创新。

6.3.1.4 企业竞争与合作程度高

产业集群是竞争与合作的组合，集群中企业的交互作用所产生的协同与竞争，对产业集群的健康发展作用显著。以常州五金机电专业市场为例，博爱路五金机电一条街附近集结了金桥和怡康两家，同时，东南西北各有美吉特、武进、中天凤凰和江南四家。五金机电专业市场已从以街面为主的"一代市场"、以卖场为主的"二代市场"，发展到以独立商铺为主，卖场为辅，配套服务设施齐备，功能齐全的第三代市场。五金机电第三代市场的建立，标志着五金机电专业市场进入一个新的专业市场阶段，通过集群内企业的竞争与合作，实现了与商户经营相关的配套设施和服务功能，如足够的仓库、货物进出时的交通顺畅、对经营者和消费者的服务设施等。

6.3.2 常州市中小企业创新型产业集群发展面临的主要问题

目前，常州市中小企业创新型产业集群主要存在以下问题：

6.3.2.1 制度环境不完善

产业集群的发展离不开制度环境的支撑，创新型产业集群的发展还需要政府的适当引导。虽然，近年来常州市中小企业创新型产业集群得到了长足发展，但总的来看，创新型产业集群发展的制度环境还不完善。各项推进高新技术产业加快发展的政策措施相继出台，但部分政策措施执行效率不高，效能不显著。现行税收优惠政策覆盖面窄，对产业集群的促进力度仍然不够。知识产权保护缺少力度。集群内企业质量管理和技术提升机制不健全，产品质量改进、技术提高的情况不理想。行业管理机构的缺乏使得市场竞争不规范，出现过度的价格竞争，服务性机构也不多，不利于创新系统内知识的创造、转移、存储和系统内部各要素发挥创新作用。

6.3.2.2　产业层次低

集群创新停留在吸收消化阶段的较多，重复开发不仅使同质产品供大于求，而且会阻碍产品结构的优化和产业层次的提升。目前，虽然常州市中小企业经营范围已经延伸到经济社会发展的各个领域，但仍以机械、冶金、纺织、服装、化工等传统产业集群为主体，其中机械冶金占产业集群的50.93%、纺织服装占产业集群的14.3%，化工医药占产业集群的15.98%。调查结果表明，常州机械冶金产业集群虽然占半壁江山，但高新技术企业较少，产品的高新技术含量较低。资源密集型和劳动密集型仍然是常州市中小企业集群的主要特征，集群结构和产业集群层次亟待进一步调整和提升。集群中企业间协作互动关系较少，更多是同行业企业间相互竞争的关系。集群内耗、重复建设、重复开发等资源浪费现象较为严重。

6.3.2.3　同质化现象严重

集群内各企业的方向和特色不明显，产业集群内部企业之间在争夺技术、人才、客户以及产品定价等方面存在不同程度的无序竞争。这样就降低了产业集群的优势效应，阻碍了集群整体创新绩效的提高。在中小企业中，企业"小而全"的现象普遍存在，不仅影响有潜力的小企业成长，也削弱了小企业的盈利能力和发展空间，阻碍了产业链的延伸。如农机产业中众多企业集中在油机，特别是单缸机等几个产品门类中拼杀，而农机产品的众多领域在常州尚属空白。虽然常州是全国第二大工程机械生产基地，但与徐州和厦门工程机械生产基地相比，无论产品门类还是产业集群集聚程度都处于劣势。纺织行业的同质化更为严重，项目大多是低水平重复建设。

6.3.2.4　市场体系不健全

市场体系的不健全不仅降低企业的创新动力和竞争力，而且不利于集群企业的知识创造、存储和转移，降低了集群协同创新能力。以湖塘纺织城为例，湖塘镇纺织业外向度高，在占全镇工业经济总量70%的纺织业中，近85%的产品销往国外。但在内部市场中，除棉纱市场是为了满足当地部分中小纺织企业外，其余大多与本地企业无直接关系，集群面向外地、面向全国、甚至面向全球的产品交易市场尚未形成。由于外贸订单大量利润由外贸公司占有，因而不少企业与客户或形成比较稳定的客户关系或进入实体生产领域或建立自己的客户网络和加工网络，这充分说明现存市场的创新导向性不够。

6.3.3 一部分学者关于常州加快中小企业创新型产业集群发展的对策

6.3.3.1 进一步加大政策的扶持力度

中小企业创新型产业集群的发展离不开当地政府给予的大力扶持，以及提供的良好政策环境和完善的社会服务体系，特别是金融、中介服务、劳动力教育和技术培训等。政府要充分发挥财政投入"四两拨千斤"的作用，进一步增强市级"科技三项经费"投入，加大带动企业投入的力度；要强化政策激励，为实施集群科技创新战略、推动集群开展自主创新提供强大动力；要将各项创新政策切实落实到位，做到集群企业舍得科技投入，政府舍得免税，激励集群企业增加科技投入；要加大财政资金对科技的投入力度，提升技术水平和产品竞争力；要加强对产业集群的人才服务创新，政府有关部门要构建人才信息库与人才信息网络，为外来人才提供良好的生活及工作环境，同时建立专门人才培训基地；鼓励自主研发，多渠道建立博士后科研工作站、企业工程技术研究中心、企业技术中心；要鼓励同类产业集群之间形成战略联盟，使它们由竞争关系走向竞争合作关系；要加强知识产权保护，提供信息、资金和技术等服务，降低集群企业创新成本。

6.3.3.2 进一步引进和培育创新型企业和人才

创新型企业和人才是创新型产业集群的主体，培育创新型企业和人才是发展常州市中小企业创新型产业集群的基础手段。要通过政策引导等多种手段，大力引进、培育和提高创新型企业，进一步实施人才战略，优化人才发展环境，广泛吸引高层次的技术研发人才，重点引进和培养高科技领军人才、高技能应用人才，为实施产业集群科技创新战略、推动产业集群开展自主创新提供适宜的外部环境。要鼓励集群企业之间开展技术合作和培训交流，建立吸纳和使用创新型企业家队伍的制度和机制，努力创造优秀创新型企业家人尽其才的优良环境。要有计划地推进区域教育体系建设，积极开展常态化的"产、学、研"活动，不断提升"产、学、研"联合层次，努力做到层次高、形式多、规模大，合作形式从点对点、项目与项目的合作，逐渐走向共建创新基地、开展载体与载体之间的合作，为创新型产业集群提供源源不断的人才支持。

6.3.3.3 进一步提升中小企业创新能力

根据中小企业资源优势和发展定位，通过技术、产品和人才的引进，以自主开发、委托开发和联合开发等方式，充分利用和整合国内外技术和管理资源，最终形成具有自主产权的企业创新能力。鼓励发展专业化的中小科技型企业，吸引跨国公司在集群内设立研发中心，鼓励本地企业与外资建立合资研发中心。鼓励集群企业加强重大专利开发，争创名牌，将核心技术和专利技术向标准化转变。同时，要整合各类科技资源，发挥大学和科研院所、公共研发平台、孵化器、风险投资、产权交易市场、法律和技术咨询服务、物流平台等作用，培育、完善自主创新生态环境，提高中小企业自主创新的积极性。

6.3.3.4 进一步拓展市场网络

进一步拓展国内外市场，为中小企业产业集群发展注入更大的动力。根据各产业集群的重点、产业集群优势、地理特征、交通条件、区域状况等，统筹规划各产业集群产品专业市场的建设。依托各产业集群现有的国内外市场网络和营销力量，大力拓展国内外市场，在国内外设立大、中、小型销售网点，采用代理制、连锁经营、统一配送、网上交易等方式形成发达的市场营销网络。要充分发挥服务体系的作用，通过服务体系，使包括制造商、用户、行业组织、投资咨询商、经营代理商、信息服务商、广告商、科研院所、咨询机构等在内的服务商得到发展。要建立科技成果转让交易市场，加快科技成果的转化和产业化，积极培育投资咨询、市场研究、技术信息服务、专利代理、法律服务等中介组织。

6.4 泉州市中小企业区位选择分析

企业的区位直接影响企业各项经济活动的"空间成本"。与此同时，企业自身所具有的"空间沉淀性"，使企业的区位选择具有重要的意义，这也是企业区位研究一直成为学者研究热点的原因所在。

以杜能、韦伯、勒施和艾萨德为代表的区位论主要研究运输成本等对区位投资的影响。国外许多专家学者通过大量的实证研究证明产业集聚对区位选择的影响。除了经济因素以外，非经济因素如制度因素以及文化因素同样也是影响区位选择的重要因素。这方面的区位论代表有廖什提出的关税、政治制度、行政手续和贸易障碍等制度因素。

西方国家对区位因素的研究较为成熟，而国内大部分研究是基于西方区位理论基础上的一些初步实证性研究，研究水平都明显落后于西方国家。另外，在当今中小企业蓬勃发展的背景下，纵观近几年来对中小企业区位选择的研究，主要集中在产业集群、产业转移等方面，系统地揭示中小企业区位选择的特征以及影响因素的实证研究较少。泉州则为中小企业区位选择研究提供了一个良好的实证基础。改革开放以来，泉州市中小企业迅猛发展，并形成了与浙江"温州模式"以及江苏"苏南模式"交相辉映的富有区域特色的发展模式——"泉州模式"。泉州市中小企业的发展，尤其是以家庭企业和专业市场为基础的特色产业集群，成为推动泉州经济发展的重要力量。而对于一个企业来说，区位选择的合理与否直接影响到企业能否持续、稳定地发展，以及在众多企业中能否具有足够的竞争力。通过对泉州市共100家中小企业的问卷调查和深入访谈，探究中小企业区位选择的特征与影响因素，为企业的健康发展提供一些有益的借鉴。

6.4.1 泉州市中小企业区位选择特征

6.4.1.1 企业现有区位特征

（1）大部分中小企业位于工业园区，在空间分布上具有相对集聚的特征。在受调查的100家企业中，大部分的企业位于城镇建成区或开发区。晋江市有74%的企业位于工业园区，而惠安县这种产业高度集中在工业园区的特点更为显著。被调查的企业中有将近92%的企业集聚在城镇建成区或开发区，在空间分布上具有集聚的特征，这与全国中小企业普遍采用的集聚式发展相一致。

（2）中小企业大部分属于镇村级的建成区或开发区，体现了乡村地区就地城镇化的模式。泉州市大部分中小企业起源于乡村地区，被调查的企业中有83.1%的企业位于乡镇级的开发区、工业区。这些企业的发展有力地推进了乡村经济的发展，加速了乡村地区就地城镇化的进程，同时在缩小城乡之间差距上也起到了一定的作用。

6.4.1.2 企业区位搬迁意愿

（1）大部分位于城镇建成区或开发区之外的企业愿意搬入城镇建成区。由于城镇建成区所具有的各种有利因素以及企业集中发展所带来的好处，使得城镇建成区对区外的各中小企业具有相当大的吸引力，在被调查位于城镇建成区之外的企业中有64.7%的企业今后打算迁往城镇建成区或开发区。

（2）相当多的企业不愿意迁往大中城市或欠发达地区。接受调查的企业中，当被问及是否迁往大中城市时，只有19%的企业在各种条件可能的情况下愿意迁往大中城市。在被问及是否迁往欠发达地区时，只有14%的企业打算迁往欠发达地区。由此可见，企业区位选择具有"空间沉淀性"，某一企业一旦选择了在某个地方安家落户，以后不会轻易地改变原有区位，同时也从另一侧面表明了区位选择对企业的重要性。

6.4.2 泉州市中小企业区位选择的影响因素分析

根据西方古典工业区位论与现代区位论以及其他一些区位理论，影响企业区位选择的因素可分为经济因素和非经济因素两个方面。前者包括运输费用、土地成本、劳动力成本、资金、集聚经济等，后者包括本地化条件、技术条件、政策制度等。

6.4.2.1 交通与运输费用

交通是联系地理空间中社会经济活动的纽带，是社会化分工成立的根本保证。交通运输过程中产生的运费成本以及交通便利程度是影响区位选择的重要因素。在本次调查中，受调查企业在被问及选择在当前区位建厂的交通方便程度时，只有1%的企业认为当前的交通略有不便，分别有17%、48%、34%的企业认为当前区位的交通方便程度还可以、较方便和很方便。另外，在本次调查中，受调查企业在被问及创办于该市/县的原因时有41.8%的企业选择了本地交通、通信便利。由此可以看出，运输费用仍然是影响区位选择的一个重要因素。

6.4.2.2 土地成本

土地成本是影响区位选择的一个重要因素。在本次调查所分析的各项企业创办原因中，可充分利用当地的劳动力和土地等因素虽然仅占所有创办因素的12.2%，但有84%的建厂厂房为自家或集体的闲置房屋。这充分说明泉州市中小企业创办时重视利用当地的闲散房屋、闲散资金、闲散劳动力。

6.4.2.3 集聚经济和规模经济

泉州市中小企业选择在城镇建成区尤其是乡镇级建成区集聚，一方面归功于改革开放以来国家政策的支持以及各种优惠政策的引导作用；另一方面取决于乡镇企业本身所具有的灵活性强，能够有力地带动当地乡镇经济发展等特点。泉州市中小企业的集聚同样可以用集聚经济和规模经济的理论来解释。

6.4.2.4 本地化条件

影响企业区位选择的因素除了运输费用、土地成本、集聚经济等经济因素以外，人文因素以及本地化条件对企业区位选择也起着重要的作用。根据调查发现，泉州市各中小企业的企业主大部分是土生土长的本地人，对当地居民的消费偏好以及市场需求能够有一个较为准确的把握，从而为企业决策奠定了良好的基础；土生土长的本地人在当地有着较为成熟的人际关系网，能够使企业发展更加通畅；在当地建厂还有利于企业较好地把握当地政府机构的当前事务，为企业发展创造一个良好的决策环境。在企业创办的首位原因中有

15.3%的人选择熟悉当地的风俗习惯,有12.2%的人选择熟悉当地各种关系好办事,还有1%的人选择为发展家乡经济做贡献。这三个方面的因素都与本地化条件息息相关,共占所有创办因素的27.6%,说明将近1/3的人创办企业是受本地化因素影响的。同时也表明了非经济因素同经济因素一样都是区位理论的重要因素,在分析企业区位选择时应加以重视。

6.4.2.5　技术条件

随着现代经济的发展,技术与知识日益成为影响经济活动区位选择的重要因素。泉州人凭借着闽南文化中固有的拼搏精神和悠久的经商传统,培育了一代又一代的企业家。在本次企业创办的首要条件中,有34%的人选择"一技之长",位居第一。由此可以看出,企业主的技能在企业创办中起着重要的作用。本次调查还对人才获取的方便程度进行了调查。调查结果显示,大部分企业对人才获取的方便程度较为满意,只有24.5%的企业表示略有不方便。当前区位的人才和技术条件也是影响企业区位选择的一个重要因素。

6.4.2.6　政策制度因素

中小企业是政府税收的主要来源,因此,当地政府往往会制定各种优惠政策来鼓励企业的投资建厂,城镇建成区也不例外。在城镇建成区建厂还可以享受各种优惠政策,减少企业运行过程中的障碍。当地的政策制度较好,这也是阻碍泉州市中小企业迁往欠发达地区的一个重要原因。由于欠发达地区所给予的各种优惠政策在本地区同样也能享用,因此就弱化了欠发达地区对泉州企业的吸引力。

6.4.3　结论

6.4.3.1　泉州市中小企业的区位选择特征

泉州大部分中小企业位于城镇建成区和工业园区,在空间分布上具有相对集聚的特点;泉州市中小企业大部分属于镇村级的建成区或开发区,体现了乡村地区就地城镇化的模式。大部分位于城镇建成区或开发区之外的企业,愿意搬入城镇建成区以及相当多企业不愿意迁往大中城市或欠发达地区的事实,从另一个侧面突出了泉州市中小企业区位选择的上述两个特征。

6.4.3.2　影响泉州市中小企业区位选择的因素

影响泉州市中小企业区位选择的因素包括交通与运输费用、土地成本、集聚经济和规模经济、本地化条件、技术条件和政策制度因素六个方面,从微观和实证的角度验证了西方工业区位论的理论思路。

6.4.3.3　应用西方工业区位理论

泉州市中小企业区位选择是以利润最大化为根本出发点的企业自主选择的

结果，中小企业区位选择受集聚效应的影响，具有高度集中的特点。因此，这种以市场导向为主导作用的经济现象深受市场这一看不见的手的支配作用。

6.5 佛山市民营中小企业的技术创新分析

以传统产业为主的佛山经济，历经 20 多年的高速发展后，面临资源、市场双方面的压力。粗放型增长方式、资源消耗型经济，难以为继；经济转型，调整产业结构，势在必行。而无论是改造升级传统产业，还是引入发展高新产业，其成败的关键都在于提升企业的创新能力。

6.5.1 佛山市企业创新现状描述及数据分析

据调查，佛山市民营企业占佛山市企业总数的 90%，已成为佛山市经济最主要的增长源，对佛山市经济增长贡献卓著。但是佛山市民营企业规模普遍较小，90% 多为中小企业，产品缺少科技含量，依靠廉价劳动力经营的模式难以持续发展。因此，本课题立足于企业的技术创新体系进行调查研究，以佛山市民营企业为重点调查对象，了解企业科技创新发展的现状，发现企业当前技术创新体系中存在的问题及制约企业自主创新发展的主要因素，为企业战略的制定提供借鉴和参考。本次调研共发放问卷 63 份，回收 48 份，有效问卷 42 份，有效率为 71.40%。根据市场调查研究的目的和要求，对问卷进行审核、登记、分析，选择能反映问题本质的主要标志进行统计分组、编码，并将资料转化为可供计算机统计分析的统一完整的数据库形式，数据处理采用统计产品与服务解决方案（SPSS）软件。

6.5.2 调查企业基本情况

2009 年一季度，民营企业完成工业总产值 1 422.54 亿元，增长 17%，比全市平均增幅高 1.7 个百分点，对规模以上工业增长的贡献率达 56.66%，所占比重为 57.33%。企业基本涵盖了佛山地区主要的行业，主要集中在佛山几大传统产业：家电、纺织服装、金属材料、家具制造业、建材建陶等，大致相当于佛山市民营中小企业的整体情况。在走访中发现，这些企业大都规模不大，95% 都是属于中小企业，但是盈利方向相当明确。

6.5.2.1 企业技术创新的动因分析

市场需求与降低成本是佛山民营中小企业技术创新的主要动因。对企业进行技术创新的主要动因进行调查，发现有80.96%的企业选择了客户的需要；有73.81%的企业选择了降低产品成本，获得更多的利润；有61.9%的企业选择了提高产品的竞争力；有54.76%的企业选择了替代已有产品。由此可见，满足市场的需求和降低成本既是企业进行创新的主要动因，也是企业采取创新的最主要目的。

6.5.2.2 企业技术研发方式分析

在调查的42家样本企业中，26.19%的企业采用自主创新的研发模式；近1/3的企业采用合作的方式，包括企业间的合作以及与高校等科研院所的合作；超过1/3的企业采用模仿、直接引进等技术开发手段。在采用模仿和直接引进两种形式进行技术开发的企业，虽然在创新上的经费投入也很多，但是仅靠这种低层次的技术开发手段给企业可以带来的竞争优势是非常有限的。因此，要想加快企业创新能力的发展，必须鼓励企业开展自主创新；另外，企业与高校等科研机构的合作不够，很多企业将合作仅停留在企业间，要增强企业与高校合作的意识，加强产、学、研的结合。

6.5.2.3 企业技术创新的地位及迫切性分析

通过对被调查企业"民营企业技术地位及技术更新迫切程度"的了解，显然绝大多数民营企业已经认识到先进技术对企业发展的重要性，并且在技术更新上态度是积极的、迫切的。但从整体上来看，大多数民营企业的技术水平处于行业的中游及以下水平，居垄断地位的少之又少。虽然民营企业在技术上的先天薄弱性不可否认，但民营企业已经开始认同技术进步、技术领先是企业发展的源泉，大多数企业对技术更新有迫切的需求。

6.5.2.4 企业技术创新的制约因素

从调查中可以看出，创新成本太高及缺乏研发人才成为制约佛山民营企业创新的最大因素。在调查的样本中，有82.67%的企业在创新中采用的是自有资金，而创新的风险大、成本高使得很多企业难以承受。

6.5.2.5 企业技术创新开始出现集群效应

企业技术创新开始出现集群效应表现在某一区域内相同产业的企业高度集群，例如南庄—石湾陶瓷、澜石不锈钢产业集群、张槎针织产业集群、环市童装产业集群、大沥有色金属加工产业集群、西樵纺织产业集群、金沙五金产业集群、平洲鞋业、里水袜业产业集群、盐步内衣产业集群、乐从家具产业集群、北滘家电产业集群等。较大的竞争压力迫使企业加快技术创新，深化专业分工和社会协作，改进产品和服务，从而推动了整个行业的技术进步。由于地理接近，业务联系紧，信息交流快，市场上任何重大技术创新，集群内企业几乎都会同步吸纳消化这种创新成果，通过快速学习和模仿实现自身的更新和升级。佛山市政府为积极扶持产业集群发展，加快升级步伐，为全省产业集群发展发挥示范带动作用，并成立了各专业镇的技术创新试点，更好地推动区域经济、社会协调发展。

6.5.3　提升佛山市中小民企技术创新能力的政策选择

6.5.3.1　加强科技人才的培养、引进和使用

针对佛山缺乏大院（研究院）名校、大企业，公共科技基础条件差，人才短缺等薄弱环节，要坚持"引进来"与"走出去"相结合，注重引进国内外大院（研究院）名校的先进技术和优秀人才，加强科技交流与合作，兼容并包，为我所用。加强高层次创新型人才队伍建设，重点培养和引进我市高新技术产业、支柱产业、新兴产业等领域的技术研发团队，充分发挥创新型人才的积极性和创造性。

6.5.3.2　以扶持"三类企业"为重点，扶持一批成长型中小企业发展壮大

一是扶持一批科技型民营企业。把引进新技术、开发新产品、采用新工艺、开辟新市场作为技术创新的重要内容，不断增强民营企业的技术创新能力；积极引导企业"借脑发展"，建立以企业为主体，以高等院校、科研机构为依托，产、学、研相结合的技术创新体系，不断提高民营企业的技术创新水平。二是扶持一批外向型民营企业。鼓励民营企业与外资广泛协作创新，通过人才引进、技术改造、外资嫁接等形式增强技术竞争力。三是大力培植一批规模效益型民营企业。继续对规模大、效益好、主导产品突出，具有核心竞争力、对地方财政贡献大的民营企业进行重点扶持，加快培植一批骨干型民营企业。

6.5.3.3　以特色专业镇为依托，加强重点区域和产业创新体系建设

佛山市从 2000 年开始开展专业镇技术创新试点工作，现有省级专业镇 32 个，数量居全省之首，专业镇创新平台 20 个。构建了包括产品研发、质量检测认证、职工教育培训、电子商务和现代物流五大体系在内的产业创新服务平台。加强工业园区、产业基地和专业镇创新能力建设，使之成为自主创新及产业化的载体。加快建设顺德华南家用电器、南海广东数字媒体技术、西樵的广东南方技术创新中心、华夏建陶研发中心、禅城华南精密制造技术等省级特色产业研究开发院，提升研究开发功能。积极引导和支持专业镇加强技术创新中心建设，逐步形成社会化、网络化的科技服务体系，为镇级产业集群的发展与

升级提供动力。依托工业园区和产业基地，加快科技孵化器建设，为产业发展提供公共技术服务平台，增强产业集群的核心竞争力。

6.5.3.4　建立以政府投入为引导、市场为主体的多元科技投融资体系及服务平台，加强创新服务体系建设

（1）"建设五个平台"。一是建设金融信用服务平台，帮助中小民营企业加强信用建设，缓解融资难问题。二是建设市场开拓服务平台，引导和帮助中小民营企业积极开拓国内外市场。三是建设人才培训服务平台，帮助中小民营企业提高从业人员的整体素质。四是建设技术创新服务平台，帮助中小民营企业提高技术水平与产品技术含量。五是建设信息咨询服务平台，为中小民营企业提供政策、企业管理、技术、财务、法律等方面的咨询和服务。

（2）采用直接或间接的财政补贴方式，加大对研究与开发、产业化、技术改造等工作的支持力度。建立服务于中小企业创新的投融资体系，积极培育和发展风险投资市场，吸引民间资本进入创新投资领域，拓宽风险资本来源渠道。

（3）加强各类科技中介服务机构的建设，加速科技成果的扩散，重点扶持生产力促进中心等有特色的中介服务机构，逐步形成以市场为导向、以产、学、研为依托，网络化、多功能、专业化的科技中介服务体系，推进高技术产业发展。

6.5.3.5　实施"打工式"创新战略

当一个企业没能拥有核心技术，或者很难在核心技术上有效实施自主知识产权创新的情况下，其战略模式的定位应当是适应性创新。也就是说，要争取在核心技术的下游或者产业链中的非核心技术领域实施创新。所以，结合佛山市民营中小企业的实际情况，可以实行与国际跨国公司和国内大型企业集团"捆绑"在一起发展的"打工"战略，争取成为它们产业和技术链条上的重要一环，通过为其"打工"而实现与它们"同行"。与此同时，大力加强自己在核心技术、非核心技术和非技术三方面的创新，不断地提升自己在国际、国内分工体系中的地位、加强技术层次和市场竞争能力。对于多数产业、企业特别是中小企业来说，这样的创新抉择和定位或许更为现实和恰当一些。

6.6　黄石市中小企业信息化的 SWOT 分析

SWOT（Strength – Weakness – Opportunity – Threat）分析是美国哈佛大学

教授安德鲁斯于1971年提出，用以对企业内部资源优势、劣势以及外部环境的机会和威胁进行综合判断分析。

2008年年底，黄石市启动了"全国资源枯竭型城市转型"试点，并提出了打造"大产业"的发展战略。但在后金融危机时代，黄石中小企业面临着竞争优势弱化、创新能力不足、资源依赖性过强等方面的严峻挑战。因此，打造"大产业"、推动城市转型的重要任务就是以信息化带动工业化，推进传统产业改造升级。

6.6.1 黄石市中小企业信息化发展的基本状况

黄石市是一个以工业为主导的城市。截至2009年，全市工业企业法人单位有3 772家，中小工业企业达3 764家，涵盖了冶金、建材、装备制造、生物医药、纺织服装、电子信息、能源七大产业，是黄石市工业经济的重要组成部分。近年来，黄石中小企业发展态势良好，对国民经济增长的贡献率不断提升。其中，信息化给中小企业生存与发展带来了机遇和挑战。通过对黄石的部分行业（服装、机械、金属加工、医药化工）中的中小企业信息化的问卷调查发现，黄石市中小企业信息化具有明显的行业特点：许多企业信息化不是立足于企业的需要而进行信息化改造；这些企业购置的设备和软件大多闲置，信息化资源没有得到充分利用；信息技术人员缺乏。

6.6.2 黄石市中小企业信息化的SWOT分析

6.6.2.1 内部优势（Strength）分析

黄石市中小企业具备如下内部优势：

（1）具备一定的集群化优势。产业集群显著的特征就是地理的集中、社会文化和知识背景的相似性，为成员通过正式或非正式渠道分享知识提供了可能，使企业更容易搜集到商业决策所需的相关信息，从而减少商业运作、决策成本。黄石因矿兴市，在产业发展上有着得天独厚的基础，素有"青铜古都"、"钢铁摇篮"、"水泥故乡"之称。从1950年8月21日建市以来，黄石市已形成八大优势产业，聚集了500多家中小企业，即以新冶钢为龙头的特钢产业集群78家，以大冶有色金属公司为龙头的有色产业集群110家，以湖北三环（黄石）锻压设备有限公司为龙头的高新技术产业集群60家，以劲牌有限公司为龙头的食品饮料化工产业集群65家，以华新水泥股份有限公司为龙头的建材产业集群42家，以东贝集团为龙头的机械制造产业集群70家，以美尔雅集团为龙头的纺织服装产业集群38家，以西塞电厂为龙头的能源产业集群 21 家。另外，涂镀板材、生物医药、电子信息、非金属矿加工四大成长型产业集群也发展迅猛，2008 年完成增加值 55.6 亿元，实现销售收入 183 亿元，同比分别增长 30.2% 和 30.1%。应该说，黄石的产业特色比较明显，企业比较集中，这有助于强化竞争、聚集人才、促进先进技术扩散和技术创新，有利于企业信息化的发展，有利于中小企业之间信息的共享与分工协作，有利于促进产业上的规模经济效应和范围经济效应的提升。

（2）部分企业有一定的个体优势。近年来，黄石一手抓传统优势产业改造提升，一手抓高新产业发展，取得了比较明显的成绩。比如，在先进设备制造、新材料、信息产业、新型生物医药、新能源、节能环保六大领域中，比较突出的中小型企业有 71 家。2009 年这些领域完成产值 130 亿元，实现利润 14 亿元，出口交货值 8 亿元。如华力公司、华耀公司和华强公司生产的数控液压转塔冲床、数控液压精冲机和数控螺旋压力机等无切削金加工装备，这些在国内都具有显著的技术优势。黄锻公司、华裕公司和长鑫公司生产的大功率激光切割设备、激光热处理设备、激光打标机、激光图案转印机和激光制版设备在全国处于领先地位。邦柯公司生产的轴承轮对自动检测智能存取优化选配系统、轮对自动检测系统、轮对轴颈自动检测系统、铁路基础设施图像检测系统，已经应用于国内的动车组和高速列车。科威公司生产的现场总线控制系统，已经具备替代进口产品的能力，具有较强的技术优势等。这些中小企业，虽然专业性强、规模较小，但对市场反应灵敏，在技术上有一定优势，对信息化需求较大，也有较好的信息化基础，因而形成了较强的个体优势。

6.6.2.2　内部劣势（Weakness）分析

黄石市中小企业的内部劣势体现在以下三个方面：

（1）整体素质偏低。一是法人治理结构普遍不合理。所有者、经营者和监督者之间界限模糊，部分企业仍是自然人企业，不具有法人地位，企业经营风险较大。比如，黄石某铜材加工企业，是由村办集体企业发展起来的，该企业 2008 年产值已经达到 3 000 余万元，但该企业至今还未建立起现代管理制度，法人主体不明确。2009 年金融危机，由于该企业法人主体不明、行业形势严峻，银行停止贷款，导致该企业产值下降八成以上，处于倒闭边缘。二是企业产品结构单一，抗风险能力较差。受总体工业结构影响，黄石中小企业产品主要还是集中在传统的钢材、水泥、机械、服装等有限领域，低端化、资源化和重型化问题依然突出。如金属新材料及涂镀板产值比重高达 56%；而资源占用少、环境负荷小和技术附加值高的电子信息产业及生物医药产业只占10%。三是高层次领军人才和创新型人才缺乏，自有关键核心技术较少，企业对外技术依存度偏高。如新能源产业关键设备和核心技术长期依赖进口，自主开发能力较弱；新材料产业缺少高端产品，产品附加值较低；生物医药产业高端人才缺乏，新药开发能力不足。

（2）资金不足，融资渠道较单一。资金短缺是黄石市中小企业普遍面临的问题。据调查，黄石中小企业中，"有产品、有市场、有效益"的"三有"企业占被调查企业60%以上，其中，80%以上的反映资金不足，90%得不到银行贷款。同时，由于现行贷款利率偏高，中小企业的财务成本平均提高了两成。目前，全市中小企业流动资金缺口超过10亿元。主要原因在于：一是贷款成本高。银行对中小企业年融资综合费率达12%以上，部分企业短期民间"过桥借贷"月利率高达4~6分。近几年，银行普遍实行利率上浮30%。融资困难已经严重影响了黄石市中小企业的发展。二是贷款审批时间长。中小企业要想成功申请一笔贷款，往往需要3个多月的时间，企业融资很难及时到位。三是很难获得中长期贷款。由于中小企业的信誉度较差、信用观念淡漠、信息披露意识不强，缺乏客观和透明，财务管理水平低下。个别中小企业还存在恶意抽逃资金、拖欠账款、空壳经营、悬空银行债权，造成信贷资金流失，这些都严重损害了中小企业的整体信用形象。一般而言，银行的中长期贷款主要投向一些信用好的大集团、大企业。四是贷款担保抵押困难。银行规定，中小企业在银行贷款，有担保公司担保时，企业必须按合同金额提供一倍以上合法资产抵押（质押）担保，不得重复抵押。许多中小企业处于起步阶段，资金困难，难以获得担保，也少有资产进行抵押，因而无法申请贷款。我们在调查开发区某产值为5 000余万元的制药企业时，发现该企业每年用于信息化和办公自动化的预算经费仅8万元。据估算，该企业要初步建立起信息管理系统，需要约200万元资金，如果按照五年的速度规划建立企业资源计划或商业智能等高级信息系统，需每年投入80万元以上。如果这家企业没有可靠的融资渠道，很难满足信息化建设的投入。

（3）企业技术人才储备落后。技术力量缺乏是制约黄石市中小企业实施信息化建设的瓶颈。黄石2009年在岗职工年平均工资为19 880元，月平均工资为1 656.7元。尽管已连续5年保持三位数增长，年递增率为10%，但整体水平仍然偏低。偏低的薪资水平很难吸引和稳定技术人才队伍。另外，企业管理者的信息化基础知识缺乏，特别是缺乏企业背景，了解和解决企业管理中的实际问题的能力不足。而企业中员工本身的素质同实际所要求的能力之间的差异，也是导致中小企业信息化建设滞后的主要原因。

6.6.2.3 外部机会（Opportunity）分析

目前，黄石市中小企业的外部机会越来越多，具体体现在以下两个方面：

（1）社会环境的支持。目前，黄石市社会服务环境已有突破性进展：一是政策法律环境的改善。黄石市已经争取到了国家资源枯竭型城市转型试点、3G－TD国家级试点，启动了建设国家科技进步示范城市、创建国家知识产权示范城市活动，开展了全省科技金融结合工作试点等。这些举措都有利于为中小企业信息化的深入发展创造良好的环境。二是金融环境不断优化。目前，黄石市有各类金融分支机构15家，贷款额居全省前列；已成立小额贷款公司4家，为我市近300家企业提供信用担保12亿多元；全市多家金融机构针对中小企业融资难问题，提供了诸如产业链产品质押贷款、知识产权质押贷款等多种信贷品种；制定出台了《黄石市利用国家开发银行小额贷款管理暂行办法》，实现了全辖金融环境最佳信用，连续三年被评为全省A级金融信用市、州。可以说，黄石市的金融环境不断优化，为中小企业信息化建设提供了良好契机。

（2）信息化技术的支持。目前，中小企业信息化技术应用越来越广泛，以信息化带动工业化，实现了工业化与信息化的有机结合，提高了企业的综合实力。具有潜力的中小企业信息化程度越来越高，逐步吸引了信息化产品和服务商的目标转向。客户关系管理（CRM）、电子商务（EC）、企业资源计划（ERP），以及企业采用的数字化设计技术和综合管理软件、财务软件等的应用，为中小企业提高企业集成化的运用效率提供了越来越多的选择。尤其是，黄石被列为全国第一个3G－TD试点城市后，计划用三年的时间实现全市城乡TD－SCDMA网络的全覆盖，在此基础上建成电子政务平台、TD－SCDMA网络平台"两个基础平台"，完全可以满足全市包括中小企业在内的各种用户信息化应用需求。

6.6.2.4 外部威胁（Threat）分析

在面临机会的同时，黄石市中小企业也面临许多挑战。

（1）社会环境方面。"2005年湖北省中小企业信息化行动计划"启动仪式在黄石举行，黄石市委、市政府提出了"以工业化带动信息化，以信息化促进工业化"的目标，标志着黄石站在了湖北中小企业信息化"桥头堡"位置。但黄石市信息化建设总体还很薄弱，中小企业信息化整体现状仍然不容乐观。一方面，相关政策还不够完善，基础设施还处在建设阶段，信息化技术应用安全方面的问题长期存在，一定程度上制约着信息化进程。另一方面，黄石相当一部分中小企业规模小、生命周期短，信息化建设依然没有摆脱缺钱、缺人的尴尬，也有一部分中小型企业管理层对信息化的认识流于表面，或只盯住生产这一层面上，不注重长远利益，资金投入具有一定的盲目性和偶然性，更缺乏相应的人才培训体制。因此，黄石在市场经济体制的完善、相关法律法规的健全，以及信息化技术的推广应用方面，都还有很长的路要走。

（2）适用信息化产品选择方面。黄石相当一部分中小企业缺乏信息技术的开发能力，在选择管理应用软件等信息化产品和相关服务方面，主要还是依赖于软件生产商。由于许多软件生产商注重销售而忽视了信息化产品对企业的适用性，造成资源的浪费，影响了企业信息化进程。为了解决这一问题，黄石2004年起开始进行信息化技术应用服务，组织本地一批有实力的信息化服务企业为黄石企业进行咨询、诊断、选型服务；组织用友、金蝶、宏桥、神码数码等一批有实力的软件企业，依托其信息化专家为黄石企业开展技术服务，有力推进了黄石企业特别是中小企业信息化的进程。

6.6.3 黄石市中小企业信息化发展策略

通过运用SWOT组合分析，黄石市中小企业信息化现状是，内部的竞争优势和劣势、外部的机会与威胁同时存在，但劣势越来越弱，威胁也正在逐步消除。显然，依托内部优势，不断发现外部机会，增强自身实力，不断提高综合竞争能力，是黄石市中小企业信息化的最佳发展策略。黄石市中小企业可以依靠集群信息技术服务公共平台，即通过在"三区一带"（黄石经济开发区、大冶开发区、阳新城北开发区、黄石沿江经济带）集中建设集约化的普遍服务体系，用较小的信息化建设投入，达到"建设一家，服务一片"的效果，提高信息化资源的利用率，实现企业的信息化发展和企业之间多赢的目的。为使集群信息技术服务公共平台很好地发挥作用，实现多赢，这就既需要政府主管部门的正确引导，也需要信息化技术应用企业认识能力、应用能力和应用水平的提高，更需要集群信息技术服务公共平台的软件、硬件支撑。

从政府主管部门角度而言，随着市场经济体系的逐步形成，现代企业制度的逐步建立，政府在企业信息化工作方面的角色应由组织协调转变为以引导为主。一是要制定一系列技术规范和标准，通过政策支持中小企业信息化工作，支持软件生产商。二是加强基础建设，不断完善中小企业信息化服务体系，加快建立、健全投融资体系和人才支撑体系。三是提升中小企业对信息化工作的认知度，鼓励它们采取务实的态度分阶段进行信息化建设，不要盲目贪大求洋。

从中小企业角度而言，一是提高对信息化工作的认识，转变企业间的竞争方式，通过信息资源的共享，用较小的信息化成本，实现高品质的服务，达到竞争合作式的双赢、多赢的目的。二是充分调研、统一规划、分步实施，做好应用系统的选型工作，选择最合适的解决方案。三是培养一支具有系统维护、系统二次开发能力的信息化队伍。从集群信息技术服务公共平台角度而言，要把为中小企业提供公共服务作为平台建设的出发点，既要考虑中小企业信息化工作的整体需要，又要满足中小企业信息化工作个体化的需要，使集群信息技术服务公共平台真正能解决中小企业的实际问题，实现共性服务和个性需求相结合。

7   山东省中小企业存在问题

当前，山东省中小企业发展态势是好的，在促进经济增长和吸纳就业方面发挥着重要作用。但是，由于受"内忧外患"的影响，中小企业在发展过程中仍面临以下主要问题：

7.1   经营思想与战略方面存在的问题

7.1.1   经营思想与战略模糊

经营思想与经营战略是企业赢得市场竞争，获得长远发展的保证，对于衡量企业行为的有效性与规避风险具有重要的作用。从我省众多中小企业的现实情况来看，基本还处于拼价格、拼成本的初级竞争阶段，中小企业对于市场的认识，更多的只是从自身的产品与业务出发，对行业发展与整个经营环境的认识还很模糊。山东省中小企业很少具有明确的经营思想与科学的经营战略，这在很大程度上限制了我省中小企业的发展空间。事实上，在全球经济一体化的大环境中，企业必须充分地认识市场特点，主动满足市场的新需求。而要做到这些，必须要有明确的经营思想与战略，从而引导企业的行为，集中企业所有资源，朝着经营目标前进，在激烈的市场竞争中不断发展壮大。

7.1.2   经营思想与战略选择不合理

中小企业的自身条件，决定了其带有严重个人色彩的企业决策体制，而这个决策体制又使中小企业在企业经营思想与战略选择上容易出现"一言堂"，最终导致不合理的选择。从我省中小企业经营思想与战略选择的众多失败案例中可以看到，中小企业经营思想与战略选择容易出现好高骛远、与企业自身条件不匹配、可操作性差等问题。中小企业的特点，决定了它在市场竞争中必须抓住每一次机会，而不是制订一些不切实际的战略目标，这样才能逐步发展壮大。

7.1.3 缺乏与经营思想、战略相匹配的支持手段

在山东省的一些中小企业中，个别企业经营者通过向国外同行以及一些大企业学习，认识到企业经营思想与战略的重要性，着手进行这方面的工作，其中有一些取得了很不错的成绩，企业发展壮大非常快。但更多的中小企业虽然有企业经营思想与战略，但由于缺乏与之相匹配的手段，使得企业的经营战略难以实现。主要体现在几个方面：一是在资金缺乏阶段，没有相应的融资手段，致使企业发展战略一再中断，最终失败。二是在技术积累上，徘徊于自主创新与技术引进，苦于前者投入太大，后者受制于人，最终一事无成，企业的发展机遇就此错过，经营战略更是无从谈起。三是管理水平跟不上，再好的经营战略都要落实到执行上，中小企业的管理水平长期处于低水平，使其制定的科学经营战略难以得到真正实施。因为执行上的差距，中小企业在实现企业经营战略方面存在着突出的问题。综合分析如表7-1所示。

表7-1　　　　　　中小企业战略状况与影响因素分析　　　　　　单位:%

		成长型中小企业	500家企业
战略规定情况	已制定完整的战略规划	17.00	93.75
	没有制定完善的战略规划	83.00	6.27
战略实施情况	在领导人的指示下实施	21.00	18.75
	按照规划有步骤地执行	68.00	70.00
	战略实施步履艰难	6.00	6.25
制约发展的主要因素	资金缺乏	42.00	41.00
	人才不足	40.00	32.00
	产权制度问题	1.10	0.00
	管理体制问题	2.40	0.00
	未来发展方向不明确	3.74	0.00
	企业文化不健全	2.00	1.25
	财务管理问题	0.50	0.00
	技术创新和研发水平低下	5.90	5.00

注：所谓成长型中小企业，是指在较长时期（如5年以上）内，具有持续挖掘未利用资源的能力，不同程度地表现出整体扩张的态势，未来发展预期良好的中小企业。

7.1.4 管理战略相对滞后，造成企业的困顿不前

山东省大多数中小企业的领导者没有战略意识和前瞻性，不能够制订科学的战略规划和战略管理。另外，在中小企业存在一些认识误区，认为中小企业应该着眼于现实，应该跟随大企业的发展方向，沿着大企业的足迹前行。战略规划不是小企业所能设计的，同时也没有必要性。而战略规划的缺乏造成了中小企业不能将资源集中来发展和壮大自身规模，企业自身对市场的影响力较小，不能够创造有利于企业发展的条件，造成了企业困顿不前。

7.2 山东省中小企业管理存在的问题

7.2.1 家族式管理在山东省中小企业中普遍存在

大多数中小企业都是家族式管理，这种管理制度在创业初期是有益的，可以将众人的合力发挥到最大。但当企业规模发展到数十人的规模、企业部门较多时，这种管理模式的弊端就开始显现出来：每人都想把自己的心腹安插到企业的要害部门之中，以达到自己利益的最大化。这种后果就会造成企业内讧，使企业的凝聚力涣散，造成人心不稳。在这种状况下，企业员工没有心思进行创新，就会造成中小企业的创新力和核心竞争力明显不足。

7.2.2 不注重企业管理系统的建设

中小企业典型的管理模式就是家族式管理，一个人或者一个部门兼有多项管理职能。管理方法仍然以经验管理、机械管理为主，没有形成高效的管理系统。随着企业的发展和规模的增大，这种模式势必给企业的财务、人事管理带来直接而明显的负面影响。另外，在这些中小企业中，企业的掌控者集权现象严重，缺乏财务管理的理论方法和相关知识。当企业发展到一定规模之后，企业的管理渠道不畅，势必形成管理上的混乱。

7.2.3 缺乏真正的企业文化

企业文化是指一个企业中各个部门，至少是企业高层管理者们所共同拥有的那些企业价值观念和经营实践，是指企业中一个分部的各个职能部门或地处不同地理环境的部门所拥有的那种共同的文化现象。在中小企业中，企业的领

导者是唯一的决定者，即使形成了企业文化，也是停留在表面，不能够真正贯彻执行，而是唯企业领导者命令是从。而一个企业要发展、壮大，企业文化是企业的灵魂，是必不可少的，这也是这些中小企业所缺乏的。

7.2.4 领导者学历、管理水平偏低，制约了企业发展

随着我国经济的迅速发展，大量的中小企业如雨后春笋般涌现出来。但这些企业的领导者的学历普遍偏低。而中小企业的命运和发展往往取决于领导者的文化素质。企业家的文化素质较高，可以制订长远的目标，致力于企业的长足发展；而领导者若目光短浅，只顾及眼前的利益，有可能使企业陷入困顿甚至是倒闭。

中小企业的诞生往往是发现了市场空缺，这样中小企业的出现在很多时候都伴随着很多的不确定性、偶然性、突发性和盲目性。中小制造业企业存在着生命周期短，稳定性差等缺点。由于市场监管环境宽松，长期以来结构问题一直没有得到很好解决，这也致使中小制造业企业布局结构不尽合理，产业结构单一、盲目扩大规模、趋同性比较严重、员工素质不高、市场化程度较低。

建立全面的人才观是中小企业吸引人才的基本前提，社会对人才的需求是多层次的，既需要高、精、尖的精英，同时也需要一批初、中级技术队伍，更需要大量的懂文化、懂技术、肯实践的劳动者和建设者，这就是通常所说的人才"金字塔"模式。基层中小企业应确立以"人本管理"为核心的人力管理思想，讲究人文关怀和情感因素，把人作为企业最重要的资源。

就大多数中小企业来说，80%以上是家族企业，大都存在内部管理不规范的缺点，其组织行为不是依据市场规则，而是依据伦理规范；维系企业生存和发展的不全部是利益关系，而在很大程度上取决于成员之间的情感和信任关系。不仅缺少应有的规章制度，而且财务相对混乱，必须从过去家族式的管理模来反思发展中的问题，积极向现代企业管理体制转变。

7.3 山东省中小企业财务管理方面存在的问题

针对当前严峻局面，山东省中小企业财务管理方面存在以下几个问题：

7.3.1 财务管理模式问题

现代企业的基础是两权分离。但山东省大多数中小企业属于民营性质，因

此典型的管理模式仍是所有权与经营权高度统一。这种模式势必给企业财务管理带来更多负面影响，如企业所有者集权化、家族化管理现象严重，经营者缺少经营决策权，对现代财务管理理念与方法的认识及运用不足，管理观念落后等。这些因素使财务管理失去了它在企业管理中应有的地位和作用。要在金融危机背景下改变这一不利现状，山东省中小企业就需摒弃家族式的管理，提高管理层的整体素质，充分挖掘财务人力资源，积极吸纳和引进优秀人才。可建立一个由专家、技术人员、管理人员和职工代表参加的决策机构，尽量使决策客观、科学、可行，努力减少失误，不断提高效率水平。

7.3.2 成本费用控制问题

企业生产成本上升，利润减少。据统计：2008 年上半年中小企业主营业务收入增长 11.1%，利润增长 5.7%，但是主营业务成本增长 46.1%，利息支出增长 70.1%。原因主要有：一是能源等原材料成本负担加重。二是企业劳动用工成本负担加重。三是土地使用税的负担加重。四是外贸出口压力增大。

（1）加强预算管理，掌握可控成本。中小企业在成本费用控制上处于事后核算阶段，定额标准、信息反馈等制度不健全，事前和事中控制能力差。经济危机的蔓延、市场需求的萎缩，导致企业销售金额下降，企业成本费用出现刚性支出。同时，企业在收入、费用分配方面不注重利润积累，结果造成未分配利润等自有资金缺乏，导致企业发展后劲不足。严格控制企业成本，是企业应对国际金融危机冲击的重要举措。中小企业应树立节约意识，结合企业自身业务流程特点，减少不必要的成本开支。

通过加强全面预算管理，找出本企业成本控制的主要内容，掌握可控的成本，分析各成本构成要素，确定成本费用可压缩空间，进行科学预算，以制定出切合实际的成本控制指标。为保证成本控制目标的实现，企业可对成本费用目标进行层层分解落实，明确各自成本费用管理的责任，使成本费用控制落到实处。

（2）全方位进行成本控制。第一，充分运用成本—效益分析法等现代管理会计所用的方法，从动态上来掌握企业生产经营中形成的现金流动，及时有效地进行成本控制。第二，认真推行责任会计制度，将企业成本控制与责任部门有效结合起来，从而达到提高经济效益目的。责任会计制度的最大优点，就是将企业日常工作分权管理，使高层管理人员集中精力抓长远，各层管理人员在权限内，放开手脚搞管理，并通过绩效考核发挥激励作用。进行成本控制主要有以下几种形式：

①科学地制定责任目标成本，分解成本指标。产品成本目标的确定，可以根据同行业先进水平确定，也可采取市场法来计算，即"售价—目标利润—税金费用"，并将产品质量、生产费用及数量、结构指标按照一般独立生产经营企业的常用方法逐级分解。

②建立责任中心。责任中心（利润中心、费用中心、结算中心、投资中心）建立后，还应对内部转移计价方法、折旧提取方法、费用摊销期限、存货计价方法、资金成本计算、责任中心绩效会计报表等作出规定。

③建立责任会计账簿，确定责任主体。为了及时、准确反映各责任单位或个别工作效率，在会计账簿及记账凭证上增设"责任单位"一栏。根据管理会计的要求，企业可以对"原辅材料"按实际采购量的目标成本记账，而对"生产成本"、"产品成本"则按计划（或标准）数量的目标成本进行记账。对于制造费用和企业管理费用，由于它们也存在差异，还应增设"费用数量差异"和"费用效率差异"明细科目。

④定期报告，兑现奖罚。管理会计报告可以设计产品成本会计报表、责任单位成果计算报表、责任单位收支报表、责任中心绩效考评报告等专用表格，对于应记载目标数、实际数和差异数，这些报表既要与对外报表保持有机联系和对应关系，也要满足反映各责任单位经营管理的要求。财务部门集中核算或平行汇总这些报表，以形成完整的管理会计报表体系。会计人员应根据这些报表所反映的差异数，计算分析产生差异的原因及程度，做出奖罚评价意见报送单位高层主管人。

7.3.3　现金管理问题

山东省中小企业在日常考核中，关注更多的是利润而非现金流。大多数中小企业疏于对现金流的管理，对现金管理缺乏科学的认识。有些企业认为现金越多越好，却忽视了资金的使用成本，造成资金闲置、利用率低的结果；有些企业资金使用没有计划，过量购置不动产、存货，导致企业缺少经营急需的资金并陷入财务困境。为应对经济危机并保证企业的正常运行和长远发展，充足的现金流是必备的。中小企业应树立以资金管理为主导的财务管理理念，加强现金预算编制、执行、分析、考核等环节的管理，明确现金预算项目并建立预算标准，规范预算的编制、审定、下达和执行程序，使现金控制在既能保证企业生产经营的需要，又能使企业获得最大利益的范围内。

另外，企业要特别加强应收账款与预付账款的日常管理，全方位了解客户还债能力和信用能力情况，制定科学合理的收账政策，加速资金回笼，努力减少呆账及坏账。

7.3.4　财务风险防范能力薄弱

面对此次经济危机，山东省中小企业抗风险能力薄弱，原因是企业不能未雨绸缪，没有完善的风险控制体系及财务预警机制；在进行决策时没有充分考虑财务风险，导致资本结构失衡，经营风险高；不能充分地对财务信息进行分析，不能找出产生偏差的主要原因来建立财务风险防范体系；不能将风险责任落实到各部门和个人。在目前形势下，中小企业应该比平常更加重视财务风险的预测和分析。一要树立正确的财务风险管理态度、坚持审慎的财务风险管理观，要更加充分全面地对风险的进行评估与应对，不可心存侥幸；二要强化风险管理工作，建立风险预警体系，以求及时发现危机信号，完善突发事件的应对机制，以求保障企业生存。中小企业应充分利用政府各项扶持政策和资源，拓展融资渠道，规范投资决策，积极探索财务管理新模式，树立现代财务管理理念。同时，中小企业要加强财务核算、成本控制和现金流管理，增强风险意识，不断提高财务管理水平，最终增强核心竞争力，在市场上赢得一席之地。综上所述，中小企业应正确面对当前的经济危机，从危机中看到潜藏的机遇。

7.3.5　投资能力弱，目标不科学

中小企业的性质与规模决定了利润最大化基本上是中小企业的唯一目标。在面对企业正常运作及成本风险的问题时，决策者往往追求短期利润，使企业在经营中尽快地回收投资，承受最小的损失。这就导致了企业经营活动偏重于短期行为，大多数中小企业忽略了企业长远发展的战略制定。一些中小企业不顾自身的能力和发展目标，追求眼前利益，盲目投资，导致投资方向错误，造成严重亏损。

7.3.6　财务控制能力较差

中小企业的管理人员对现金管理不严，造成资金闲置或不足，使得企业资金浪费严重。由于没有建立严格的赊销政策，缺乏有力的催收措施，应收账款不能兑现或形成呆账，导致应收账款周转缓慢，造成资金回收困难。另外，财务管理人员的资本增值意识薄弱，经营活动中偏重于用现金交易，提早支取，延后结算，造成资金的闲置和浪费，损失利息收入和投资收入。

7.3.7　财务管理意识淡薄，管理制度不健全

中小企业典型的管理模式是所有权与经营权的统一，企业的投资者又是经

营者，这种模式给企业的财务管理带来许多影响。例如，企业领导者集权现象严重，职责不分，越权行事，造成财务管理混乱等。另外，企业管理者的管理能力不高，管理观念因循守旧，导致财务管理失去了它在企业管理中重要的作用。

很多中小企业的财务管理意识薄弱，对于财务风险的重要性认识不够，没有强烈的风险控制意识，对筹资、投资的决策随意性较大。面对金融危机，准备不足，在危机面前束手无策，仓促应对，加上防控能力较弱，应变措施不力，使企业经营举步维艰，面临较大的财务风险。财务管理意识淡薄，企业始终在高风险区运行。

这表现在：财务机构的职能不清晰，与其他部门的工作衔接不明确，财务机构职能仅限于会计核算及资金调拨；资金管理、税务筹划、财务计划与监控、决策支持等职能缺少相应的机构和岗位平台支持；会计核算工作缺少系统、规范、适用的制度进行规范；财务支出审批的责任不明确；财务会计档案的归档、保管和借阅缺少明确适用的制度规定等。相当一部分中小企业的风险意识不强，资金管理不严，造成资金闲置或不足；资金回收困难，应收账款不能周转；存货控制薄弱，存货过多，造成资金呆滞，周转失灵；非货币性资产管理不到位，出了问题也无人查找，资产浪费严重。

7.3.8 对财务管理工作不够重视，企业管理混乱

中小企业在经营决策方面有着高效率的优势，但决策程序较粗糙，信息的搜集、处理、利用并无规则，财务人员几乎不会参与搜集分析信息，决策信息准确度较差，决策的可靠度低，缺乏必要的投资分析，造成投资失误。随着市场竞争的加剧，不少中小企业为了提高竞争能力，不断加快技术改造、设备更新和产品开发。但由于中小企业对优秀财务管理人员的吸引力不大，导致最高决策者常常难于正确认识财务管理和财务分析的作用，造成了投资决策严重失误。某些经营者存在重技术、轻管理和重销售、轻理财观念，认为企业效益靠的是业务发展，而并不是"管"出来的，忽视财务管理在企业管理中的核心地位和决策作用。

7.3.9 缺乏财务管理的专业人才

高素质财务管理人员缺少，是影响中小企业财务核心作用难以很好发挥的主要问题。山东省很多中小企业并未设置独立的财务管理机构、配备专业的财务人员，或者把财务人员当作"记账"员。特别是民营私营企业，在财务人

员的选聘上，任人唯亲，普遍缺乏正规的专业培训，业务素质低，难以胜任财务管理工作。财务在很多中小企业中就是平时记流水账、年底结算、无盈利的部门，它们的作用就是记账和算账。

财务部门没有按照会计法规的要求设计总账、分类账、明细账进行会计核算和财务分析，没有正常发挥财务管理和会计核算的作用。更有部分企业本身根本没有财务机构的设置，而是从外部人才市场临时聘用财务人员。这些兼职会计平时不到企业去上班，只是根据月底或月初企业经营者给出的资料做账，他们主要负责对外提供财务与纳税报表，完全是纳税申报的工具。财务完全和企业的经营管理割裂开，甚至有的企业经营者把纳税申报视为企业经营的累赘。因此，由于中小企业财务管理机构普遍从设置上就不合要求，企业内部控制制度也就形同虚设，真正的财务专业人才很难留住，即使留住也发挥不出应有的作用。企业缺乏财务管理能力，在金融危机的影响下，企业的经营管理更是困难重重。

7.4　山东省中小企业自主创新能力方面存在的问题及原因

2011年3月16日，国民经济和社会发展第十二个五年规划纲要正式发布。此后，"十二五"期间多个细分产业规划陆续出台，强调产业创新和增长方式转变。

目前，列入山东省"十二五"规划中小企业"四项计划"的2 525户成长型中小企业技术改造项目，已有四分之一的项目开工。在全省中小企业推行的"一企一技术"活动，分批认定"一企一技术"研发中心，目前已经认定了两批省级"一企一技术"研发中心100家。2011年，从国家和省争取安排扶持资金615万元，支持13个"一企一技术"研发中心提高研发能力。实践证明，中小企业蓬勃发展已成为我省科技进步和创新的不竭动力。

7.4.1　自主创新能力不足

目前，山东省中小企业自主创新意识较差，缺乏核心技术、自主知识产权、世界知名品牌，生产的产品附加值低。同时，在大企业大而不强、产业带动作用不大，小企业小而不专、协作能力差的环境下，中小企业在市场竞争中容易陷入困境。目前，我国正处于市场化与全球化快速发展的阶段，一些民营企业在社会经济转型中染上了急于求成的"浮躁"心态，往往选择投机，而不是积极认真地组织创新研发新产品，高技能型人才不仅数量、比例严重不足，而且存在年龄老化等危险。中小企业发展缓慢受主观和客观因素的影响。主观上体现在中小企业经营管理者思想相对保守，创业的意识不足，作为非公有制经济活跃指数之一的企业经营半径具有明显的地域性，思想观念落后，家族式管理仍占多数，不利于中小企业技术创新与发展。

7.4.2　中小企业自主创新能力不足的原因分析

（1）内部激励制约机制不完善。由于创新激励机制不健全，加上研发成果的不确定性，企业投资者在投入资金时犹豫不决。当前，不论是国家还是企业，其激励机制大都软弱无力，奖励力度不够，达不到应给予的激励水平；奖励太少，不足以酬谢创新者所付出的智慧和劳动，起不到激励的作用。

（2）融资渠道不畅。融资难已是创新型中小企业发展中的瓶颈。比如融资机构数量少、规模小、实力弱，管理机制不完善、不够灵活，与银行合作能力较差，担保资金少，作用都不明显。随着银行普遍推行贷款项目经理制、贷款员责任制等，银行开始关注资金的安全性、流动性和增值性。

民间投资并未真正完全启动，极大地缩小了企业投资与发展的空间。相对而言，我国民间资本入市的门槛较高，受到很多外在因素的限制。比如一些外资企业可以进入的行业，民间投资是不允许进入的，再如电力、铁路、公路、邮政、电信和市政设施等垄断性行业，更是难觅中小企业踪影。

风险投资机制不健全，二板市场尚未启动。受我国体制、法规不健全以及风险资本退出机制的不完善等的制约，风险投资公司也难以真正按风险投资机制运作，对科技型中小企业的发展还没有发挥出太大的作用。科技型中小企业正处在起步和成长阶段，迫切需要建立风险投资机制来扶持。此外，在整顿金融秩序的同时，在加强监管的条件下，鼓励和允许管理规范、经营良好的民间金融机构开展融资活动。

（3）不完善的企业政策法规。这在一定程度上限制或束缚了企业的良性发展，特别是国家在现阶段仍然在大规模地实行对国有企业的优惠政策，由于中小企业一般都是非国有企业，无法享受优惠政策。目前的政策主要是扶持那些科技型，特别是高科技中小企业的技术创新，而对于其他中小企业的技术创新关注得不够。

近年来，中小型民营科技企业越来越被各国政府重视，在国民经济发展中也扮演着越来越重要的角色，成为大多数国家国民经济的主要组成部分，在经济增长、就业、社会稳定等多方面发挥着重要作用。同时，作为市场经济活动的主体，中小型民营科技企业是最具活力、最具创新动力的，而且已经成为区域技术创新的重要组成部分。中小型民营科技企业技术创新能力的高低已经成为决定区域竞争优势强弱的关键因素。但是，由于受其自身存在的缺陷以及外部环境等因素的影响，中小型民营科技企业举步维艰，发展困难。

据统计，在中关村，民营科技企业占园区企业总数的 90% 以上，在这些民营科技企业中，又有 90% 以上的企业是中小企业。因此，有必要对中小型民营科技企业在国家创新体系中的地位作出客观公正的判断，从而在资源的配置和政策的倾斜上，实现对国家的技术创新活动最为有效的支持和引导。这种判断对中关村尤为重要。

中关村不仅仅是一个科技园区，其贡献也不仅仅表现在国内生产总值、税收和就业方面，更重要的是，中关村是北京乃至全国的一个科技战略高地，其科技创新要为北京及整个环渤海地区，乃至全国的发展提供源源不断的动力。中关村是国家创新体系的重要节点，其创新能力的高低及其能否占据全球分工体系的高端，将直接影响到中国在国际产业分工中所处的地位。成功的技术创新不仅靠创新的热情，还要有精准的市场眼光。从对创新的定义可以看出，Innovation = Newness + Market Value，即创新 = 新 + 市场价值。只有当创意转化为产品，继而实现其市场价值时，创新才能实现。如图 7 - 1 所示。

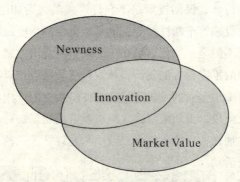

图 7 - 1　创新概念图

中国产业结构调整已进入创新主导的阶段，企业发展将由重点提高生产能力转向重点提高创新能力，企业的技术需求和技术投资能力也大大提高，其在国家创新体系中的作用也在不断增强。建设国家创新体系的核心任务就是确立企业在技术创新中的主体地位，即围绕企业集成政府、大学、科研院所等各方的技术创新资源。

（4）企业缺乏创新意识。调研表明，有85%的企业没有较强的资源优势和独特优势，造成了在激烈的市场竞争中先天条件不足。企业为了生存，必须去研发、创新，以市场为导向，提升企业竞争力。也只有创新能力不断提升，企业才能越做越大。

（5）企业产权结构不合理，科技资源分散配置。国有企业产权制度改革不彻底，难以摆脱靠国家政策扶持、靠优惠措施、靠项目投放等依赖心理。在这种依赖心理的影响下，企业不可能主动地制订自主创新的制度和激励机制，企业自主创新自然就缺乏制度和机制上的保证。目前，山东省科技资源配置尚未打破部门分割、行业分割和条块分割的限制，企业、高校和科研机构的科技资源缺乏有效的整合平台。产业技术进步主要依靠从国外引进技术，关键领域、重要行业缺少自主知识产权和核心技术，没有建立城市技术创新体系，导致了科技创新与市场、经济与科技相互脱节，造成科技创新能力和科技成果转化率较低。虽然高等院校科研优势明显，但企业研发能力较弱，近三分之二的发明专利掌握在高校手中。

（6）企业技术创新投入资金持续增长，但是来源渠道狭窄。近几年，山东省的中小企业一直注重自主创新，尤其是在科技经费的筹集和投入方面有了很大的改进。以规模以上中小型企业为例，山东省近几年规模以上中小型企业科技经费的筹集额和支出额都有大幅度的上升。科技筹集额的增幅持续在20%以上，科技支出额的增幅在30%以上。但是中小企业技术创新资金来源渠道比较狭窄，主要来自企业自有资金和金融机构的贷款，还有少部分来自政府部门，其他资金来源渠道没有起到明显的作用。以山东省规模以上的中小企业科技经费筹集额及来源构成为例，企业自有资金一般占到整个企业科技经费筹集额的八成左右，金融机构贷款仅占到一成左右，政府部门资金尚不到一成。

7.5 山东省中小企业融资方面存在的问题及原因分析

2011年，山东省加快了中小企业的直接融资步伐，济南、青岛、潍坊、威海临沂等地市陆续发行了中小企业集合票据、集合债、集合信托产品，这在一定程度上为中小企业解了燃眉之急。

为具体了解山东省中小企业金融支持现状，我们对山东省泰安市、潍坊市、烟台市、临沂市、滨州市、德州市300家中小企业进行了专题调查。调查结果显示：300家中小企业融资总量增长，但贷款满足率下降、资金缺口仍然较大，五成以上中小企业仍然融资难。多数中小企业的融资渠道仍较单一，银行贷款和民间借贷仍然是企业获取资金的主要来源。而大部分小型、微型企业因缺乏足够的可抵押资产，难以得到银行信贷支持；民间借贷缺少法律规范，利息过高，资金缺少稳定性和安全性。

7.5.1　中小企业融资方面存在的问题

（1）资金短缺。受金融危机影响，全国各地企业尤其是中小企业在外部环境发生巨大变化的情况下，面临生存危机及困境。据发改委有关负责人透露：2009年上半年全国6.7万家规模以上的中小企业倒闭。作为劳动密集型产业代表的纺织行业，中小企业倒闭超过1万多家，有2/3的纺织企业面临重整，导致超过2 000万工人被解聘。一些高成长性中小企业也难以获得银行的中长期贷款，错过了最佳发展时期。

（2）中小企业融资困难。目前，山东省中小企业逐步建立了比较独立、多元的融资体系，但资金不足、融资困难仍然是山东省中小企业在财务管理方面最突出的问题。中小企业资金来源一般是合伙投资，资金多是业主自己积累或各方独立筹借的。由于中小企业信息透明度差，可抵押资产少，致使借贷信誉不如国有或者大中型企业高，另外一些金融机构对于中小企业的融资没有相应的政策，中小企业服务机构不完善等原因，中小企业的融资难上加难。企业的资金规模受到很大的限制，导致中小企业资金短缺，阻碍了企业的发展。

随着我国经济社会转型，尤其是在以人为本的科学发展观贯彻落实的新时期，要求企业对员工的工资、公共卫生等福利待遇必须保证按时、足额发放。在国际金融危机、人民币升值、生产要素价格上涨等不利因素的重压下，投资回报率不稳定，广大中小企业举步维艰。中小企业在全社会直接融资总量中所占的比重很低，股票市场融资门槛高、成本大，民营企业规模普遍较小，很难达到相关要求。现阶段，我国的资本市场主要为国有大型企业提供融资服务，短时间内很难成为中小企业融资的主要渠道。在债权融资方面，由于我国实行规模管理，并在规模内规定了各项指标和担保要求，条件十分严格，对于大多数中小企业来说，通过债务市场直接融资也十分困难。间接融资是我国企业融资的主要渠道，然而以四大国有商业银行和股份制银行为核心的银行体系，依然将国有大中型企业作为主要放款对象。从中国人民银行公布的2009年第一季度金融统计资料来看，截至2009年3月底，四大国有商业银行共发放短期贷款44 188.34亿元，其中私营企业及个体贷款1 175.71亿元，仅占贷款总额的 2.66% 。

今后一段时间山东省中小企业面临融资难的现状难以实现实质性的改变。中小企业融资的最大特点是"信息不对称"，由此带来信贷市场的"逆向选择"和"道德风险"。商业银行为降低"道德风险"，必须加大审查监督的力度，而中小企业贷款"小、急、频"的特点使商业银行的审查监督成本和潜在收益不对称，降低了它们在中小企业贷款方面的积极性。资金问题成为制约中小企业发展的瓶颈，在经济全球化的冲击下，企业的生存就岌岌可危了。融资难、贷款难、担保难是制约山东省中小企业发展的主要问题。

7.5.2 中小企业融资难的原因分析

造成中小企业融资难的原因，主要包括以下八个方面：

(1) 银行融资体制偏好的制约。国有企业由于其战略性的地位、牵涉的职工众多、事关稳定的大局等，国家在一定程度上对其进行支持无疑有其合理性，但是，这种支持必须有个度。据统计，虽然国有企业占工业生产总值不到30%，占国民生产总值不到15%，却占有银行贷款的70%。显然，这种资金流向是很不正常的。由于国有企业的产权主体虚位及其他原因，使得国有企业很大程度上依靠银行的贷款度日，进而形成对银行严重的资金依赖。同时，由于破产法等规定的相关市场主体退出机制的缺失，于是形成中国独特的国有企业的"投资黑洞"：国有企业一旦占有了银行资金，其风险就完全外部化。资金投入如果没有使国有企业经营改善，得到的将是更大的资金投入。在这种融资体制下，国有企业形成了对商业银行的高度依赖。社会资金在一定时期内是有限的，因此，在国有企业挤占了大部分资金的情况下，中小企业的融资就变得十分的困难。

与此同时，由于我国商业银行的"国"字属性，它与国有企业事实上是一"家"，这样一种性质定位使得国有企业与国有商业银行之间很难形成真正的市场意义上的债权债务关系。于是将资金贷给国有企业只是资金的内部配置，所以这种风险由国家承担。而将资金贷给中小企业等则是信贷行为，所以风险由银行负担。基于这样一种现实的考虑，国有商业银行事实上形成了将资金贷给国有企业的偏好，而国有企业则形成相应的"刚性"依赖。而恰恰在这个时候，中小企业的融资就在这种银行的"偏好"与国企的"刚性"依赖之间被扼杀了。

比如在 2011 年的广交会上，陈晓峰曾向《第一财经日报》的记者表示过："向银行或者大的融资公司贷款都需要固定抵押物，但是很多中小型企业尤其是小微型企业的厂房都是租赁过来的，哪有什么固定资产作抵押？”这也进一步说明只有简化审批手续，提高通关成本才是切实降低中小型企业融资门槛的关键。据悉，民生银行由于 2012 年上半年的“商贷通”业务表现得实在令人担忧，近日，再推 500 亿中小型、小微型企业发展的企业成长债。这一举措，将大大满足中小型企业日益迫切的贷款需求。

（2）缺乏政府专职机构的协调。成立专职性的机构对中小企业融资进行帮助可以说是发达国家的主要经验之一。美国中小企业署（Small Business Administration）成立于 1953 年，自 1958 年起被定为“永久性联邦机构”，其主要的任务便是以担保方式促使银行向中小企业贷款。日本是制定和执行扶持中小企业政策最为典型的国家，同时还是建立中小企业金融支持体系最为完善的国家。反观我国中小企业融资难的现状，一个重要的问题就是融资管理难，这又直接表现为我国没有一个如美国、日本那样的专门政府机构对中小企业的融资进行协调，以促成政府、中小企业及银行的有效联动。事实上，这样一个专门的机构对于优化中小企业的外部环境，组织中小企业出口招商以实施“走出去”的战略意图，引导中小企业参加国内外大型的经贸洽谈会，实行银行中小企业的有效对接，对中小企业贷款开展咨询和服务等具有关键性的作用。

（3）体制改革“非均衡性”的阻滞。根据“产业链”理论，经济发展是由第一产业、第二产业、第三产业的连续性拓展实现的。30 多年的改革证明，在第一产业和第二产业领域，探索公有产权保值、增值与激励私有产权积极发展取得了巨大的成功。但与此同时，处于第三产业高端的金融业则基于其巨大外部性等因素的考虑而“依然如故”，至今仍然是国有银行垄断性的金融格局——工商银行、农业银行、建设银行、中国银行、政策性银行、交通银行及中信银行集中了全国 70% 以上的存款资金，而国有商业银行在信贷市场中又占到 70% 以上的比重。

在这种金融体制下，一方面是国有商业银行大量积压存款，以致形成沉重的利息负担；另一方面是广大的中小企业融资越来越难。出现“有钱的贷不出去，没钱的又借不到钱”之怪现象。究其原因，就是金融体制改革严重滞后，拖了国家经济体制改革的后腿，从而使社会资金不能迅速、准确地流向资金需求者。

（4）国有商业银行对信用的过度垄断。金融业是一个外部性很强的行业，又是一个市场风险、道德风险很高的行业，因此需要国家对其进行卓有成效的监管，但这并不能成为过度垄断的理由。反观我国之现实，国有商业银行可以说在金融业中具有压倒性的优势，造成事实上的对国家信用的垄断。这种金融结构在带来低风险的同时，也带来了银行业的低效益，并形成对社会储蓄与投资的严重制约。

这主要表现在以下几个方面：一是国有商业银行极力保持自己的垄断地位，因此，在金融业准入上设置重重门槛以杜绝竞争者，从而构建了一种让中小银行的发展举步维艰的金融生态环境，而中小银行恰恰是广大中小企业主要的贷款者。二是基于垄断地位所获取的"财大气粗"境况，国有商业银行往往过于看重盈利的大企业，而对广大的中小企业出于"规模效益"的考虑而惜贷。因为企业在申请贷款及贷款的发放程序、经办环节都大致相同，而中小企业贷款额度小，这样就会使银行贷款的单位经营成本和监督费用上升。更为重要的是，由于垄断而造就的"银行卖方市场"，使得国有商业银行一方面担心大企业跑了，另一方面则认为中小企业想跑也跑不了，甚至跑了也没关系。三是现行的一些银行贷款制度的安排也在一定程度上制约了中小企业的融资。例如贷款风险责任制、信贷管理缺乏弹性、贷款门槛过高等，表面看来是公平的，但事实上是利于大企业而不利于中小企业融资。

（5）资本市场不成熟。企业获取资金的外部渠道：一是通过银行的间接融资，二是通过资本市场的直接融资。由于目前中小企业在银行获得的资金有限，资本市场本应成为中小企业获得资金支持的重要来源。但是，我国目前的资本市场还很不成熟，这对中小企业融资也是十分不利的，具体表现在：

第一，虽然我国直接融资总体上有所发展，但直接融资在目前处于一种边缘化的市场地位。与银行贷款为代表的间接融资比率相比较，直接融资由于其制度缺乏与不完善等原因，其比率迅速下降。以 2003 年为例，银行贷款比例所占比重已从 2000 年的 72.8% 上升到 2003 年上半年的 97.8%。而中国资本市场直接融资额比例最高的是 1998 年，一度达到总融资额的 15%。但 2002—2005 年却持续下降，如 2005 年直接融资额仅为融资总额的 1.5% 左右。由此观之，我国资本市场总体规模还比较小，且有被边缘化的趋势，这构成对中小企业融资的严重制约。

第二，我国资本市场门槛太高，不利于中小企业融资。资本市场对于提高现代的金融意识、投资意识、风险意识，以及使社会资金的配置克服间接融资自身的局限性等具有重要的作用。但"我国资本市场的准入条件比较苛刻，股票和债券市场规模有限，使得许多急需资金的公司无法通过资本市场获得所需资金"。客观而论，我国资本市场对于大企业的融资还是有一定作用的，但是，这个市场准入的门槛太高。由于我国缺乏一个像美国那样的纳斯达克（即全国证券交易商自动报价系统协会，National Association of Securities Dealers

Automated Quotation，NASDAQ），中小企业去不了纽约证券所就可以到 NAS-DAQ 去。因此，客观而论，我国资本市场目前对中小企业的融资作用是很小的。

第三，我国资本市场缺乏层次性，对中小企业融资形成阻碍。对资本市场进行层次性划分既是市场需求的产物，又是资本市场得以健康发展之道。一方面，企业的类型、层次是多样化的，而且同一企业在不同发展阶段也会有不同的融资需求，在此种情况下，资本市场要发挥其对资金配置的应有作用，就必须进行层次化假设。另一方面，美国 NASDAQ 的兴盛表明，资本市场具有多层次性是其自身兴盛的前提性条件。我国资本市场的这种单一性，已经严重阻碍了中小企业在此获取必要的资金。

第四，直接融资渠道过窄，严重制约了中小企业资金的获取。目前的情形是，比较注重股权融资，但对于债券融资、项目融资、风险投资等则相对少有关注。以风险投资为例，风险投资在我国已经历了较长时间的引进及成长期，应该说是一种比较成熟的融资方式。风险投资为了避免风险过大，总是会选择一系列投资对象，而中小企业由于其规模的特点，天然地适合风险投资的这种投资分布。然而，目前我国的风险投资看来还很不成熟，要么难以为继，要么出现资金抽逃的现象。其他的融资渠道，如项目融资、债券融资情势也不容乐观。因此，直接融资市场的融资渠道是十分狭窄的。

（6）中小企业自身的局限性。①中小企业自身的生命周期影响其融资。以美国为例，作为一个市场经济比较成熟的发达国家，其中小企业在 5 年后还存在的只有 68%，8 年后剩下 19%，存在 10 年以上的只有 13%。中小企业如此短的生命周期，使得银行向中小企业贷款时就面临着很大的风险。作为理性的经济人，银行因此而惜贷也是很自然的选择。

②中小企业自身的规模影响其融资。中小企业从事的往往是一些短、平、快的项目，资金规模较小，经营较灵活，能充分发挥业主的主观能动性。但从另一个角度论，银行就会思考这样一个机会成本：把钱贷给大企业破产了可能还是能收回百分之几（当然，绝对亏损额大），但是贷给中小企业往往是"血本无归"——因为现代经济竞争十分激烈，中小企业很可能昙花一现。同时，由于中小企业的业主成分复杂，加上现阶段社会基本信用的缺失，而且债务追究机制很不完善。因此，中小企业在其破产后如何保障银行作为债权人的利益就很成问题，如有的中小企业主在破产之后玩起了"消失"的游戏，有的业主干脆"自行了断"以规避债务。

③中小企业自身的信用问题影响其融资。恶意举债、转嫁风险的现象时有

发生，少数企业逃废或悬空银行贷款、不良融资率高，这些都加剧了金融机构的"惜贷心理"，影响了信贷投放的信心。由于不能对市场主体形成有效的市场制约，更是徒增了银行贷款给中小企业时的疑虑。一方面，由于整个社会征信体系尚未建立起来，从而造成银行与中小企业严重的信息不对称；另一方面，由于现阶段大多数中小企业财务会计管理离规范化还有很大的距离，同时，由于种种原因，中小企业往往封闭真实的财务和项目投资信息，使商业银行无法真正把握企业经营状况与融资意愿。这在降低中小企业诚信度的同时也破坏了银企的合作根基。中小企业没有与其身份相适应的信用，因此，银行对中小企业基本处于"无知"或"知之甚少"的状态。基于此种原因，银行贷款时自然偏向了大企业。

④由于中小企业不重视财务制度建设，有些民营中小企业甚至缺乏专门的财务人员，财务管理制度不健全，报表随意性大、真实性差、透明度不高，使银行无法得到中小企业翔实的财务资料。

⑤融资理念落后。企业对一些较新的适合中小企业融资的融资方式或融资手段，如供应链融资、项目融资、金融租赁、风险投资等知之甚少，或因运作过程较复杂，实际采用得很少，这就从主观上限制了中小企业的融资渠道和融资能力。

⑥中小企业担保、抵押难，严重制约了银行贷款的发放。从担保、抵押情况看，多数中小企业由于资产少、抵押物价值低，难以达到借款银行的要求；即使有达到银行要求的抵押物，由于需要对抵押物进行评估、公证、保险、登记、封存保管等环节，往往因为办理抵押环节多、手续繁、时间长、费用高，难以满足企业的临时急需。

（7）缺乏社会融资中介机构。这主要表现在两个方面：一是山东省的中小企业协会不能发挥其应有的功能。行业协会具有服务职能、自律职能、中介职能、政策咨询职能。中小企业协会作为中小企业的自律性组织，也应该具有这些职能。但目前山东省的中小企业协会在这些方面的功能还十分的微弱。二是缺乏担保机构，导致中小企业融资难。例如，中国人民银行的报告就指出，由于担保交易法律的滞后，我国动产担保贷款占比严重低于国际水平，光是闲置资金就达16万亿元。而且，由于对不动产担保的过分依赖，已造成房地产价格不断升高，并造成中小企业贷款难等突出问题。

（8）缺乏政府政策支持，融资渠道少。资金筹措困难、资金严重不足、融资难、担保难仍然是制约中小企业发展的最突出的问题。目前，很多中小企业还不具备向公众发行债券和偿还的能力，直接融资的渠道对中小企业来说几乎没有。由于中小企业规模较小、效益低、风险高、诚信度低，而且大多数中小企业是非国有企业，致使很多银行不愿或不积极地向中小企业贷款；而且在进行贸易活动中，供货商一般不愿意给予中小企业贸易赊账的待遇，而没有贸易赊账的支持，中小企业就不得不用现金付款。这就使得中小企业货币资金的持有比例较低，货币资金常常处于短缺状态，这也使其难以开展长期投资业务，只能以短期投资为主，这严重制约了中小企业的长远发展。多年来，我国政府的政策体系倾向于大企业，而忽视了对中小企业的扶持政策。

另外，中小企业普遍注册资本较少，资本实力有限，土地、房屋等银行认可的不动产数量较少。同时，很多中小企业都处于成长发展时期，这一阶段的资金需求量是企业生产周期中最大的。资金短缺问题成为其发展的瓶颈，资金不足是困扰中小企业发展的主要问题。

7.6 山东省中小企业品牌建设中存在的问题

7.6.1 市场定位不明确，优势难以突出

品牌定位是实施品牌战略最基本的问题。它是指企业在市场定位和产品定位的基础上，对特定的品牌在文化取向及个性差异上的商业性决策，是建立一个与目标市场有关的品牌形象的过程和结果。换言之，品牌定位是为某个特定品牌确定一个适当的市场位置，使商品在消费者的心中占领一个特殊的位置。当某种需要突然产生时，比如在炎热的夏天突然口渴时，人们会立刻想到"可口可乐"。良好的品牌定位是品牌经营成功的前提，为企业进占市场、拓展市场起到导航作用。

我国中小企业的品牌建设处于起步阶段，大部分中小企业还没有清晰的与目标市场相关的品牌定位战略。部分已有品牌的中小企业也缺乏品牌个性，不能准确地找出与别的企业有差异的目标市场，更多的是盲目跟风走捷径，看到别的行业、别的品牌产品获得成功，便不加分析地跟进，导致中小企业辛苦付出，做的却只是补漏式的努力。这不仅没有建成成功品牌，反而误入了品牌任意延伸的陷阱。中小企业品牌定位上的失误，造成其品牌属性的淡化，品牌特色的模糊化，难以满足消费者个性化的需求，最终被市场淘汰。

7.6.2 缺乏品牌核心价值，制约资产积累

当前，许多中小企业在品牌传播中对于关系营销等现代营销手段和分销渠

道建设重视不够，往往认为创建品牌的唯一途径就是选用传统的平面媒体、展会媒体等传播形式，加大广告投入，通过广告对消费者"狂轰滥炸"，就可以迅速提高品牌的知名度，拉动产品的市场需求，促使品牌快速发展。实际上，创建品牌仅仅依靠广告是不够的，广告只是扩大了品牌知名度，而真正创造价值的却是品牌的核心价值。如果广告促销使用太频繁，反而会使品牌贬值，给消费者以价格不真实的错觉，忠诚的消费者会因此感到受欺骗而放弃该品牌，其他消费者则更愿意等到促销时才购买。因此，全力宣扬和维护品牌的核心价值是创造企业品牌的秘诀。比如，海尔的核心价值是真诚，它通过"真诚到永远"的品牌广告诉求，依托高质量的产品研发与星级服务等很好地延伸和诠释了这一真诚理念。

7.6.3　品牌管理缺位，难体现品牌效益

由于中小企业的品牌管理缺位，导致实践中一些中小企业的品牌传播意识薄弱，误把"做品牌"当成"做产品"、"做销量"，以为销量提高了，品牌的影响力自然就会得到提升。因此，在一些企业的营销计划中，常常把产品销量作为企业追求的最大目标；也有些中小企业在创业初期非常注重质量求生存这一原则，但随着产品生产规模日益扩大，其注意力就脱离了质量这一核心；还有些中小企业在管理实践中重产品而轻品牌，仅将品牌视作一句对外宣传的口号。但实际上，产品竞争与品牌竞争完全是两个不同层面的竞争，如果中小企业囿于企业生存问题，长期忽视品牌建设，企业的品牌效益最终将难以实现。在现实管理中，中小企业品牌管理人才的匮乏也相当严重，多数中小企业没有专门的品牌管理机构与人才，缺乏打造品牌的经验，导致品牌建设受阻。

7.6.4　与短期效应相比，品牌关注度低

在改革开放的不断深入下，一定的技术和质量水平已经被我国一些企业的产品所具备，这一点从我国已经成为相当一部分世界知名产品的加工生产基地看出来。然而，对于企业自主品牌的树立和培养，我国中小企业给予的关注度却十分少，长期以"加工者"的身份自居，对国外的技术和工艺过分依赖，而没有以这种先进的技术和工艺为契机进行自主技术和品牌的创造，从而使得我国中小企业在提高国际竞争力方面的阻碍增大的同时，使我国制造企业与跨国制造企业之间的差异越来越大，最终沦为国外品牌企业的附属企业。这种缺乏自主品牌和低附加值，仅仅以价格取胜的产品增加了其他国家和地区反倾销诉讼的几率，也增加了贸易争端的几率。

8 促进山东省中小企业发展的对策建议

笔者认为，当前转变经济发展方式的关键在政府，主体在企业，重点在落实。政府不仅要尽快出台实施细则，更要着眼于政策调整与体制改革上有大的举措，加快完善企业外部发展环境。中小企业面对发展的新情况、新形势，必须摒弃传统的发展模式，以科学发展为理念，努力探索和构建转变发展方式的形成机制和实现机制，把着力点放在优化提升发展质量上。

8.1 中小企业经营思想与战略方面的对策

"十二五"期间，通过贯彻落实《山东省地方特色产业中小企业发展的意见》，可将规模较小、比较分散的中小企业集群发展，缩小企业生产配套半径，实现生产要素集约，降低生产成本，促进产业、产品结构调整。同时，可以围绕"四新一海"战略支持民营资本投资新兴产业，通过积极培育产业园区，引导优势产业、重点项目、生产要素向产业园区集聚，促进新兴产业加速发展，加快产业结构优化升级。从主攻方向上分析，中小企业是加快经济结构战略性调整的重要推动力。中小企业是山东省最大的企业群体，在产业链上基本上处于最低端。因此，经济结构的战略性调整需要量大面广的中小企业尽快实现转型成长。

从当前的市场情况来看，中小企业的经营战略有以下几个选择：

8.1.1 特色化经营战略

中小企业实行特色化经营战略，意味着其提供产品与服务能满足某种独特的、多样化的市场需求，具有不可替代性，这就需要中小企业在产品标新立异上下功夫，形成自己独特的东西。特色化经营战略可以很好地避免中小企业与大企业发生市场竞争，不以扩大市场规模为目标，重在开发具有高附加值、有别于大众化产品的新奇产品。特色化经营所要求的技术创新，不是革命性的，关键是要中小企业加强对市场变化的把握，特别是对消费者心理需求的研究，要在产品上让顾客感觉到创新，即使这种创新只是一个产品外观的改变，也同样可以吸引消费者。"不求更好，但求与众不同"，正是这种不同，构成了中小企业的特色化经营战略，通过以特色产品与优质服务，吸引消费者，赢得市场，最终树立起企业良好的形象，推动企业的进一步发展。

8.1.2　联合发展经营战略

中小企业因资源匮乏、资金短缺，仅仅依靠自己的力量难以获得快速发展。中小企业应该树立联合发展的理念，这种联合可以是纵向联合，即与企业所在产业链的上下游企业开展合作，深入挖掘客户需要，提升市场潜力，获得发展。具体来说，中小企业一方面可以展开与具有互补性质的其他中小企业的合作，共同开发或是共同经营某一市场，通过共享客户与渠道，以团队的力量，实现互利共赢。另一方面，中小企业可以与大企业开展合作，在保证企业独立性的前提下，通过向其提供产品与服务，获得稳定的市场，为企业的发展积累资源。与大企业的合作，还可以为中小企业提供一个很好的市场导向，通过学习大企业的企业管理等经验，可以迅速提高中小企业的管理水平。

8.1.3　绿色经营战略

中小企业实行绿色经营战略，不但是企业勇于承担社会责任的体现，更可以为企业赢得消费者的认同，从而建立消费者对企业产品与服务的好感与信心。进行绿色经营战略，一是要树立绿色营销理念，把环保贯穿于企业的产品研发、制造、使用与服务等各个环节。二是要在产品的设计上体现出绿色概念，努力成为社会节能减排的一分子。三是要在绿色营销上下功夫，从提供绿色产品，到选择有社会责任心的渠道商，再到企业产品的绿色核心需求，结合企业附带绿色环保理念的产品宣传，全方位引导消费者进行绿色消费，塑造良好的企业形象，赢得消费者的信赖，打造忠诚客户群。

8.2 中小企业管理策略

8.2.1 开源节流，降低生产和管理成本

中小企业要破解眼前的困局，必须提高企业的抗风险能力和反应能力，通过降低生产、运输和经营成本等措施来提高企业在市场的竞争能力。具体措施有：在保证产品质量的前提下，降低原材料的价格；尽可能在企业附近采购原料，以降低运输成本。

企业在进行经营活动时，要发挥财务管理预测、决策、控制、考核、监督等方面的作用。当财务管理与经营管理协调发展时，企业才能健康、稳定地发展。

8.2.2 管理者应采取人性化管理企业

人性化管理的基本含义是对人性特质的再培育、激发和利用，充分发挥人性的积极作用，剔除人性的消极作用，就是应用人性哲学思想教育员工学会做人，做一个积极的人。企业在进行人性化管理时，可以从以下几点着手：①制定激励机制。在制度中去引导员工发挥自己的最大效能，实现员工的自我价值。②企业有意识地培养员工，使之能够适应企业的发展，成为企业所需的专业人才。③为员工制订有步骤、分阶段的学习计划，使员工的素质不断提高，为企业进行人才储备。

8.2.3 利用客户关系管理（Customer Relationship Management，CRM）软件来挖掘客户的潜在需求，为企业找到增长点

就是企业对于和自己有业务往来客户关系的管理。企业可以通过 CRM 系统来深入了解客户的购买举动，并借此了解客户的价值取向，在此基础之上进行深入挖掘，分析客户的潜在购买需求。这样可以增加企业的销售机会，为未来产品的研发、销售的渠道和方向提供科学的依据，使得企业在千变万化的市场中保持快速、可持续的发展。同时，也可以将销售周期缩短，减少不必要的成本。另外，企业借助 CRM 系统，可以拉近企业与客户的关系，增进感情，提高客户对自己产品的忠诚度。

8.2.4 运用新的营销战略，积极开展电子商务

山东省外贸企业应重新审视自己以往的营销战略，转而寻找更具效率的新战略。企业应加强自身建设，积极开展电子商务。外贸企业要充分认识到发展电子商务的重要性。外贸企业属于外向型企业，所进行的一切商务活动和面对的客户都是面向全球的。因此，外贸企业应意识到开展电子商务是外贸企业适应国际化潮流的需要。电子商务具有低成本、易参与和对需求反应迅速等特性，它能够帮助中小企业打破在地域上的界限，加速企业之间的信息交流。外贸企业通过建设自主运营的电子商务平台，整合资源进行海外推广，有利于降低企业的运营成本，提高企业的核心竞争力，有助于企业在日趋激烈的国际市场竞争中生存并谋求更大的发展。

8.2.5 积极整合企业文化

中小企业多数都是土生土长的，它们的企业文化受中国传统文化的影响，具有浓厚的传统文化色彩。中小企业管理模式的形成及其作用分析，必须纳入区域经济发展过程中的具体时空点来考察。中小企业必须致力于建立学习型企业文化，其核心就是强调学习的重要性，把学习看作企业成功应对市场竞争、生存与发展的重要条件，使学习成为企业和员工生活不可缺少的组成部分。这种学习不仅是个人的学习、组织的学习，还是不同员工之间的学习。

建立学习型企业文化对于中小企业发展来说具有重要的意义。在企业文化建设过程中，除了要以强调学习为核心之外，还要注意吸收和借鉴国内外先进的文化传统。比如，中国的"仁、义、礼、智、信"，外国的团队合作精神、创新精神、社会责任意识等。因此，中小企业应该在长期经营实践中提炼具有企业自身特色的企业文化，实现制度与文化双管齐下的均衡管理模式的过渡，提升企业竞争的软实力。

8.2.6 调整企业主导产业结构

中小企业发展是建设"两型社会"的主力军。近年来，省委、省政府高度重视中小企业节能减排，每年均安排一批节能技改减排项目，给予重点补助。2011年，山东省中小企业开发各类新产品1.2万多个，淘汰落后设备1.36万台套。因此，中小企业发展方式的转变和动力、活力的激发，对于山东省建设资源节约型、环境友好型社会，实现富民强省战略有着十分重要的意义。

2010 年 2 月制造业采购经理指数为 52%，比 1 月回落 3.8 个百分点；3 月制造业采购经理指数为 55.1%，比 1 月上升 3.1 个百分点，该指数已持续 13 个月保持在 50% 以上。因此，在后危机时代，只有大力发展高新技术主导产业，积极培育新兴战略产业，加快主导产业结构调整和升级，充分发挥中小企业的产品特色优势，发展绿色环保类产业，提高资源利用效率，大力发展低碳经济，积极培育新兴战略产业，实现制造业企业的跨越式发展。在当今全球化竞争的态势下，通过基于企业核心竞争力的产业链定位，获取产业价值链上高附加值的增值空间，对我国制造企业至关重要。

8.2.7　转变企业发展模式

21 世纪初以来，我国努力寻求发展模式的转型，由单纯追求国内生产总值的增长转向追求可持续性、环保和社会公平的综合发展的新模式。积极构建内需型消费社会，从世界大工厂转型成为世界消费者。制造业的快速转型发展需要专业人才队伍的支撑和有效辅助，应加强制造业相关专业人才的培养力度，为我国制造业企业的发展提供强有力的智力和技术支撑，促进制造业由"制造"到"创造"的转变。后危机时代，我国企业面临机遇包括扩大内需机遇、国际化机遇、市场化机遇、信息化机遇、自主创新机遇、绿色经济机遇、政策扶持机遇。从企业的生产方式来看，依靠低劳动力成本和价格优势的劳动密集型产业仍然占据着我国制造业的主导地位，相当数量的企业还在采用传统落后的生产模式，生产活动主要集中在产业价值链中间的加工组装制造环节。

制造业投入的物质资料所占比重较大，今后我们要加大在研发设计、品牌推广、金融财务、市场销售、人力资源、信息技术等专业化的服务投入比重。从科学发展观的角度看，其战略重心必须向产业价值链的两头拓展，依靠科技进步和劳动者的智慧，实现资源利用方式向集约型、科技创新型转变。加快产业结构优化升级，促进制造业企业整合与转型，就要积极主动地把粗放型的经营、生产转化为集约性的经营和生产。加快发展绿色制造业，实现由"中国制造"向"中国绿色制造"的转变，以保证我国中小企业的可持续发展。

8.2.8　积极吸收其他投资，走集群化发展之路

（1）积极吸收其他投资。中小企业现有的资金结构很不合理，自有资金严重不足，所以中小企业可以采取吸收其他单位投资的方式筹集资金。但在吸收投资之前必须确定所需资金的数量，以利于正确筹集所需资金。寻找到投资单位后，双方便可进行具体的协商，以便合理确定投资的数量和出资方式。

采取这种方式，可以降低中小企业的资金成本，权益性资金增加后可以使企业的债务偿付得到合理保证，资金结构也趋于合理。如果投资者的投资占企业资金总额的比例较低，一般不参与经营管理。因此，中小企业也可以与股份制企业、其他公司制企业合并，设立新的股份公司，以发行股票的方式来筹集资金并进行经营。若企业被其他股票上市公司收购，由于上市公司的股票具有良好的流通性，所以中小企业也会很容易将股票出手而得到资金，从而解决资金周转困难的问题。

（2）走集群化发展之路。产业集群是一组在地理上靠近的、相互联系的公司和关联的机构。它们同处于一个特定的产业领域或处于不同的产业领域，但彼此之间由于具有共性和互补性而联系在一起。从集群的发展来看，其高端形式为创新型产业集群。这种集群的基本特征为：创新、高质量、功能灵活和良好的工作环境；在较为健全的法规制度下企业间自觉地发展合作关系。硅谷就是典型的创新型产业集群。创新型产业集群的形成对区域内企业，尤其是中小企业的创新极其重要，可以使中小企业突破熊彼特提出的创新的资源约束，扩大其创新的空间，提高创新的效率。集群创新的优势如图 8-1 所示。

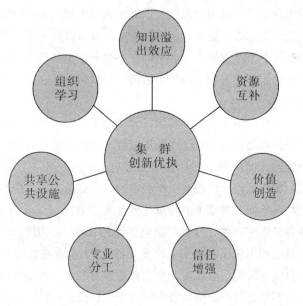

图 8-1　集群创新优势

在我国珠三角、长三角和环渤海地区形成了三个非常典型的经济区域，极大地促进了中小企业集群的快速发展，并在北京、广东、浙江等省市涌现出许多优秀的中小企业集群。除此之外，我国港台地区以及其他省市中小企业集群的发展，不仅带动了中小企业和相关产业的成长和发展，促进了人才、技术和信息的广泛交流与知识创新活动，而且在形态、种类、规模等方面各自呈现出独特的发展态势，为增强区域经济实力做出了突出贡献。

①浙江杭州湾和广东珠江三角洲地区的民营经济已经成功地走出了一条产业集群发展的路子。目前，在广东珠江三角洲的404个建制镇中，以产业集群为特征的专业镇占了四分之一。浙江省目前拥有年产值亿元以上的产业集群区51个，年产值达6 000亿元，平均每个县有3个产业集群，这些集群在全国行业中不是最大的，就是最强的。

②上海作为中东部经济发展中心，除了拥有得天独厚的地理优势和雄厚的经济基础之外，还是中国东部地区，特别是东南沿海经济发展中令人瞩目的一个焦点。与北京相似，上海也是优秀人才的聚集地，这进一步促使其在诸多领域不断保持着经济发展的领头地位。虽然在政治地位上上海比北京稍逊一筹，但处于沿海地带、泛太地区和江浙两省交界处的上海，在经济发展上完全体现出了自己的优势。上海在充分利用特有资源的基础上，大力发展中小企业，并使之充分与国有资本、外资实现融合性发展。

目前，中小企业已经成为上海经济发展的重要力量。民营经济已成为拉动上海经济增长的重要动力。近年来，活跃的民营资本已经渗透于国民经济各个领域，全方位投资态势已现雏形。上海的中小企业逐步从制造业、餐饮业、批发零售贸易和社会服务业等领域向信息咨询、科技研发、仓储、城建环保、文教医疗等领域拓展。

良好的投资环境吸引了大量外省市民营企业来上海创办，上海市的政府职能部门也充分发挥作用，为中小企业发展服务。在品牌创新方面，上海名牌战略将实现三个延伸，即从单一的产品向服务行业延伸，向工业园区等区域延伸，进而向整个城市延伸，以提高上海城市的综合竞争力，为中小企业持续发展，实现从产品竞争向品牌竞争的跨越注入强大的活力。

③山东省青岛市在海尔、海信等家电集团的推动下，历经20多年的改革发展，形成了具有相当规模的"家电产业集群"。大企业在壮大自身实力的过程中，都从各自发展的侧重点出发，全力打造各自产业集群的平台，从而以这个平台为依托，不断延伸产业链和吸引配套企业，仅原材料提供企业就有数千家。以"世界级家电基地"为发展目标的青岛中小企业产业集群，拉长了青岛乃至整个山东半岛的制造业产业链，有力地推动了区域经济的快速发展。

我们认为，要强化产业政策引导，加强规划，以资源型产业、农产品加工业和特色优势产业为主攻方向，依托本地发展的基础条件、资源优势和比较优势、优化资源配置，加快建设一批特色鲜明、优势突出、效益显著的主导产业集群。经过多年发展，山东省中小出口企业已形成带有明显地域资源特色的十大产业集群，但由于集群程度低、规模小，还不能真正形成相互分工合作的产业链，产业集群优势不明显。

因此，企业应在充分利用优越的地理位置、丰富的自然资源和劳动力资源、独特的人文历史优势的同时，打破地域束缚，挖掘与产业集群相配套的上下游企业资源，通过有效整合，减少中间成本，形成全国范围内的效率高、效益优的产业集群地域组合，提高产品竞争力。

要破除传统的产业观念，树立社会化大生产和现代的产业观念，顺应产业集聚的潮流，改变民营企业内部大而全、小而全，企业之间条块分割的格局，打造竞争力强、富有特色的民营经济产业集群。要通过改善环境、政策扶持、招商引资等办法支持发展配套产业和服务业及下游产业，把支柱产业变成主导产业，把单一产业变成集群产业，把孤悬的点状企业拉成链条产业，把产业链变成产业"板块"。对新建的产业园区和开发的重大产业项目，必须科学规划，确定合理化布局和专业化方向。引导布局分散的中小企业逐步集中到统一规划的产业园区，改善产业空间布局，形成产业集群优势，加快生产要素和资源的优化配置。

从整体看，中国中小企业集群的发展重心应当由原来简单的地区倾斜，逐渐转向对集群的技术倾斜和产业倾斜，使现有中小企业集群和新建集群形成合理而有序的产业布局；同时还要确立产业链中的主导环节，形成以点带面的发展格局。为此，对于优先发展的行业选择，应该注重考虑客观资源因素，积极选择最适合区域发展的产业，并注意此类产业的持续性及配合性发展。例如，在原材料、零部件及各种包装储运方面的整体配合必须保持其连贯性，各种配合的连接务求紧密等。这样才能不易被其他地区甚至国家所模仿或取代，从而使整个国民经济形成一个高效分工的格局，提高整体经济效益和竞争力量。

（3）加快产品优化升级，扩大利润空间。

为改变中小企业产品附加值低、技术含量低、没有定价权的不利局面，企业应从三方面入手，提高产品档次和利润空间：一是引进高新技术，推行设备更新，改造或重新装配企业；二是在长期出口中模仿性学习国外先进技术和生产管理经验，最终形成企业自主生产能力；三是加大技术改造和产品研发力度，在产品多样化和高端化上下功夫，生产适用新型产品，变比较优势为竞争优势。

中小型的民营企业在组织结构创新过程中要注重走专业化道路，充分利用专业化社会协作体系，打造精干的生产经营主体，优化基本职能，突出关键职能，集中资源强化企业核心业务与核心能力。

8.2.9 小结

笔者认为，山东省企业在整个商品从生产到销售的全球供应链中，只扮演了利润最少的"组装"角色，处于全球增值链的末端，中小企业在市场竞争中属于"弱势群体"。所以，要通过集群化实现"抱团取暖"，使企业间通过专业化分工与协作获取外部规模经济效益。中小企业集群不仅有利于提高单个企业竞争力，也可以通过群体联动效应带动和促进整个地区经济的发展。如东北地区作为全国重要的商品粮生产基地，农副产品深加工业也为中小企业集群的发展提供了广阔的前景。

山东省城市化水平较高，区域性中心城市集聚，形成了具有规模集群效应的城市群。比如，包括济南、青岛、淄博、潍坊、东营、烟台、威海、日照八个城市的山东半岛城市群，其中的主要城市发展都比较均衡，城市的人口规模、国内生产总值总量等差距都不是很大，除了济南、青岛、烟台以及威海四地发展稍微突出一些之外，各个城市在城市定位、产业升级等方面都很相似，造成了市场配置资源的方式单一，市场化程度不高，产业互补性不足，这与长三角、珠三角城市群的差距较大。作为重要区域中心城市的青岛、烟台和威海在产业结构方面也比较相似，汽车、造船、电子等都是重点发展的产业。但受制于没有形成区域发展的增长极，没能起到良好的带动作用。因此，对经济全球化背景下的山东省各区域中心城市来说，应该在统一目标的调控和影响下，协调好各自的优势和不足，实现区域内的协调发展。

突出抓好产业集群发展，结合实施工业发展"新、特、优"工程，突出各地优势和特色，以市场为导向，以龙头企业为依托，以产业园区为载体，以特色产业镇为重点，加强规划引导，大力实施品牌带动、龙头企业带动战略和特色产业提升计划，着力培育和发展一批特色明显、结构优化、体系完整和市场竞争力强的产业集群，进一步增加山东省经济的发展后劲。

8.3 中小企业财务管理方面的对策

8.3.1 创造良好环境，进行优化融资

企业离不开资金的支持，对于山东省的中小企业，国家可适当放宽贷款条件，加强相关法律、法规建设，尽快制定或完善有利于中小企业发展的政策，建立与完善金融市场，给予积极的金融支持，完善信用方面的支持系统，设立商业性或互助性信用担保机构，缓解和分散银行对中小企业信贷的金融风险，改进企业的筹资条件，使企业更容易筹到发展资金，使综合资本成本最低。

中小企业的经营规模小、抵御市场风险的能力差、资金经营的能力差等决定了它通过市场融资资信很低的特点，这从客观上也要求国家通过稳定的融资机制给予适当的扶持。政府应加快组建中小企业信用再担保机构；抓紧提出担保机构风险控制和信用担保资金机制政策，推动信用担保评估和行业自律制度建设；建立激励机制，促使商业银行主动为中小企业贷款；帮助中小企业建立信用体系，提升信用等级；积极探索，建立中小企业股权融资试点，拓宽中小企业直接融资渠道，鼓励符合条件的优秀中小企业上市融资，逐步建立优强中小企业上市融资的育成制度；实行和规范对中小企业的税收优惠政策，优化税收服务；号召银行和担保行业结成同盟，扩大中小企业融资空间等措施，保护广大中小企业健康成长，发挥其应有的作用。

8.3.2 科学制定投资决策

中小企业投资要面向市场，在投资前要实事求是地做好投资项目可行性研究。通过调查分析市场情况，确定投资产品的可能产销情况，减少盲目投资。对于企业内部产品创新、技术改革、人力资源等投资，应该有一定的计划与模式。中小企业在积累资本达到了一定的规模之后，可以搞多元化经营，注意实施跟进战略，分散资金投向，降低投资风险，努力提高资金的使用效率，使资金运用产生最佳的效果。

中小企业要靠持续地创新和不断地进行技术改进来巩固自己在市场上的地位。但是，这种强烈的成长意愿却与其技术开发能力、市场开拓能力、筹资能力及管理能力的缺乏产生了矛盾，这就决定了中小企业的财务管理思想要比大企业更稳健，切忌操之过急，盲目扩展。中小企业应进行比较详尽的可行性分

析，从外部和内部两个角度分析新的投资项目的可行性、收益、成本和风险，并采取相应的措施防范风险，或者主动和风险投资公司接触，求其帮助。

8.3.3 加强财务控制能力

首先，企业应完善财务制度，强化财务监督，防范财务风险。对各部门的生产经营活动进行严格的事前、事中和事后的财务监督和审计，不断创新监督和审计方式。加强财务监控，针对不同业务的特点，设置必要的财务衡量指标和监控标准，将执行过程中和结束后反映出来的结果进行比较，有效进行动态监控和控制。其次，加强费用管理，定期盘点资产，强化应收、应付款管理。注意对报销事项的管理，规范费用审批和开支行为。经常性对应收、应付款进行清理，定期核对应收账款。合理调度资金，进一步提高资金使用效率。最后，注重成本控制，树立全面成本观念，压缩可控成本。将成本管理延伸到产品的市场需求分析、相关技术的发展态势分析，优化资金管理，采取针对性措施，有保有压，确保资金运转的顺畅。

8.3.4 转变守旧观念，重视财务管理

企业管理者要充分认识财务管理在企业经营中的重要作用，积极主动地学习现代管理方法，先从思想上重视财务管理，改变陈旧观念，再从行动上转变企业守旧的财务管理模式。有针对性地对财务人员进行培训，鼓励财务人员参加后续教育，不断学习、更新知识、提高专业能力，培养高素质的财务管理人员。提高财务管理者的素质同时，引进高级财务管理人才，采用科学合理的用人机制留住人才，并为他们提供发挥才能的平台，增强企业的财务管理。

中小企业要破解企业财务管理瓶颈，实现管理上的突破，企业管理者必须提高财务管理的自觉性，重视财务预算，做好资金管理，做好财务控制等工作，在企业中形成重视财务管理的作风。紧紧围绕企业目标，积极拓展财务管理内容，更新财务管理方法，改善财务管理手段。从大局上把握企业经营，提升企业财务管理层次。在财务管理中要特别树立风险观念，善于对环境变化带来的不确定因素进行科学预测，有预见地采取各种防范措施，使可能遭受的损失降到最低限度，提高抵御风险的能力，保证企业资金的安全使用和财务管理目标的顺利实现。

8.3.5 创新企业融资管理

中小企业融资难、贷款难是一个全球性的问题，已经成为制约中小企业发

展的瓶颈。当然，出现融资难、贷款难现象的原因是多方面的。要想破解融资难题，企业先要对融资的方式进行一个梳理，对企业的融资方向进行定位，根据企业的规模和资金需求量合理选择融资方式和融资渠道，并且要在满足生产经营需要的前提下，尽可能降低融资成本，并要保持融资渠道的多元化。国家和地方政府为扶持中小企业发展，出台了一系列政策，帮助中小企业走出融资难的困境。很多银行都开展了面向中小企业的金融创新，中小企业要充分利用国家的扶持政策，根据各金融机构的融资政策以及企业的实际情况，选择适当的融资机构以及融资方式，有效解决企业资金紧张的问题，早日顺利走出金融危机困境。

8.3.6 建立风险管控基础上的财务管理战略模式

金融危机爆发后，对中小企业风险的反思与重视提到了前所未有的高度。中小企业在制定财务管理战略时，必须对企业所面临的各项风险进行分析应对，并将风险作为其中重要的一项因素予以考虑，更为重要的一点在于应将风险管理战略作为企业财务战略的一部分，从而能够确保风险得到充分重视。

8.3.7 加强成本管理

中小企业要生存、发展，降低成本是关键。成本管理涉及企业的所有人员和生产经营的全过程。因此，中小企业应建立一个完整的成本管理体系，增强全体员工的成本意识，形成人人关心成本、处处关注成本的文化氛围，形成一种良好的有助于不断降低成本、提高质量和时效性的机制。

要加强成本核算，做好企业现金流的管理。资金是企业运行的"血液"，一旦资金不足，企业就会出现财务危机，生产经营就会面临停顿。因此，筹备资金、组织资金供应是在金融危机背景下企业财务管理的首要任务。企业应当根据自己生产经营和发展战略的需要确定合理的资金需求量，依法、合理地筹备所需要的资金。企业对筹集的资金实行统一集中管理，按不同环节、不同业务的合理需要调度资金，有计划地安排现金流量，防止现金收支脱节。比如，就其设备成本而言，从资源抛弃的过程来看，中小企业面临的问题是中小企业设备的替换，设备成本越高，设备越难脱手。

8.3.8 培养高素质的财务管理人员，不断提高人员素质

企业财务管理处于企业管理核心地位，拥有一支政治过硬、业务精通的财务人员队伍，对于企业应对当前国际金融危机冲击非常重要。财务人员要不断

学习新知识及新政策，不断充实自己，提高素质。财务人员应在管好、用好资金上多下功夫。同时，要注重学习研究国家宏观经济政策及各类财经法律、法规，能利用自身的优势，在资本市场上尽可能以最低的成本和最小的风险为企业筹集最多的资金。因此，财务人员要多参加学习，不断充实新知识、积累新经验，为企业创造更多的效益。

企业要重视财务管理人才的内部培养，根据《会计法》和相关会计制度等法规的要求，聘用具有任职资格的会计人员，避免雇佣企业内部的人，保证会计工作的正常进行；要加强财务人员专业培训，强化财务人员的精神教育，增强财务人员的法制意识和监督意识，激发工作潜力；要鼓励财务人员学习新知识，不断提高财务管理水平和解决问题的能力。

8.4 提升中小企业自主创新能力的对策建议

胡锦涛同志在党的十七大报告中明确提出了"提高自主创新能力，建设创新型国家"的战略决策。增强自主创新能力，建设创新型国家，是事关社会主义现代化建设全局的重大战略决策，必将对中国综合国力的提升产生积极而深远的影响。建设创新型国家是一项系统工程，涉及社会的方方面面，包括中小企业在内的企业创新管理就是其中的重要内容。大力推进中小企业管理创新，努力形成具有中国特色的企业管理体系，是增强中国自主创新能力、建设创新型国家的重要保证。

为此，要采取一系列政策措施来提升山东省中小企业的自主创新能力。

8.4.1 政府制度方面的对策建议

（1）发挥政府资金投入的杠杆效应。政府应加大对企业研发的投入力度，并利用资金投入发挥政策导向作用，最大限度地带动更多的社会资金投入到创新活动中去。政府可以利用贴息、担保等方式引导各类商业金融机构支持自主创新，支持风险投资公司和风险投资基金的发展，向金融机构提出重点产业名录。但在实施金融支持政策时必须遵循市场化运作原则。

（2）充分利用好民间资本。2011年，伴随着世界经济的持续低迷，复苏乏力，国内不断从紧的货币政策，山东省经济发展面临着更大的困难和挑战。经历国际金融危机的洗礼后，经济发展正处于关键阶段，仅仅依靠民间投资规模的扩大已经很难有效推进山东省经济发展方式的转变。目前，最有效的战略选择就是通过民间投资更好地接力政府投资，有效引导民间投资转型升级，成为推动经济发展方式转变的决定性力量。

山东省各级政府出资设立科技型中小企业贷款的担保基金，为创新型企业的融资提供担保服务，充分有效地利用商业银行贷款提供良好的公共服务，创建良好的外部环境。

2011年，从国际环境看，世界经济增长的不确定性不断加大，复苏过程漫长曲折，外需不足是制约以外向型经济为主的经济发展及民间投资动力不足的关键因素。同时，由于竞争激烈，国内需求也很难替代出口不足。目前，山东经济再次面临较大的困难和挑战，民间投资理应成为拉动山东经济增长和实现经济发展方式有效转变的决定性力量。

经济学理论认为，后金融危机时代，摆脱危机从来都是通过产业升级换代走出产能过剩的困扰，完成产业周期调整而重新开始新产业结构、新产品结构层次上的增长周期循环。同时，山东经济发展的现状也表明原有的经济增长模式已经到了必须要进行调整的程度，推进经济转型刻不容缓。

2010年5月"新36条"发布，在政策层面为民间资本拓宽了投资领域，进一步扩大民间资本进入的行业和领域。尽管国家政策为民间投资提供了广阔的舞台，但是，现实中民间投资条件仍然受限制。应继续做好"新36条"及配套措施的实施工作，切实拓宽民营企业投资的领域和方式。面对这些问题，政府要以坚定的决心和十足的勇气打破当前不合理的格局，不断建立和完善保护民间投资者利益的法律、法规，使民营企业获得平等的待遇；政府要通过政策调整，释放民营经济的活力，实现民间投资的转型，推动产业结构的调整，从而促进发展方式的转变，也能为民间的闲置资金提供出路；在拓宽投资方式方面，民营企业可以广泛采取多种方式实现投资行为，实现企业发展和社会进步的"双赢"。

与其他融资方式相比，民间资本一直是中小高新技术企业最为便捷的融资来源之一。为更好地发挥民间资本对中小高新技术企业的支持作用，可以从以下几个方面入手：

①应将民间金融纳入法制化管理。尽快通过建立健全相关法律、法规，明确民间金融的管理主体、职责和内容，对民间金融的用途、期限、利率等方面作出指导性的规定，使其参与到整个金融产品和服务的过程中。保护合约双方的合法权益，为民间借贷构筑一个合法的平台，以规范、保护正常的民间借贷行为，引导民间借贷走上正常的运行轨道。从法律上明确界定非法吸收公众存款、非法集资和正常的民间融资的界限，让正当的民间金融活动摆脱"地下

金融"的身份，光明正大地进行运作。

②要逐步全面放开利率管制，推进利率市场化。中国人民银行要逐步放开利率管制，允许民间金融组织的存贷款利率在国家规定的基准利率的一定区间内自由浮动。扩大金融机构贷款利率浮动区间和自主定价权可以提高利率市场化程度和信贷风险的补偿能力，在利率可调控的范围内，按贷款的风险程度决定贷款利率的高低。

③应加强与正规金融机构之间的合作。正规金融机构和民间金融机构具有各自的比较优势，两者的合作，可以使正规金融机构利用民间金融机构的信息优势，降低其信息搜寻成本和监督成本。民间金融机构能够利用正规金融机构的资金优势，弥补民间金融机构资金不足，提高整个市场的金融交易水平。正规金融机构通过向民间金融机构增加放款，可以提高民间金融组织的信贷服务供给能力，并改善那些只能在正规金融机构借贷的借款人的贷款条件。

通过政府扶持力度的不断加强，引导民营企业加快融入新兴产业发展，主动承接新一轮国际高端产业转移，在新一代电子信息、生物医药、新材料、智能仪器、装备机械等领域加大投入，积极实施一批科技含量高、资源消耗低、符合节能环保要求、竞争优势突出的新兴产业项目，推动山东经济发展方式转变。

（3）完善自主创新的市场环境。企业自主创新存在的不确定性和信息不对称使其难以获得银行的资金支持，只能借助于资本市场。政府应通过加快中小企业板建设、发展完善风险投资体系等来加强促进技术创新的资本市场建设。同时，企业也应加强自身建设，以便投入到市场环境中来。

2012年1～5月份，日照市高新区企业完成工业总产值71.3亿元，其中高新技术产值23.6亿元，工业增加值20.4亿元，同比分别增长37.1%、32.5%、31.7%；实现利税5.4亿元，同比增长24.3%。在日照市高新区的发展建设中我们不难发现，其快速推动经济发展的原因有以下三个方面：

第一，突出科学规划，推动配套再完善。按照"发展特色园区、建设工业新城、带动中部崛起"的定位要求，修订完善了高新区发展规划，进一步丰富内涵，扩大外延。通过对道路和市政公用设施进行整修整治，全面提升建成区基础设施配套水平。新区已投入资金1.35亿元，新修、在建道路9条，雨污、供热、供汽、燃气以及道路绿化、亮化工程全面开工。服务外包基地1#研发楼正在进行内外装修和设备安装，预计2012年6月底建成投入使用。

第二，突出项目建设，推动产业再加强。实施项目包保责任制和联席会议推进制，通过高频率调度推进、督查推进、现场办公推进，进一步提高项目服务质量和推进速度。目前，美爵信达项目已投入生产，投资 1 亿元的百瑞特 LED 项目已签约，投资 8.7 亿元的锂离子隔膜及高分子、海易产业园、圆卓环保科技等一批项目正在积极推进。

第三，突出转型升级，推动园区再进位。积极推动重点产业技术改造项目、企业技术中心建设。2012 年以来，实施技改项目 30 余个，完成技改投入 13.56 亿元。荣信水产的"水产品加工副产物高值化利用关键技术研究"成果，已通过省科技厅和市科技局组织的专家鉴定；山东蓝晶易碳新能源有限公司的太阳能水泵项目、洁晶药业的双口管软包装大容量注射剂生产线改造项目正在积极推进。同时，与山东大学联合建立的山东大学实训和实践基地、山东大学软件基地，已加快先导产业发展步伐。

（4）优化发展中小企业软环境。

①突出主体地位，完善技术创新平台，促进产业转型升级。充分发挥企业在科技创新中投入主体、研发主体和成果应用主体的作用，大力推动技术创新体系建设。鼓励科研单位、重点企业积极承担国家、省、市等重大专项，力争取得一批自主创新成果。在汽车、电子信息、机械装备、新能源、生物技术等领域，应着力突破一批增强企业核心竞争力的重大技术、关键技术、共性技术，提升技术创新和集成能力，带动产业优化升级。

2012 年年初，江苏省东海县积极实施科技创新发展战略，大力支持新兴产业发展，通过政策优惠、资金引导、服务推动，多渠道、全方位促进企业科技创新、技术改革、转型升级。首先是搭建产业"升级平台"，投入 450 万元财政资金支持企业为主体，市场为导向，产、学、研相结合的中小企业技术创新体系建设。目前，全县已初步形成了以高品质石英玻璃管、高等级石英玻璃原料、硅微粉三大生产基地和以优质电压电石英晶体、多品种石英照明灯具两大中心为代表的具有鲜明区域特色的新兴产业群体。其次是开通"服务快车"。在引进外源的同时，建立服务企业信息卡制度，局领导班子成员和企业全体人员，每人联系 3~5 个企业，通过实地调研、召开座谈会、电话联系等多种渠道、多种形式加强联系与沟通，及时为企业排忧解难。最后是拓宽"融资渠道"，化解企业融资困难。通过财政贴息、以奖代补、风险补偿等多种方式，引导和激励金融机构、担保机构及民间资本不断加大对科技项目和小企业的信贷支持，多渠"引水"，全力为中小企业"解渴"。

加快企业与国内外高校院所、大公司合作，共建博士后工作站，产、学、研基地和研发实验室。企业与高校院所建立长期科技合作关系，并形成一批专业技术研发协作平台。如表 8-1 所示。

表 8-1　　　　　　　　　各层次企业和高校平均专利价值　　　　　　　　　单位：元

	大型企业	中小型	985 高校和中国科学院	除 985 高校外的 211 高校	非 211 高校
平均专利价值	115 850 (237 144)	41 150 (584 922)	42 027 (83 729)	40 382 (319 384)	38 363 (384 753)

注：①括号中的数值为标准差；②此数据是根据 1985—2009 年间专利存续期数据计算；③大型企业是申请专利数量较多的大型国企和民营企业，包括中国石油天然气集团总公司、中国石油化工集团公司、宝山钢铁股份有限公司、鞍山钢铁集团、武汉钢铁集团、北京首钢集团、海尔集团有限公司、长虹电器股份有限公司、长虹电器股份有限公司、TCL 王牌电子有限公司、中国移动通信、中国联通集团有限公司、华为技术有限公司、中兴电子有限公司等。

②培育科技企业，完善创业服务平台。以培养和孵化科技型中小企业、推进科技成果转化、发展新兴产业为目标，坚持政府推动与市场调节、全面推进与分类指导、促进发展与规范运作有机结合，推动创业服务平台建设。

③发挥比较优势，完善合作转化平台。以吸纳高层次人才、转化高技术成果为重点，加强企业与高校、科研院所科技合作与交流。通过县（市）区与院（校）共建特色产业园等合作形式，不断增强县区创新能力。以联盟合作形式，共建一批创新服务支持平台。加快推进山东信息通信研究院、山东省国家重大新药创制平台、高性能计算中心、量子技术研究院等重大源头创新平台建设，积极吸引国内外知名科研机构在山东省设立分支机构，努力打造大型公共开放平台。

④整合基础资源，完善资源共享平台。为高效利用区域创新基础资源，按照"资源共享、市场配置、集约利用"的原则，加快构建大型科学仪器设备、科技数据与科技文献共享和制造业信息化、综合技术服务为主要内容的资源共享服务平台。目前，利用档案数据库，对分散在驻济南的高校、科研机构、行业部门的大型科学仪器设备，展开分类登记和分析测试，初步形成协作共用网络。由企业、中介机构联合投资组建的制造业信息化综合技术服务平台，面向区域制造业企业，开展网络化制造、软件代理等技术服务和管理咨询，科技创新基础资源的利用效率逐步提高。

⑤推动产业发展，打造创新载体平台。坚持以科技创新推进产业发展，着力建设以科技园区、产业基地为主体的产业创新载体平台。目前，山东省中小企业的高科技项目已相继落地，今后应继续依托载体平台，实施制造业信息化等 6 个国家试点示范工程项目，20 多项"863 计划"以及一批国家、省、市科技项目，推动电子信息、先进制造、新材料、生物技术等高新技术产业发展和

以装备制造业为重点的传统产业提升。

8.4.2 中小企业的自身方面的对策建议

（1）夯实自主创新的人才基础。增强山东省中小企业的自主创新能力，要加大力度引进和培养科技人员。中小企业的综合经济实力与大公司相比还处于劣势，加之人才市场价格有被日益抬高的趋势，使得中小企业在吸引高素质的人才方面存在先天不足。中小企业在资源上不占优势，要在短时间里培养一定数量的高科技人员比较困难。因此，中小企业可以多引进人才，以此打破人才需求的瓶颈。引进人才可以在短期内在技术创新方面有很大突破，但是要进行持续的技术创新，还是需要企业自主培养适合本企业的科技人员。所以，通过激励留住现有人才，通过培训提高就业人员的整体素质才是行之有效的办法。

首先，中小企业重点应当从待遇、事业、情感等方面留住人才，克服中小企业高素质人才流失的问题。

其次，采取有效的人才培训方式，打造学习型企业。中小企业可重点与高等院校合作培训在职员工的管理能力，可以通过鼓励或强制规定职工参加国家职业鉴定，以及组织项目集体攻关组进行技术交流和提高等方式，提高就业人员专业技术能力。对于发展情况较差的集体企业和股份合作公司等中小企业，采取聘请兼职人员的方式，解决高素质人才缺乏的问题。

最后，在对科技人员的激励方面，除薪酬激励外，还应采用薪酬激励和其他激励措施相结合的方式。企业应让员工知道他们的工作具有某种深远的、健康的意义，这样他们会被这种目标感所激励，他们的工作就会有更强的动力。另外，如果企业员工的成就感被满足得越多，工作本身就越能满足员工需求，而不仅仅是为了养家糊口，这样员工的幸福感就会保持在较高的水平。

（2）健全中小企业自主创新的机制。①建立有效的宏观协调机制。打破部门之间、地方之间条块分割、相互封闭的格局，要充分发挥中央、地方、科研机构、高等学校、企业等各类科技力量的积极性，形成协调一致、分工合作和紧密联系的良性机制。②鼓励中小企业申请进出口自营权，外贸部门要简化申请手续，从速办理。专利、商标、版权等知识产权执法部门，对涉及中小企业的案件要从速查处，维护科技型中小企业的合法权益。中小企业有权抵制未经国务院和省、市政府批准的各项不合理收费。

（3）加强知识产权管理。要有效地实施自主创新战略，必须加强知识产权管理。政府应当根据我省的科技和经济发展现状，制定与之相适应的引导政策，解决科技型中小企业自主创新过程中制约知识产权创造、运用、保护和管理的全局性、体制性、政策性问题。例如，积极营造良好的政策环境，建立有效的激励机制，鼓励和支持企业、科技人员从事发明创造的积极性。同时，健全知识产权保护体系，加大保护知识产权的执法力度，切实维护创新者的权利和利益。保护知识产权不仅仅是政府的职责，企业也要作为知识产权保护的主要力量，要切实担负起自主创新和保护知识产权的责任，共同营造良好的市场经济秩序。

（4）积极同高校、科研机构和其他企业合作，共同进行技术创新。企业应当广泛寻求同高校和科研机构的合作，实现双赢或者多赢。如果企业和高校或者科研机构合作，那么从企业的角度看，可以获得更为专业的支持而不需要支付昂贵的专业设施的成本，缩短创新的流程，降低创新的成本。但是同企业相比，高校和科研机构没有站在市场的最前沿，因此可能在创新上与市场脱节。因此，企业在和专业的科研机构合作时，应该主动提供相应的市场信息，使得创新成果能够及时迅速的市场化，真正实现产、学、研结合。此外，企业之间进行技术创新的合作也是一条行之有效的创新路径。调查显示，合作的各方企业都处于市场前沿，因此都比较了解市场，所以企业之间的技术创新合作容易产生真正适应市场的成果。

但是，能够进行技术创新合作的企业往往处于同一个行业，它们之间存在着竞争，于是企业之间在进行技术创新合作时会心存顾虑。针对这类问题，可以通过签订合同的方式，将技术创新过程中投入和产出的成本收益从法律上确定下来。

8.4.3　金融机构支持企业自主创新方面的对策

（1）加强间接融资体系建设，促进商业银行扩大信贷投入。商业银行有效运作的关键在于具备足够的风险识别能力，使其能够有信心、有能力对科技项目进行贷款支持。商业银行应实施产品和服务创新，拓展融资渠道，努力满足自主创新企业全方位、多层次的金融服务需求；完善信贷管理机制，加强对自主创新企业的信贷服务；制定科学合理的信用等级评定标准，满足自主创新企业的融资需求。

（2）建立金融支持企业自主创新的机制。

①金融的资本形成机制推动技术创新。技术创新是一项充满不确定性的活动，需要巨大的资金投入，而且其很强的资产专用性也使得资本投入缺乏流动性。由于从许多分散的机构动员资金，形成资本需要交易和信息成本，于是减

少摩擦、便利聚集资金的金融体系就产生了。企业不可能依靠其现有的资金引进一个必需的新技术，没有外部融资，自我融资的限制会使投资策略显著偏向在传统技术条件下的边际变量。金融体系将分散的资金聚集形成资本并转化为投资，通过提高风险分散性、流动性，推动了技术创新。

②金融的价格发现机制推动技术创新。技术创新过程是研发人员、风险投资者、风险投资基金、投资银行、政府相关支持部门、商业银行、证券公司、股民等诸多经济主体对交易标的技术的价格达成一致进而不断达成合约的过程。技术市场中的技术价格是在金融机构参与技术创新过程中通过竞争，并由金融系统向各相关经济主体传递而形成的，这就降低了技术创新各相关主体之间的交易成本，推动了技术创新。

③金融的风险管理机制推动技术创新。金融体系可以提供风险分担机制。投资者在选择技术创新投资项目的时候要面临两种主要的风险：其一为生产性风险，其二为流动性风险。生产性风险主要由生产技术和市场需求原因引起，金融体系可以通过分散投资有效地分散投资者面临的生产性风险，推动技术创新；流动性风险产生于资产变现的不确定性，金融体系可以使投资者之间比较容易实现不同资产的交易，通过增强资产的流动性，降低了交易成本，减少、分散和转移技术创新风险。

（3）创新融资方式，完善金融服务，缓解中小企业资金紧缺问题。

①创新融资方式，改进和加强金融服务。要通过深化改革，进一步完善金融服务体系。一方面，在国有商业银行设立专门的中小企业贷款部门，引导金融机构向中小企业放款。开发中小企业在各个金融服务领域的需求，满足不同层次中小企业的金融服务需要。银行要完善信贷管理机制，制定内部激励与处罚机制，减少对中小企业申请贷款的管理层次，简化审批程序，提高办事效率。加大基层银行、信贷人员的贷款权限和责任，允许基层银行在核定的额度内自主审查发放贷款。建立适合中小企业的授信体制、授信政策和授信程序，对有市场、信誉好、效益高的中小企业适当放宽贷款条件。另一方面，应活跃民间资本，规范民间融资。相比金融机构，民间借贷手续简便，操作灵活，方便快捷，是一种更为有效的融资方式，对借贷双方都有很大的吸引力。但同时也存在着一定风险隐患，需要政府规范，使其成为企业融资渠道的重要组成部分。

②完善中小企业信用担保机制。这可以在一定程度上缓解中小企业贷款难、担保难的状况。主要采取以下的措施：一是严格审核，慎重担保。在制订信用担保方案时，坚持五个严格，即严格准入条件、严格资金管理、严格操作

程序、严格收费标准、严格代位补偿。做到积极稳妥，慎重担保。以国家产业政策为导向，积极支持符合产业结构发展方向的中小企业发展。以企业经济效益为基础，对 A 级以上企业优先给以扶持，其反担保采用信用担保方式；对 B 级以下企业，根据企业发展前景及是否符合产业结构调整导向，酌情给以扶持，其反担保采取不动产抵押方式。二是银企配合，共防风险。信用担保是高风险行业，担保机构不能成为信用风险的集合体，必须采取严格措施，识别、防范、控制和分散风险。建立"五项制度"，即信用评价制度、运行监测制度、分级代偿制度、工作责任制度、代位追偿制度。三是配套服务，促进发展。扶持和促进中小企业发展，不仅要解决融资难、贷款难、担保难的问题，更重要的是为中小企业创造一个公平有序的市场竞争环境和社会服务环境。为此，山东省政府配合担保业务的开展，帮助企业进行改制方案设计和提供资产评估服务。

8.5 解决中小企业融资难的对策

解决中小企业融资难的问题，从根本上讲就是一个打破现有的资金分配制度，并构建一种新的制度，以对社会资金进行重新配置与整合的过程。要克服中小企业融资难的问题，牵涉到国家、融资体制、中介组织这三个方面。因此，进行有利于中小企业融资的制度构建也必须以此为基本立足点，并遵循系统的方法论，进行整体考量。本书下面从政府方面、中小企业自身方面和银行方面应采取的措施中探寻解决中小企业融资难的对策。

8.5.1 政府方面应采取的措施

（1）依法规范政府在中小企业融资中的功能

政府主导的投资与国家垄断的金融体系形成了风险连带体系，银行贷款越来越集中于政府投资的大项目、大工程上，期限也越放越长，由 10 年到 20 年，甚至 25 年。这既是一件非常危险的事情，也是中小企业融资难的根本原因。在社会资金有限，中小企业与大企业，特别是国有大企业争利的格局下，不依法对政府的投资范围进行规整，政府决策就很可能由"强假设"变为"弱假设"。美国学者加尔布雷斯就指出，对于不平衡发展、不均等收入分配、国家资源分配不当、环境破坏和有名无实的规章制度，政府是问题中的一部分，但是，要求问题的解决，还得依靠政府。毫无疑问，政府在解决中小企融资难的进程中具有主导性的作用。但是，如何依法对其进行规制，使其职能不致缺位、越位、失灵，就显得十分必要。具体而论，依法规范政府在中小企业融资中的功能应着力解决以下两个方面的问题：

①规制政府对金融资源的非市场配给。金融是国民经济的"血液"，除非基于公共利益的需要，政府对金融资源的配给应受到法律的严格控制。由于金融体制改革的滞后，政府借助这一传统体制的惯性，将一些金融资源如居民存款，通过行政而非市场的方式，转变为一种由公权力随意支配的公共资源。基于此，社会资金的流向就不是以效益最大化为价值取向，而是以政府偏好为资金流向。

在此种情况下，以市场为基础进行资源配置的中小企业的融资必然受到挤压，从而造成融资难度系数增大。同时，要规范政府部门兴建公共工程的投资规模，因此，要调整好政府投资与社会投资的比例。根据国外经验，政府公共投资在总投资里只能占 5% ~ 15%。

②设立面向中小企业提供融资服务的专门的政府机构。首先，这一机构应在中小企业融资过程中起到协调政府、银行、中小企业这三方主体的作用；其次，这一机构应鼓励社会成立中小企业融资担保中心，对中小企业的贷款进行担保服务；最后，这一机构应依法引导保险公司开辟新的险种——对中小企业的还款进行保险。这一制度安排应该说是非常具体并切中要害的，对中小企业融资是十分有利的。

（2）构建中小企业间接融资渠道的制度体系

①深化国有商业银行改革是解决中小企业融资难的基础。在现行的体制下，中小企业融资难要得到解决，必须注重银行特别是国有商业银行的资金供给。但现在的银行业是高度垄断的，在这种高垄断的行业结构下，银行贷款体制长期偏向国有企业，一方面滋长了国企的"投资饥渴"，另一方面挤压了中小企业的融资。

为了缓解此问题，山东省加快了中小企业直接融资步伐。2011 年，济南、青岛、潍坊、威海临沂等地市陆续发行了中小企业集合票据、集合债、集合信托产品，这在一定程度上为中小企业解了燃眉之急。但是，多数中小企业的融资渠道仍较单一，银行贷款和民间借贷仍然是企业获取资金的主要来源。而大部分小型、微型企业因缺乏足够的可抵押资产，难以得到银行信贷支持；民间借贷缺少法律规范，利息过高，资金缺少稳定性和安全性。

这些改革思路大体上可以总结为三个基本层面：一是要明晰产权；二是注重银行内部治理；三是推崇竞争。这三个层面都离不开相应的制度；否则，便可能流于形式或者失范。只有银行本身搞活了，富有朝气和活力，成为真正的市场主体，中小企业融资难的问题才能从基本面上得到有效解决。

②依法组建金融公司是解决中小企业融资难的关键。考虑到国有商业银行的体制偏好，有论者提出建立中小银行以解决中小企业贷款难的问题。例如德国，通过成立中小型金融机构，为中小企业提供了适当而稳定的贷款。但是，由于我国规范中小银行的制度环境不健全，仅仅出于竞争的需要或者解决中小企业融资的需要就贸然去建立中小银行，恐怕不太现实。基于此，一条切实可行的路子就是从现有的商业银行拿出一部分资金设立金融公司。这种金融公司由于其浓厚的"本地色彩"而对所在地的经济十分了解，从而具有一定的信息优势。目前，一些投资公司、风险投资公司及中小企业投资公司，就类似于这种金融公司。对这些金融机构依法进行规范以促进其发展，是解决我国中小企业融资难的一个重要的突破口。

③成立面向中小企业的信贷机构是突破口。在商业银行中设立专门面向中小企业融资的机构，是解决中小企业融资难的切入点。事实上，在很长一段时间内，由国有商业银行主导的融资体系很难发生重大的变化，商业银行的改革虽然十分迫切，但操作起来还是困难重重。而成立金融公司也非朝夕之功，因此，相较之下，依托现行的银行体系，在其中设立专门面向中小企业融资的机构，就比较容易操作。应该说，在商业银行中成立专门面向中小企业融资的机构，是将国家对中小企业的扶持真正落到了实处。要根据当地的经济发展水平及中小企业的发展状况，具体厘定对中小企业的贷款规模，并将之作为对商业银行的一项考核指标确定下来。

（3）依法规范资本市场，保障中小企业融资

一个完善的资本市场，由于其层次性、风险性等特征，与中小企业的规模多样性、高风险性的经营理念具有内在契合性。具体而论，利用资本市场克服中小企业融资难可采取如下路径：

①大力发展资本市场。现阶段，中国的资本市场只是在微观层面上解决了一些上市公司和盘活企业的存量资金的问题，而对增量部分和重大项目建设，资本市场涉足不多，作用有限。在笔者看来，由于我国资本市场门槛较高，因此资本市场不光对重大项目少有"涉足"，对中小企业的融资功能也远未发挥。由此看来，要解决中小企业融资难的问题，从制度的层面看就是应该依法大力发展资本市场。但资本市场的发展也要有重点。由于债券的收益比储蓄高，但风险又比股票小，因此，发展中小企业债券市场是比较理性的选择。

②合理确定中小企业上市的门槛。2006年开始实施的新《公司法》降低

了股份公司的设立条件，对股份公司发行股票上市的条件作了比较大的调整。新修订的《证券法》对股票上市的条件中不再要求"公司设立3年以上"且"最近3年连续盈利"，只要求股本总额达人民币3 000万元。在公司的上市条件方面，取消了"持有股票面值达人民币1 000元以上的股东人数不少于1 000人"的规定。从表面上看，新《公司法》与新《证券法》似乎降低了资本市场的门槛，但这并不是中小企业融资的一个福音。

首先，就新《证券法》降低股票上市的要求而言，主要是针对股份有限公司，而中小企业大多为有限责任公司，因此对中小企业而言意义不大。其次，由于我国现阶段公司上市采取保荐制，即公司上市须保荐机构的推荐，并核实该公司的上市材料的真实性、完整性和准确性。这一制度的构建考虑到了非征信国家的国情，但是其在现实运作过程中难免会有人为的扭曲。且不必说中小企业在与大企业争取保荐机构时无优势可言，就是众多的中小企业之间的竞争也足以让中小企业望而却步。最后，企业上市须向中国证券监督管理委员会（以下简称"证监会"）提出申请，而申请上市的企业很多，由于证监会审核批准上市的公司数量有限——每年在中国大陆上市的企业不到100家，而已通过证监会核准并在排队准备上市的企业将近400家。因此，对一般的中小企业而言，上市可能就得是一个"五年计划"，至少也得二至三年，这是一个中小企业无法承受的等待时间。

要使中小企业能在资本市场上融到资，比较切实的路子，一是根据我国中小企业的特点，降低公司股本总额的要求；二是要依法大力发展资本市场；三是要以降低企业债发行的门槛为突破点，改变目前主要由国有独资企业、国家信誉担保的企业债的发行格局。同时，证监会应尽快针对中小企业发行债券制定一个具体的标准，并主要从企业规模、资金投向、企业信用等方面检视中小企业是否有资格发行企业债券。

③注重资本市场的层次建设。应该说，现有的资本市场是缺乏层次性的。而且，资本市场由于门槛太高，因此它往往只是少数大企业融资的"天堂"。进行资本市场的层次性建设，首先受益的就是广大的中小企业。但是，多层次资本市场的建设应注重制度先行，如此方能使一板市场规范、二板市场有序、三板市场活跃，从而为中小企业营造一个真正的融资机会。特别是对三板市场的监管，制度方面的设立显得特别重要。以德国为例，由于对上市的公司缺乏严格的监管，因此尽管其经济高速增长，但终因泡沫过多而使创立于1997年3月、仿照美国纳斯达克市场设立的二板市场于2003年被迫关闭。这个教训是我们在发展多层次资本市场时必须吸取的。

④大力发展开发性金融与风险投资。开发性金融（Development Financing）是实现政府发展目标、弥补体制落后和市场失灵的一种金融形式。由于开发性金融实现了国家信用证券化，成功地将商业银行等机构的短期资金转化为长期集中的大额资金，并借助其完善的控制长期风险的新制度安排有效地控制了金融风险。开发性金融可以有效地转化社会资金与控制信用风险，并在此基础上贯通与资本市场的连接。开发性金融债券的发行将促进我国债券市场的发展和资本市场的发育。基于开发性金融自身的强烈的政策性，这对现阶段我国倡导支持的中小企业来说的确是一个资金融通的机遇。

大力发展风险投资是解决中小企业融资难的又一条重要路径。风险投资由于其组合性（同时投资几家企业）、专业性、长期性（一般为 3~7 年）等特征，与中小企业发展的内在要求是相吻合的。由于风险投资注重组合性，因此风险投资可能是"多投少量"，这就十分适合中小企业融资，但不适合大企业融资。同时，中小企业的发展一般都需 3~5 年，这一点于风险投资也是较为契合的。但是，风险投资的存续须以较完善的制度为前提，因为风险投资对其所投向的行业或产业风险就很高，如果再加上制度缺失、失灵等风险，则可能使风险投资丧失其本身应有的品性，其对中小企业的融资功能就会受到削弱。因此，要使解决中小企业融资难的问题在风险投资上找到突破口，制度就必须先行。

我国目前已制定了《信托法》，这为风险投资的发展提供了有力的制度环境。当前的重心是，要力促"风险投资法"的出台。同时，不能只顾给中小企业者融资而忘了风险投资人。因此，进行一些有利于风险投资者的制度安排，比如有限合伙制度，也是十分必要的。

（4）构建克服中小企业自身局限性的制度体系

法律要做的不是企图对中小企业进行"脱胎换骨"以完全克服其自身的局限性，这既无必要也无可能。而是进行一些制度安排，尽量降低中小企业自身的局限性，使中小企业能最大限度地扬长避短，从而为其顺利融资铺平道路。

①完善中小企业的产权制度与治理结构。

一方面，中小企业的产权对外虽然十分明确，但其内部产权依然有待进一步明晰。中小企业发展到一定阶段就会遭遇一个产权的两难问题：不界定产权就会有损失，界定产权又成本太高，甚至造成分割企业财产以致影响企业的进一步发展。一个中小企业内部产权不清，势必会影响这个企业的长远发展与规划，而投资者在面对这样一个中小企业时也就会犹豫不决。由此看来，中小企业的产权完善不仅是外部意义上的，更是内部意义上的。

另一方面，中小企业的治理结构与中小企业的融资亦有密切的关系。客观而论，中小企业主更有企业家的精神与实力。但是，中小企业面临一个普遍的问题：除了企业主以外，一般没有更高级或核心的管理层。因此，一家中小企业如果企业主不能发挥其应有作用，整个企业很可能就会在市场中不知所措。因此，中小企业同样存在一个治理结构完善的问题。事实上，只有具备完善的治理结构，中小企业才可以有效克服传统企业的那种"家族病"，也才能快捷、有效地融到自己所需的资金。

从上述两个方面的分析可以看出：完善中小企业的产权制度与治理结构，事实上有利于克服中小企业生命周期较短这一自身缺陷。它的直接效果是为中小企业的发展奠定基础，并延长中小企业的生命周期；而其间接效果就是利用制度安排克服中小企业自身的一些局限性，从而为社会提供比较稳定的投资预期，在一定程度上有助于中小企业融资难问题的解决。

②利用制度安排弥补中小企业规模的不足。第一，中小企业可以走依法联合的路子。要有效应对激烈的市场竞争，对于分散的中小企业要深刻体悟自身的不足与过于分散带来的低水平竞争、恶性竞争的弊端。在组建集团公司条件不具备的情况下，要获得与大企业竞争的优势与谈判的资本，中小企业走向联合的路子是较为切实可行的。在联合制下，各中小企业的企业主对内仍然可以维持自己相对的自主经营权，而对外则有攥指成拳的效应。但是，对这种联合一定要依法进行，不能演变为反竞争的"价格固定"或"价格同盟"等，如何把握这个"度"，是一个需要慎重考虑的问题。

第二，中小企业要走与大企业组建合资公司的路子，而不是目前的"挂靠"。中小企业（多为民营企业）很多都存在"挂靠"的问题，这会给企业的发展带来产权的隐患。在倡导"非公有制经济是社会主义市场经济的重要组成部分"的今天，中小企业再走"挂靠"的路子就不是一种明智的策略选择。与大企业组建联合公司的结果，一方面提高了中小企业的实力，在一定程度上克服了规模的不足；另一方面也在无形中提升了中小企业的影响力。这对于解决中小企业融资难是具有现实意义的。

③构建中小企业的信用体系。一是中小企业信用评估机制的构建。要使银行或其他投资者突破对中小企业财务乱、信用低、风险大的传统观念，中小企业的信用评估机制的建设就显得十分必要。要从当今银行融资占主流的格局的实际情况出发，由银行制定中小企业信用评估的标准。同时，要将中小企业的贷款额度与信用评估的结果联系起来，强化对信用的保护，培育与扶持具有良

好信用的中小企业。

二是要构建中小企业担保机构运作机制。要建立中小企业信用担保中心，为不同所有制的中小企业贷款提供信用担保。中小企业担保中心要体现其中心的作用，发挥为中小企业信用贷款担保的主心骨作用，并且应有政府的积极参与；要组建信用再担保公司；各担保机构要联合起来，通过"信用抱团"的影响，形成合力，以提高中小企业的融资实力；要强化担保协会自身的自律行为，使之真正成为政府、中小企业、银行之间的桥梁与纽带。一方面，要建立中小企业信息系统，并逐步实现银行、工商、税务等部门的信息共享机制，为社会及时了解中小企业的生产经营与信用状况提供权威的数据源；另一方面，信用担保协会自身也要加大业内的信息披露，便于公众对其运作进行监督。

三是要构建中小企业信用担保的风险分担机制。首先，要构建担保机构与政府之间的风险分担机制。政府是支持中小企业融资的坚强后盾，没有政府的支持，担保机构是难以为继的。其次，要按国际惯例，将担保风险在担保机构和银行之间进行分散。担保机构承担责任的比例一般应为70%～80%，其余部分由协作银行承担。最后，要建立完善的债务追查机制，在担保机构与中小企业之间进行风险分摊。只有政府、担保机构、银行、中小企业一起去面对风险，各尽其能，方能使这一确保中小企业融资的制度安排"永葆青春"。

四是要建立信息失真的惩罚机制。担保机构是否介入担保、银行是否发放贷款，都是建立在信息真实的基础之上的。因此，必须依法保障信息的真实性，惩罚失信行为。由于企业信息的提供、征信机构对企业信息的采集、加工和披露，客观上都存在着信息造假的可能性，因此，必须对此作出明确的处罚规定，从而构建一种有效的信息制约机制。

（5）政府应改善企业融资的外部环境

许多国家的政府意识到向中小企业提供资金的重要性，纷纷采取措施鼓励放款机构以严格条件向小企业发放信贷。最通行的做法是向小企业发放补贴性贷款。具体方法是：由专门的中小企业基金掌握贷款，并由中央银行以极低的利息供放款银行使用，以弥补其高风险和放款费用。这种政策在一些国家（如日本、韩国）确实收到了明显效果。同时加强中小企业立法，制定、颁布和实施中小企业融资法规，用法律形式规范政府机构、中小企业、金融机构等中小企业融资主体的责任范围、权利与义务、融资办法和保障措施，健全中小企业融资体系，为中小企业融资提供法律保障，创造良好的外部环境。

各级政府要转变职能，为中小企业融资创造良好环境：一是设立专门的政策性银行和担保银行。这可以借鉴国外的成功经验，成立专门的银行为中小企业提供资金上的帮助，如韩国和德国。这种专门银行的成立非常具有现实意义，既可以为一部分企业解决资金难题，也可以提高产业结构。二是加强金融体制改革。商业银行要转变观念，不要以企业规模、国有、非国有作为提供服务的判别标准，应该多支持达标和有实力的中小企业的合理资金需求。

（6）国家应建立中小金融机构体系

我国现在的银行体系主要是以国有大银行为主，无论从吸收资金的数量还是贷款的发放规模都占有很大的比重。但根据国内外的经验来看，大银行往往倾向于给大企业提供金融服务，而中小金融机构、地方性金融机构倾向于给中小企业提供资金支持。这其中的原因主要有：一是大银行对中小企业的了解程度较低，获取信息的成本较高，并且单个中小企业的资金需求规模较小，所以贷款的单位成本较高。二是中小金融机构在和大银行的竞争中，很难和大企业建立长期、稳定的合作关系，为了生存，只有将服务对象重点放在中小企业身上。因此，解决中小企业间接融资不足的问题，关键还是培养愿意为中小企业提供资金支持的中小金融机构体系。

中小金融机构体系应该包括以下内容：

首先，它必须包括一大批独立的中小民营银行或其他贷款性金融机构。只有如此才能促进竞争，使中小金融机构有动力去接近中小企业，并最终与中小企业建立长期、稳定的合作关系，减少信息不对称的程度。其次，这一金融体系中可以包括一些中小企业合作性的金融机构，以充分利用中小企业之间的相互监督机制。最后，对现有中小金融机构进行经营机制转换，以消除政府干预，促进金融机构实现真正的商业化经营；建立一些专门的中小企业融资机构，但决不能取代其他金融机构的作用，以建立和维持一个稳定的竞争环境，促进企业和金融机构维护自己的商业信誉。同时，完善中小金融机构的监管法规、制度和监督体系，对中小金融机构加强监管，督促它们改善自己的经营管理。总之，要缓解我国中小企业融资困难的问题，需要有企业本身、金融机构、政府等多方面的共同努力与合作，只有从根本上改善了中小企业的融资现状，我国中小企业才能持续健康发展，推动我国经济全面进步。

8.5.2　中小企业自身方面应采取的措施

对于众多的中小企业来说，在激烈的市场竞争及重重压力下要想存活，除了依靠国家政策扶持以外，还必须不断增强自身的实力。当下遇到的压力也恰是成长的动力。对于金融机构来说，在信贷从紧的政策下，都更愿意把钱投给积极应对困难的企业。

（1）规范中小企业内部管理，全面提高企业综合素质

明晰企业产权，建立股份合作制。积极稳妥地推进企业产权制度改革，只有企业的产权明晰，经营者才会对自己的行为和企业未来的发展负责，企业的信用才可能建立起来。根据现代企业制度的要求和中小企业自身的特点，大力推进股份合作制，促进中小企业改革。通过产权转让、股份制改造、租赁、拍卖等方式，加快中小企业的改革步伐。在改革中鼓励员工自愿入股，增强员工对企业资产的关切度和责任感，为企业的发展开辟新的融资渠道。

中小企业要想生存和发展下去，经营者的素质和管理水平起到了重要的作用。经营者应为企业建立起规范的财务制度，定期向银行提供真实准确的财务报告，为企业进行股权融资创造有利的条件。据人民银行最新公布的统计数据显示，2010年1月末，金融机构小型企业不良贷款率为5.1%，分别高于大型企业和中型企业4.1和2.4个百分点。这表明，即使政策好，在商业银行通过各种渠道进行风险控制之后，小型企业贷款的风险仍然高于大中型企业，部分原因是小型企业的不诚实守信。企业应该具备良好的信用文化，创造健康的信用环境，构筑良好的银企关系。

（2）规范企业的财务制度，提高财务管理水平

根据国家有关规定，建立、健全企业的财务、会计制度，不做假账，建立完善的财务报表体系，提高企业财务状况透明度和财务报表可信度。积极清偿银行债务和应付款项，建立企业的信用制度，提高企业的信任水平。

中小企业要制订合理的负债财务计划。中小企业是自主经营、自负盈亏、自我发展的独立商品经营者，所以必须独立承担风险。在从事生产经营活动时，内外部情况的变化，导致实际结果与预期效果相偏离的情况是难以避免的。如果在风险来临时，企业毫无准备，必然会招致失败。因此，中小企业必须树立风险意识，即正确看待风险，科学估计风险，预防发生风险，并且有效应对风险。

（3）加强企业内部的管理，提高企业信用等级

一般情况下，A级以上信用级别的企业，金融机构才能考虑其融资申请。因此，企业要树立良好的企业法人形象，杜绝不良信用记录，提高企业还款信誉程度，大力开拓产品市场。同时，还要建立一整套信用等级评估制度和指标，积极配合政府有关部门，尽快构建信用体系。

中小企业应建立现代企业制度，摒弃陈旧的经营理念和管理模式，建立适应新经济时代的现代企业经营理念和管理方式。中小企业只有加强员工的道德培养，高度重视企业优良文化的建设，树立良好的企业信誉形象，才能真正获

得投资者的广泛信任。

（4）中小企业要进行内部改造，增强其内在融资能力

中小企业应提高产品技术含量和服务质量，最大限度地提高效益和降低企业经营风险。还应进一步加强财务制度建设，一方面要加强财务收支管理，加速资金周转，提高资金使用效率以实现资金的良性循环，增强自身的"造血"功能；另一方面要加强财务监督机制，提高财务信息的真实性、合法性，增强企业的经营透明度和可信度。

（5）完善公司治理结构，与银行建立良性的信用关系

首先，完善公司治理结构。中小企业完善治理结构，改善企业组织设置，尽快建立适应现代市场经济要求的企业内部规章制度，健全财务账目，明晰财务状况，真正做到依法经营、规范经营、诚信经营，让商业银行贷得放心。其次，明晰企业产权结构。中小企业尤其是小企业，家族化治理现象普遍存在。产权在家族内部界定比较模糊，内部产权的模糊会加大银行追讨贷款的风险。因此，中小企业应该优化治理结构，建立有效代理人制度，完善现代公司制度，科学决策，明晰产权，才能提高申请贷款成功的机会。最后，提升核心竞争力，与商业银行建立良性的信用关系。中小企业内部采取联合、改组、兼并以提高产业结构，优化自身经营，提升企业的核心竞争力。我国绝大多数企业生产的东西都没品牌，而且许多企业都没自己的核心产品，别的企业生产什么赚钱，许多企业就争相效仿，结果造成大家恶性竞争直至亏损。商业银行愿意与有潜力、有实力的企业建立信贷关系。

（6）加强产品设计力度，满足消费者多样化需求

产品投放市场后销量直线下滑，多数是因为产品不能满足消费者需求。这就要求企业不能忽视消费者的使用感受，应真实地了解他们需要什么，而不是一味跟随老板喜好，再不就是跟着竞争对手比模仿。只有回归到以消费者为本位的产品设计，企业才能抵御一切外在的竞争压力，才有强大的抗打击能力。20世纪70年代的西方经济危机使许多企业濒临破产，原联邦德国的里歇电子仪器制造公司在受到严重打击、销售额急骤下降的情况下，深入分析市场供求状况，抓住一个被人忽视的方向———微处理机，全力开发新产品，终于摆脱了险境。

8.5.3 银行方面应采取的措施

（1）银行应改变传统观念

政府必须完善商业银行的激励机制，提高商业银行对企业贷款的积极性，创立二板市场，为企业开辟直接融资渠道。二板市场最大特点就是降低了企业进入门槛，它为有潜力的企业提供了直接融资的机会。从国外实践的情况看，二板市场的作用突出表现在以下几点：有利于为前景看好的企业的发展提供更方便的融资渠道；有利于为风险资本营造一个正常的退出机构；有利于促使企业建立良好的激励机制。目前，我国企业融资主要是通过银行等金融机构来实现的，渠道单一。企业过度依赖银行存款，不仅会产生资金来源不足、资金紧张的问题，而且也不符合市场经济发展的需要。因此，在保证企业现有融资渠道的情况下，还应进一步发挥资本市场的功能，为企业开辟直接融资的渠道。

（2）建立和健全企业融资的信用体系

信用是市场经济的重要基础，良好的信用关系是企业正常经营和国民经济健康运行的基本保证。第一，采用适合的信用等级评估制度。随着企业财务管理的不断完善，企业及个人信用制度逐步完善，社会化保障体系日益健全，可以由政府牵头，抽调专家组成权威性的企业信誉评估机构，定期对中小企业进行公开、公正、公平的评估，以此降低商业银行对企业信贷服务的交易成本，简化交易程序。第二，设立"企业信用保证基金"，设置该组织的宗旨是：提供信用保证，达到促进企业融资目的，进而协助企业健康发展，促进经济成长与社会安定。第三，建立分层次的政府支持的企业信用担保体系。企业融资的一个瓶颈是担保难。融资问题的最终解决还是要靠市场，靠银行家和股东。根据我国的实际情况，可以考虑建立分层次的政府支持的企业信用担保体系。第四，积极推进企业信用担保体系的配套改革。由于企业的信用担保不仅是简单的资金问题，而且是构建企业服务体系的大问题；不仅是金融业务，而且是帮助银行分散金融风险，支持企业发展的配套措施；不仅是政府的财政行为，而且是政府扶持下的企业信用担保机构的市场行为。

（3）金融机构的自我完善

①金融部门应根据市场经济的发展要求，合理地配置金融资本。在金融法规允许的范围内，充分利用利率的杠杆作用，对市场金融贷款进行市场调节。如根据中小企业要求信贷时间短、数额小、频率高等特点，就可以适当提高利率，从而降低自己的信贷成本，同时也使中小企业免去了不必要的奔波和民间高利贷的拆借。另外，商业银行应开发更多、更新的金融服务项目，提高为中

小企业信贷服务的效率，为中小企业提供相关的信息咨询服务，帮助中小企业完善财务管理制度。

②多种融资方式共同发展。继续扩大我国股票市场的规模，尽快地设立创业板市场，规范直接的企业产权市场，在促进国有大企业上市的同时，允许符合上市条件的中小企业进入资本市场。同时，还要尽量解决上市公司股份中尚不能上市流通的国有股、法人股的流通问题，实现股权全流通，为中小企业利用发行股票融资创造条件。

③积极培育发展债券融资市场，提高中小企业科研开发创新能力。为支持中小企业发展，应完善债券发行审核体制，逐步放松规模限制，扩大发行额度，完善债券担保的信用评级制度，支持经营效益好、偿还能力强的中小企业通过发行债券的方式融资。此外，还应大力发行包括可转换债券在内的各类企业债券，积极探索资产证券化、房地产抵押贷款证券化等方式。大力推进以开放式基金为主的证券投资基金的发展，丰富基金的品种，引导储蓄流向投资。此外，还要大力发展创业投资基金。

④建立、健全为中小企业服务的银行体系，为中小企业提供专业的服务。大力发展为中小企业服务的中小金融机构，加快、加强中小金融机构的建立。中小金融机构一般了解地方基层情况，能够利用当地的信息了解本地中小企业的生产经营状况。这样，中小金融机构在为中小企业提供金融支持时，具有信息和交易成本低等优势。中小金融机构与中小企业共同发展，两者能够相互促进、相辅相成。

（4）改革与创新金融服务方式

应针对中小企业的自身特点，改革与创新金融服务方式，包括对大企业和中小企业贷款融资要一视同仁，通过提高效率降低中小企业融资的成本，尽可能控制中小企业贷款利率上浮幅度，减轻中小企业还贷压力；商业银行可针对中小企业特殊的财务、经营状况，改进信贷管理制度，制定特殊的评级标准，设立专门的信贷部门；改进贷款授权授信体制，简化手续和程序。注意灵活性与操作的便利性，建立以企业资金投向、还款资金来源、企业预期收益为主，以担保、抵押为辅的审贷制度，从不同角度审视、运用多种方法处理遇到的各种中小企业融资问题；大力发展融资租赁业务，为中小企业固定资产项目长期融资拓宽渠道。

（5）创新商业银行经营和风险控制机制

地方性商业银行的经营范围大多在当地地域范围内，对本地的中小企业的经营状况和企业经营人员比较了解。而且，地方性商业银行对本地中小企业的商业环境、产业构成和服务对象的财务、诚信状况较为熟悉，可以有效降低商业银行经营领域的信息不对称风险，有效控制坏账、呆账的发生。所以，他们之间有关系型借贷优势，这种关系一旦建立在互信互助的基础上就会十分牢固。而且中小企业单笔贷款额度小，相对大客户，有效降低了贷款集中度。较低的经营成本和较高的风险控制能力是地区商业银行发展中小企业贷款的重要理由，是符合双方利益的。

目前，有些商业银行建立了适合中小企业特点的信贷政策制度，但还不够细化和规范，不能很好地满足不同区域、不同类型的中小企业的融资需求。因此，要进一步加强调查研究，完善信贷政策制度，为中小企业信贷业务较快、健康发展提供保障。中小企业经营灵活，户数多，融资金额小，管理成本相对较高。因而必须突破现有大型企业的信贷管理模式，针对中小企业的特点，完善定价体系，创新贷款管理模式，以适应中小企业信贷业务不断发展的需求，并有效防范信贷风险。银行可以从以下几个方面做出改变：

①创新经营观念，建立新型的中小企业信贷经营模式，树立科学的发展观，坚持服务中小企业的市场定位。密切关注国家产业政策的变化，及时调整经营政策，要与企业共享信息。由于银行的信贷资金受国家宏观调控的控制，国家会对信贷资金进行控制，比如收紧信贷。如果银行与客户（企业）建立良好的信息互动，可以使企业第一时间得到这些信息，从而让企业做出利于自己的最好抉择，帮助企业提前做好准备，让政策的变化对企业的影响降到最低。

②开发、推广、宣传汇率避险工具，帮助企业防范汇率风险。首先，银行要加大金融避险工具的开发力度，切实有效地为中小企业提供期权、货币互换、利率互换等一系列金融衍生交易产品，为中小企业规避汇率风险提供专业化产品服务方案。其次，商业银行要提高金融产品的灵活性，在符合外汇政策的同时，使金融产品在不同客户中推广，如解决远期结售汇的"期限刚性"问题，解决"实需"原则与企业经营现金流不确定的矛盾等问题。最后，加大汇率避险工具的宣传力度，适度扩充基层外汇指定银行的经营范围和业务授权，培养基层银行人员外汇业务能力，为中小出口企业提供全方位、满意的服务。

③改变现行的授信制度以适应中小企业特点。目前，我国商业银行实施贷款审批权限上收的政策，企业从申请贷款立项、调查，再到贷款审批、发放，需要银行上级信贷管理部门和审批部门层层把关，审批环节过多，手续复杂，影响了中小企业取得贷款的时效性，不能适应中小企业资金需求的特点。对于

中小企业来说，资金需求实际情况是时效性较强，单位资金需求量不是很大，资金需求较为频繁。而且，中小企业在资金用途上多以临时周转为主，贷款期限多为短期，因而就要求银行贷款手续简便、速度快，才能满足其灵活经营的需要。

④信贷风险控制创新。在信贷风险控制上，可以让有紧密业务往来的企业或一个工业园区内的一些企业等利益团体形成一个集体。如果这个集体中的成员在某一地方性商业银行进行贷款可以享受优惠（具体的优惠措施商业银行可以自己把握，比如在利率方面的优惠等），一旦哪个成员发生了坏账，这个集体则一起承担风险。如果此方案能顺利实施，一方面商业银行可以多做中小企业信贷业务；另一方面，可以有效地降低信贷风险（利益团体的成员互相监督以及共同承担坏账）。

⑤综合考虑客户资信，为有良好潜质的中小企业提供融资。一是细分中小企业所处的行业及其资信状况、历史交易情况、上下游客户背景、贸易链条的稳定性等环节；二是细分单据属性，通过控制海运提单、保险单据项，保证融资资金安全；三是设定企业收款安全系数。通过以上方法，综合考虑后，对于有良好还款保证的中小企业采取灵活的融资政策，适当放宽信用等级要求，提供低利率的融资服务；对于收汇风险较大的中小企业，银行可以通过动产质押、应收账款转让、利用信用保险和保理等风险缓释手段，解决企业融资难题。

⑥商业银行的机制创新。商业银行必须创新机制，设立专门的组织机构和考核机制，具有中小企业业务部门、组织架构及业务操作系统，有熟悉中小企业业务的队伍，建立一套合理的业绩考核制度。1998年工商银行总行成立了专门的中小企业信贷处，先后制定了一系列支持中小企业发展的政策措施。随后工商银行又建立了一套适合中小企业特点的信贷政策制度，而且工商银行在各地的重点支行都专门设立了中小企业信贷部，专门为中小企业的发展提供资金服务。工商银行的做法值得其他商业银行学习和借鉴。

（6）融资渠道多样化

建立多层次的金融体系机构。就股权融资而言，主板市场门槛高，中小出口企业根本无法满足上市的条件。而创业板对中小企业是一个新的选择，它可以为企业解决融资问题，在资本市场上获取资金。通过多层次资本市场的建设，缓解中小出口企业的融资瓶颈。大力发展中小金融机构，商业银行在自主经营、自负盈亏和自担风险的原则下，应该推进小企业贷款制度；创新融资产品，实现融资服务的个性化；创新业务发展思路，寻求有发展潜力的客户群。

在新的形势和发展机遇面前，商业银行应该清醒地认识到作为中小企业服务的贴心银行的职责。只有大力发展中小金融机构，才能从根本上解决中小出口企业的融资问题。

8.6　中小企业品牌建设方面的对策

8.6.1　强化品牌质量意识，坚持不懈地培育自主创新能力

现代营销是一场顾客忠诚战，品牌建设就是要提升顾客忠诚度。消费者对品牌的认识最早是从产品的质量中体验到的。许多消费者钟情于名牌，愿意高价购买，是因为名牌所体现出的质量优势，使消费者产生了追随感和信任感。质量是企业创牌的源泉，自主创新是企业品牌实现可持续发展的动力。没有质量，品牌就如"无水之源"，没有了立足点；只有坚持不懈地创新才能实现差异化，才能保持品牌的个性化形象，才能实现品牌的可持续发展。一个成功的品牌具有巨大的价值，同时也能给企业带来超越产品价值本身的附加利益。因此，对于众多的中小企业而言，选择企业自创品牌无疑具有强大的诱惑力。中小企业必须努力培养自主创新能力，加强与科研院所的合作，加大对研发资金的投入，不断进行技术创新和产品创新。海尔之所以成为世界知名品牌，正是源于海尔高质量的产品、优质的星级服务以及自主创新。从"小小神童"微型洗衣机到"画王子"彩色冰箱，海尔总能让消费者耳目一新，由此在消费者心目中树立起了"不断创新、锐意进取、蓬勃发展"的企业形象。可见，创新是海尔成功的重要因素。

8.6.2　实施品牌共享战略，形成强大合力

在激烈的市场竞争中，大企业不断出现，给越来越多的中小企业带来了巨大压力。面对规模庞大和实力雄厚的大企业，中小企业无论是生产规模、资金实力还是产品策略都存在很大差距，这就使得大企业在竞争中往往占有主动或有利的地位，而力量单薄、资源有限的中小企业往往处于劣势。基于这种市场现状，我们不妨借鉴国外中小企业的做法，实施品牌共享战略。概括地说，品牌共享是指若干家企业基于所生产的产品或提供的服务有某种相关性，共同使用同一品牌。实施品牌共享战略后，原本资源有限的各个中小企业就可以同一品牌为纽带形成联合体，进行品牌宣传，有效地减少成本支出，并使边际效益

增大，形成强大的合力，这是力量单一的中小企业所不能比拟的。

但实施品牌共享也不是一种完美的办法，因为涉及多方的利益，可能会对部分中小企业的发展有一定的负面影响，主要是共享品牌联合体内单个企业的产品线和产品组合的扩展可能受到限制。

8.6.3 通过并购式营销，实现中小企业品牌扩张

并购已成为企业超常规发展的重要途径，尤其是在经济形势复杂变化的今天，并购是企业加快营销转型、快速占领市场的一条捷径。企业并购的最主要动机是基于企业市场营销核心能力的构筑、强化和获取，从而形成企业核心竞争能力。企业市场营销能力表现在产品创新能力、品牌优势水平和商标声誉、促销、分销、销售管理、顾客管理等方面。

并购不只是单一式的资本买卖，它是集资本运作与营销操作于一体的大谋略和综合艺术，通过并购的协同效应，能促使企业在研发、采购、生产、销售、市场、财务、管理、文化等方面得到提升，加快企业营销转型，快速占领市场，从而做大、做强企业。因此，中小企业要对自己的优势、劣势进行全面分析，寻找某些领域比自己有优势、未来有潜力、竞争力相对强的战略合作伙伴，通过并购的契机推动企业营销转型、革新与提高，形成各种资源互补、优势互助的竞争优势，以迅速做大品牌，实现更大的市场效应、更高的经济效益。

通过品牌收购，中小企业还可以实现从品牌收购到自有品牌的转变。比如，我国有35%以上的软件企业是做外包、代工业务的，它们没有自己的品牌，也没有自己的销售渠道，只是赚取些许研发费用，其开发利润与品牌商的零售利润间的差距之大，令人吃惊。这些企业受控于人，是难以做大、做强的；还有一些企业的产品如果不被市场认可，即使质量再好、价格再低，也很难进入国内外的主流市场。而品牌收购，是这些没有品牌或知名度很小的中小企业打开市场、做大、做强的一条捷径。

当然，我们指的并购并不是盲目的，是要结合企业自身综合实力考虑的。目前，受金融危机影响，按照价格优先的标准，到处都是可供收购的资产，所以一些专家和业内人士便呼吁企业加快"走出去"的并购步伐，在危机中寻找这种"蛋糕"式商机。例如，2010年3月，中国民营企业浙江吉利控股集团有限公司斥资18亿美元，仅相当于福特汽车公司收购沃尔沃价格的三分之一，就完成了对福特汽车公司旗下欧洲汽车豪门沃尔沃轿车公司的收购。但他们也许没有意识到，在并购中存在"低价不便宜，高价不昂贵"现象。

仔细观察中国企业的海外并购行为，会发现一个颇为普遍的现象，即相当多的中国企业在发达国家选择的并购对象是经营困难或者处于衰退阶段的企业，比如TCL并购的汤姆逊，明基并购西门子手机等。有些企业甚至已经被卖了几手后又被中国企业收购，这就是中国海外并购"垃圾企业"现象，这些并购多以巨额亏损而告终。企业在并购前必须综合考虑自身的实力，如果企业不顾自身条件而一味追求多元化发展，盲目进入一些自己并不擅长的领域，结果一定是得不偿失。在后金融危机时代，企业自我保护都成问题的情况下更不能盲目地去采取并购。

8.6.4　运用网络营销，开辟中小企业品牌建设新兴之路

网络营销为中小企业的品牌建设提供了很好的契机。随着网络技术的突飞猛进，以网络为工具的新一轮全球竞争格局已经展现。中小企业在网络营销方面也获得了快速发展，网络营销已渗入中小企业的各个业务环节，包括网上采购、网络广告、网上洽谈、网上销售、网上客服等。中小企业在积极运用网络营销平台、宣传品牌文化、树立品牌形象、扩大销售份额的同时，也打响了企业品牌。比如在淘宝网的十大网商评选中，深大玉妹、卿颜黛堂等品牌脱颖而出，这些原本处于市场底层的中小企业，有的甚至原本正值企业创办之初，却通过网络营销获得了较高的信任度和显著的回报。网络营销正逐渐显示出其巨大的能量，成为适合中小企业打造品牌的一条新兴之路。

但与此同时，中小企业通过网络营销打造品牌也存在着很多问题。比如，网络营销形式比较单一，搜索引擎和网络广告等传统营销方式占主导地位，而博客营销等新兴营销方式发展不足；又如，网络资源开发利用率比较低，还仅仅停留在促销层面上，而没有真正地将网络营销与企业的整个经营过程结合起来，没有认识到网络营销的实质是以网络技术作为信息载体和沟通工具，达到品牌建设的目的；还如，网络广告过度泛滥，特别是虚假广告、强制弹出广告等不良现象易引起用户反感等。发挥网络营销在中小企业品牌建设中的作用，应坚定品牌建设意识，加强网络平台建设；通过高素质网络营销人才培养，维持网站的长期稳定并不断更新；通过建立各行业间的中小企业网络联盟，实现信息的共享、资源的流动、知识的互学、效率的提高，促进中小企业间的互助合作，从根本上发挥整体优势，不断聚合出新的市场竞争能力，抵御实力强劲的大企业攻击。

所谓"绿色营销"，是指企业在生产经营过程中，将企业利益、消费者利益和环境利益三者统一起来，以此为中心，对产品和服务进行构思、设计、制

造和销售。目前，许多国家已形成绿色需求、绿色设计、绿色生产、绿色产品、绿色价格、绿色市场开发、绿色消费等以"绿色"为主题的战略链条。

只有中小企业的自身竞争力得到切实提高，才能使其品牌建设得以持续下去。另外，还要建构绿色主线消费链条，让绿色营销助力企业唱响绿色品牌。如今绿色消费意识所形成的绿色浪潮正席卷全球，带来了巨大的商机，绿色营销也成为市场营销中的一个新亮点。因此，中小企业可以运用绿色营销，建构绿色主线消费链条，打造品牌战略支点。

我国中小企业也应以此为契机，对市场进行系统、全面的研究，充分满足消费者的绿色需求，不断培育绿色消费市场，建立企业核心竞争优势，让品牌脱颖而出，不断扩大企业市场占有率，增强企业抵御市场风险的能力，最终让绿色产品在激烈的市场竞争中成功突围，领先于市场。

8.6.5　加强品牌建设，提高产品科技含量

在 2008 年的金融危机中，我国倒闭的出口型中小企业多是给别人做贴牌生产，产品没有附加值，没有自己的渠道、品牌，没有忠诚的客户，对市场没有任何掌控力，没有定价权，完全受制于人，利润微薄，赚的是辛苦钱。虽然越来越多的出口型中小企业已经意识到了品牌建设的重要性，但许多企业还在陈旧观念上转圈圈，没从根本上更新品牌观念。我国出口型中小企业如果想不断地壮大自己，必须完全与国际市场接轨，改变长期以来仿冒别人产品的落后经营策略，引进设计，提高产品的科技含量，使产品反映时代科技的进步，同时增强品牌意识，实行"走出去"与"请进来"的双轨制，才能逐步改变企业生产及出口产品结构。

8.6.6　小结

《"十二五"中小企业成长规划》中指出提高名牌产品的数量和比重，开发自主知识产权新产品，培育竞争力强、知名度高的名牌产品，保护老字号等传统品牌，加大驰（著）名商标培育扶持力度，提升产品质量，扶持优质产品，加强质量安全保障。可见，实施品牌战略是优化产品结构的必经之路。

激烈的市场竞争也使自身资源本就不多的中小企业难以投入力量进行品牌建设，更多的只是考虑市场份额以及企业的生存，在企业的品牌战略与如何才能更好地发展等问题上思考不多。这一方面是受思想观念的影响，另一方面是中小企业自身的不重视。当今市场竞争，没有品牌不可能取得成功，中小企业要树立品牌意识，准确把握产品特点、消费者心理以及社会文化等要素，通过

不断提高自身产品的质量与服务水平，在消费者心目中初步建立企业品牌的地位，经过长期的坚持，最终发展成为名牌，为企业的发展增添强大的动力。

8.7　中小企业吸引人才方面的对策

中小企业在国民经济中具有重要作用，在一定程度上影响地区乃至整个国家经济的繁荣和社会的稳定。企业的生存与发展过程中，人才起关键性的作用，如何吸引人才便成为基层中小企业经营发展的瓶颈。随着人才市场的逐步完善和健全，现代的中小企业在吸引和利用人才方面获得了更大的自由，同时在如何留住人才的问题上也遇到了很大的挑战。流失人才就意味着要付出巨大的补偿费用，意味着资产的损失。为了尽可能地减少人才流失对中小企业的冲击，规避企业经营与管理风险，应采取以下几方面吸引人才的对策：

8.7.1　树立正确的人才观念

建立全面的人才观是中小企业吸引人才的基本前提，社会对人才的需求是多层次的，既需要高、精、尖的精英，同时也需要一批初级、中级技术队伍，更需要大量的懂文化、懂技术、肯实践的劳动者和建设者，这就是通常所说的人才"金字塔"模式。基层中小企业应确立以"人本管理"为核心的人力管理思想，讲究人文关怀和情感因素，把人作为企业最重要的资源。

（1）企业应根据发展战略和计划，应遵循合适的人才是最好的人才。招聘、选择、引进工作，以发展和动态的视角形成合理的企业人才结构，做到"因事择人"、"知人善用"、"任人唯贤"，切勿盲目崇拜高学历、高职称，人职不匹配，致使人不尽其用，而使人才流失，给企业带来额外的风险和负担。全面的人才观可以克服狭隘人才观的弊端，使企业全面分析人力资源方面所面临的问题和机遇，建立起完整的人才体系，有针对性地招揽切实需要的适用人才。

（2）对企业而言，人才就是具有能为企业所用的一技之长的人。他也许在某些方面能力突出，但在其他方面表现平平。只有打破人才完美的观点，企业才能自觉地完善管理体制和建立人才流动的机制，而不是把企业的发展寄托于个别的"完人"或"能人"身上。

（3）一直以来，社会广泛批评的"任人唯亲"，在不少企业中仍然存在。"亲近者是用"、"唯家族成员是用"使企业发展受到严重的制约。这种情况必须纠正，但也不能矫枉过正，走向另一个误区，即"亲者不任"；现在有的基层中小企业竭力回避从企业内部培养、选拔人才，甚至认为企业内部没有人才，总希望弄个"外来和尚"。真正的"任人唯贤"是不论亲疏的。内部选拔人才也是一条行之有效的、便捷的用人途径。

8.7.2 加大政府支持力度

政府应出资建立专门的科技人才库，加强对高科技人员的培训，对经营或研发中出现问题的企业进行指导，帮助企业成长。还要借鉴兄弟省的成功经验，加强引进人才的各项配套和支持力度。比如，对引进人才进行创业培训，帮助他们尽快了解、掌握创业政策，熟悉创业环境；在省内重大科技成果转化资金、各类科技计划、科技型中小企业发展基金等安排上，优先对引进人才及其创（领）办企业予以支持；积极开展引进人才与金融、风险投资机构的对接活动，促进技术与资本结合，帮助企业引进人才，解除企业的后顾之忧。解决科技型中小企业人才不足问题，需要企业和政府共同努力。政府应从宏观层面对企业进行大力扶持，同时企业也要不断优化内部管理体制，为科研人员提供一个良好的研发环境，促进他们与企业共同成长。

8.7.3 加强人才培养，吸纳外省人才

针对专业人才少的情况，企业可与高校联合制订培养人才计划，在学校设立专门的实验室，自出资金，利用学校的生源培养自己所需的人才；企业每年可为高校提供一定的实习名额，鼓励高校学生到企业实习。这样，企业可根据自身发展的需要，留住优秀人员，增强后备人才力量。对于外省不愿来我省工作的高科技人才，企业可在所需人力资源较密集的地区建立联合实验室，为他们提供较好的科研条件。这些人员可在外地工作，但要定期来企业进行成果进展汇报，或利用网络通信与企业进行交流，企业也可派专家定期去外地的实验室进行指导交流，这样就可吸纳更多的人才为企业服务。

8.7.4 合理地配置、使用、培训和开发人才

对人才的使用、配置、培训、开发，必须进行系统、科学、合理的规划和运作。在企业中，某一职位的权、责、利和能力之间存在着密切的关系，正确处理好这种关系，对于激励人才的积极性，提高企业的效率均有很好的作用。企业特别是基层中小企业在使用、配置人才时一定要做到"权责对称"、"人尽其才，物尽其用"，使员工的才能施展有一定的发展空间，慢慢培养员工对

企业的忠诚度和归属感。企业留人的目的就是要发挥他们的作用，根本途径在于向人才提供事业发展空间和舞台，促使优秀人才脱颖而出。每个人在每个阶段都会有不同的需求目标，这是随着工作性质和环境改变后自然上升的客观需求。同时，企业要有明确的发展战略目标，让每一个员工都感到企业有希望、有发展、有方向，让每一个员工都有自己明确的工作（任务）目标，并尽可能地考虑下面两点：一是要考虑员工的兴趣和特长，二是要考虑有一定的创新和挑战性。另外，基层企业也要帮助人才保持并不断提升其能力，并在企业内部建立人才培养和流动机制，以实现其职业生涯规划。这对于目前流动率逐年攀升的人才市场，应该是比加薪等措施都更富有吸引力。会用、用好有不同特色的人才是一门管理艺术，及时的培训与良好的沟通不仅能及时了解人才的思想动态和相关信息，改进企业在人才管理上的缺陷，而且能够开发人才的潜能，提高产出效率，节约成本。

8.7.5　采用各种形式，不拘一格选拔人才

中小企业由于自身在人才培养上的"造血"功能不强，同时又不得不承受人才流失的巨大压力，这样的企业人才流失后的危机和损失就会更为严重，因此企业的人才外部招募与内部培养提高应两手并重。从企业内部培养和选拔人才，成本最低也是效率最高、效果最好的方式。其具体做法很多，但主要是要有一套系统的内部培养和选拔体系。基层企业由于自身条件的限制，它的选拔对象相对较少，所能投入的资金和实践也相对少，所以培养和选拔工作要有重点、有针对性；外部选聘是企业选拔人才的重要途径，因其来源广泛，企业较易获得所需人才。外部选聘的方式和来源也很多，对企业来说一般不应拘泥于某种既定的模式，一切从实际需要出发，不拘一格降人才。

中小企业由于影响力较小，应特别注重企业与人才的直接沟通，以加深人才和企业双方的相互了解。随着宏观经济环境的改善，企业面临着新一轮巨大的发展机遇。同时，随着经济开放程度的提高，基层企业面临的竞争也迅速加剧。人才已成为企业确立竞争优势，把握发展机遇的关键。可以说"重视人才，以人为本"的观念已被广泛接受。但从接受一个观念到将观念转化为有效的行动，还需要一定的过程。在这个过程中，有效的方法是根据内外环境的实际情况，因地制宜制定相应的人才策略，并在实际中不断改进、完善。

8.7.6 调整组织结构，提高薪酬福利

企业应成立专门的人力资源规划部门，为人才制订较详细的职业生涯发展规划，增强他们的归属感。企业一方面要根据任务要求，进行充分的授权，允许人才制订他们认为最好的工作方法，而不应进行监督和指导，甚至强制规定处理问题；另一方面，为人才提供创新活动所需要的资源，包括资金、物质上的支持，也包括对人力资源的调用。为了降低科技人员的流失率，企业应仿照外省做法，适当提高他们的薪酬和福利待遇；为现有科技人才提供住房优惠、安排家属工作等方面的帮助。企业上市后可对有较大贡献的人才实行股权激励，减少他们的流失。

8.7.7 感情留人，事业留人

应鼓励员工与企业共同成长，让员工看到企业有广阔的市场前景和巨大的发展潜力，增强他们的凝聚力。虽然薪酬留人是目前科技型中小企业采取的普遍措施，但是部分科技人员并不太看重物质上的收益，而是追求自我价值的实现。企业应任人唯才，在人才进入企业时，就制定完善、具体的人力资源规划，让人才清楚自己现在所处的位置，了解自己的发展目标，知道下一步该怎么做，让他们对目前的工作情况感到满意。企业还应为人才提供较自由宽松的工作环境，鼓励他们创新，实行有弹性的人性化管理。比如，为了使他们的思维具有连续性，可不固定上下班时间，下班后可继续做研发；如果前一天工作到很晚，第二天可以上午休息、下午上班，时间由自己支配。这样可大大激发他们科研创新的积极性，真正做到感情留人、事业留人。

8.7.8 建立完善的员工职业生涯管理体系

职业生涯管理是实现员工和企业双赢的重要人力资源管理工具：从员工层面上讲，使员工借助职业生涯规划，准确认识自我，确定职业目标并采取行动实现目标；从企业层面上讲，企业借助职业生涯管理帮助员工确定个人在本企业的职业发展目标，并为员工提供相应培训机会，使企业发展目标与员工职业发展目标结合起来，建立起企业与员工间的双赢关系，实现企业更快、更好地发展。

（1）重视员工职业生涯规划，有利于员工潜力的发挥，有利于企业实现合理的人力资源配置，实现人尽其才、才尽其用，最终实现企业的可持续发

展。让员工参与公司决策，为其提供一个晋升的平台，协调员工个人的职业生涯目标与企业发展目标。这不仅有助于增加企业的稳定性和凝聚力，也会更有效地调动员工的积极性和激发他们的创造力。通过对员工职业生涯管理，企业能达到自身人力资源需求与员工职业生涯需求之间的平衡，创造一个高效率的工作环境和引人、育人、留人的企业氛围。因为，企业职业管理的最终目的是通过帮助员工的职业发展，提高员工认同度，降低员工流失率，实现企业的持续发展，达到企业生存发展的目标。

（2）体系是保障。在任何社会、任何体制下，个人职业设计都很重要，它是人的职业生涯发展的真正动力和加速器。职业生涯规划帮助员工树立明确的目标与管理，运用科学的方法和切实可行的措施，发挥个人的专长，开发自己的潜能，克服生涯发展困阻，避免人生陷阱，不断修正前进的方向，最后获得事业的成功。

（3）培训是为提高员工知识、技能和能力而进行的一系列努力的过程。企业人才培训是企业综合能力提升、向前发展的动力。人才培训要体现企业发展和员工自身发展两方面的需要。加强对企业员工的教育培训，特别要注重对年轻员工的培养。培训是企业给予员工的一种福利，一个不能提高员工的技能和观念、员工没有发展机会的企业是很难留住人才的。人力资源是高增值性资源，它能在使用过程中不断实现自我补偿和发展。只要他们在企业工作的时间愈长，企业得到的回报就愈大。

（4）员工职业生涯发展是企业发展的基础，只有充分发挥员工的主观能动性，在企业建立以人为本的职业生涯开发与管理的目标体系，帮助每个职员实现自我价值，通过做好职员的职业生涯开发与管理，把企业的人力资源最大限度的变成人力资本，企业才能最终实现未来的愿景。重视并规划员工职业生涯发展的组织，在提高其员工满意度与工作积极性方面，具有十分重要的作用。同时，职业生涯规划与管理也是组织有效的人力资源战略规划的重要基础。通过职业生涯规划与管理的专题，在企业内部的培训辅导，帮助企业经理人有效规划职业生涯，从而帮助企业组织提升人力资源管理平台，并且帮助员工融入到公司团队中。最佳的管理是帮助员工实现职业梦想，职业生涯是每个人职业发展的历程，如果企业在员工的成长与发展中，给予员工必要的指导和帮助，员工就会用业绩和忠诚回报企业。

8.8　中小企业信息化方面的对策

8.8.1　强化信息化管理意识

分析山东省中小企业信息化发展中存在的问题，我们看到中小企业对信息化要么认识片面，要么期望过高。这就要求中小企业一定要转变观念，认识到开展信息化的重要性和迫切性，要意识到企业信息化绝不是企业利用计算机传递和接收信息这么简单，而是一个企业和市场完全结合的系统工程。它强调的不仅是计算机软件和硬件，更强调人、管理、技术之间的有机集成。其中人是第一位的因素，特别是企业的管理层，一定要让企业经营者对信息化有正确理解和足够重视。在实施过程中要对员工进行信息化方面的培训，培养企业自己的信息化人才。只有这样，才能顺利推进中小企业信息化进程。中小企业增强信息化意识应当着重抓住增强四个意识，即信息化意识、主体意识、风险意识和学习意识。中小企业经营者要对企业信息化予以高度重视。这里所说的重视不仅仅是思想上的重视，更需要的是实践上的重视。经营者思想的重视，可以确保企业信息化战略方向的正确，使之认识到实施信息化的必要性，从管理层给予大力支持；而实践上的重视，则直接决定企业实施信息化的成败。除此之外，企业经营者还要加强信息化建设的危机感和紧迫感，要对信息化建设中产生的利益冲突问题有清晰的认识和充分的思想准备；要接受信息化所带来的处理方式、工作习惯的改变，从心理上认同它，要将信息化管理工作作为一项最重要的工作来进行。

8.8.2　根据自身情况合理投资

山东省中小企业信息化建设的资金投入不足，那么企业就应该考虑以更少的投资获得更大的效益。中小企业绝不能盲目追求最新技术和产品，而要根据企业自身的实际情况采用滚动式的投资方法，即以小投入迈出第一步，以后逐步投入，赚回利润再投入，以换取更多的利润，认真分析自身最迫切需要解决的问题，选择适宜的实施路线，科学、合理地安排实施计划。企业应当遵循既定的规划和战略，坚持实用原则，避免好大喜功、一步到位的盲目投资，做到逐步规划、逐步实现；制订长期目标与短期目标，使得长期目标和短期目标相互统一、相互补充，短期目标根据长期目标而制订，长期目标根据短期目标而调整；对长期目标要有坚定的信念，对短期目标要做到完成或超额完成，以确保长期目标的实现。如此稳扎稳打的建设战略才能杜绝资源的浪费，降低资金使用的风险，确保投入资金的合理使用。企业应尽可能地利用政府的相应扶持政策，解决信息化建设工作中的资金短缺问题，利用政府出台的法律、法规，为自身的信息化建设争取更多的资金。在解决资金问题后，更重要的是资金的合理使用，因为资金的使用关系到信息化建设在企业中应用的成败，合理的使用、良性的循环发展能够积极地推动信息化的发展。因此，企业必须制订统一的信息化发展规划，合理调整信息化发展战略，使其适应企业的特点和发展需要，使资金的使用符合需求。

8.8.3 加强信息化人才培养

在当今知识经济时代，人才是企业的根本，更是企业走向信息化的保障。大多数中小企业由于资金有限，在员工的教育培养和激励方面投资不足，造成员工水平较低、人才外流。因此，对企业来说必须坚持以人为本的管理理念，合理开发、使用人才，有效管理人才，全方位构建人力资源管理体系，建立科学的人才选拔机制和激励机制，防止企业人才流失。同时，企业应加大对企业专业人才的培养力度，制订信息专业人才培养计划，力争在较短的时间里，集中培养一批既精通经济相关专业知识，又精通计算机应用的高素质、复合型专业人才。要注意做到普及与提高相结合，努力培养一大批能够熟练操作运用计算机的技术人员，使我国中小企业员工队伍的综合素质能够适应信息时代的要求。中小企业可根据自身需要选派部分员工到大中专院校、科研院所、服务机构及先进的大企业去学习和培训，或定期请专家来企业培训员工。对急需的核心人才要舍得投资引进，要善于和专科院校合作举办培训班，邀请专家学者或相关从业人员执教，或者到其他企业的优秀团队中学习，从而起到共同推动的作用。

8.8.4 改进生产管理模式

按照信息化的要求，企业应从价值链出发审视现有的生产管理模式，并对其进行调整或重组。根据信息化系统提供的标准流程，按照自身实际情况与外部环境的变化进行适当地调整，使企业的物流、信息流与资金流实现最佳组合。企业要把握好生产管理流程改进的策略，因为忽视现有流程会造成无法充分利用自己长期以来积累的知识和经验，还没有哪家企业能够在现在的经营业务中成功的实施全新的生产管理流程。毕竟新的流程模式与现有实际工作缺乏联系，公司人员无法适应新的设计。中小企业信息化建设具体实施过程中，要结合改进的生产管理流程，从简单技术入手，有效利用信息技术在关键环节、关键领域进行改造，再迅速发展其广度和深度，降低员工的恐惧心理。同时，中小企业要以效益为中心，采取滚动规划、逐步推进的原则，从个别部门的应用开始，待大部分部门信息化比较成熟后，再考虑建立内联网、外联网、接通因特网，开展电子商务活动，从而实现全面信息化。

8.8.5 营造中小企业信息化环境

山东省中小企业信息化环境对企业自身的信息化有着重要作用，营造好的信息化环境首先要改善山东省中小企业外部服务体系。一是侧重软件供应商服务，因为一个软件供应商能否优化中小企业的工作流程，帮助他们更好地理解信息化的内涵与实施信息化战略对企业信息化建设起着尤其重要的作用。二是侧重社会服务机构，因为它对于中小企业信息化的实施起到重要的指导与辅助的作用。此外，政府要改善中小企业信息化的宏观环境。首先，制定相关的政策法规，为企业信息化提供便利的优惠措施。其次，改善目前中小企业不良的金融环境，提供多种形式的金融信贷。再次，在各个行业协会中鼓励企业信息化的推行，制定统一的行业标准，为企业信息化提供坚强后盾，使企业的信息系统在企业中发挥相应的功能。最后，加强对企业信息化建设的引导，可以在自身机构推行电子政务，实现政务信息化，或者提供企业信息化的优秀典型，让其他企业有可以借鉴参考的例子，丰富信息化的经验，为企业信息化提供方便。

8.9 促进中小企业进出口贸易的对策建议

8.9.1 加速技术创新

目前，我国号称"世界加工厂"，国际上相当一部分产品在我国进行加工、生产和出口，从而使我国的出口量大幅度增加。然而，这只是表面上的，从实际上看，我国企业仅获得一点微薄的加工费。所以，对传统优势的产品进行技术上的调整和开发，从而使产品的技术含量、材料、服务方面的附加值得到提高，使产品的质量得到提高，并促使产品市场占有率的扩大，增强企业在市场中的竞争力。

8.9.2　实现出口产品结构升级

在 2008 年的金融危机中，与文化创意企业、技术密集型中小企业、资本密集型企业相比，劳动密集型、产品附加值低、资源消耗大、环境污染严重的中小企业遭受的影响最大。所以，中小企业在实现产业升级、自主创新能力提高的过程中，要以国家产业结构调整为契机，从而使企业发展为以高科技和高素质人才为依托的企业。要以客户需求为中心，进行潜心研发，开发生产原创的、有特色的产品，扩大中高端产品的比例，大力发展高科技产品。

对外贸企业而言，优化出口商品结构，就是要不断提高自主创新能力，不断开发新产品。一方面，可以尽量避开国外贸易壁垒；另一方面还可以得到国家相关优惠政策，如企业开发高科技产品可申请国家资金资助。除充分利用国家在金融政策方面给予的支持外，企业也要主动寻求合作机会，充分利用社会资源开展技术创新。如企业与大学研究机构联合，聘请有能力从事高新技术开发的高校、科研院所专家到企业兼职，以智力、专利、技术入股参与收益分配的方式，把学校的科研力量引入企业，开发新产品。这样既可以解决企业技术人才不足的现状，也可降低技术创新成本，使研发与市场紧密结合，提高产品竞争力。

8.9.3　根据国际贸易格局变化调整出口市场

中小企业要根据国际贸易格局的变化，积极调整出口市场结构和方向。中小企业可以利用华商来加强开拓海外市场，学习他们的经验。还可以与大型企业联合出口。中小企业出口产品结构上与大型企业产品互补或相关，大企业有了中小企业的附加品，更加具有竞争力，中小企业也可以借助大企业成熟的出口体系和销售网络来开拓自己的海外市场。

8.9.4　实现多元化市场结构，积极开拓新的国际和国内市场

在巩固传统市场的基础上努力开拓新的市场，以改变出口市场过于集中的状况，逐步实现以新市场为重点，以周边国家市场为支撑，发达国家和发展中国家市场合理分布的多元化市场结构。在确定出口的目标市场时，应该根据企业所能提供的产品和服务做出考虑，小型企业应该做的就是将整个世界市场都考虑在自己的目标市场范围之内，然后从中选择最适合自身的机会。

在营销上，调整欧美市场的份额；开辟电子商务、网络直销等新渠道；积极开拓新的国际市场。在当前金融危机冲击下，欧美经济衰退难以遏制。我们

要积极开拓俄罗斯、拉丁美洲、非洲市场，同时加大国内市场份额，尤其要充分利用国内广大的农村市场，以内销的方式消化过剩的产能。在金融危机面前，尽管国际市场销售出现下滑，但是国内需求没有萎缩，中小企业应大力开拓国内市场，减轻过分依赖出口的程度。需要产品重新定位，外转内，尽量避免用同质化的产品切入市场，可发挥外贸产品优势，加以改良，设计符合中国顾客需求的风格和内容，辅以适当的价格调整。塑造自身品牌，对外销企业转型内销是个极大的挑战。内销产品要占领市场，要获得较高的行业利润，要影响终端消费者，要对渠道商产生吸引力，就只有做好自己的品牌，坚定地走品牌发展之路。

8.9.5　及时跟踪国际及国内经济形势和金融政策的变化

企业了解国际的金融政策是十分重要的，尤其是外贸企业，这里面比较重要的是国际"银根变化"，包括存款准备金、贷款利率以及居民存款利率，这些都很可能会根据国家的宏观政策来不断地进行调控。为缓解国际金融危机对中小企业的不利影响，各级财政部门采取了一系列扶持措施，如加大支持中小企业的资金规模，实施面向中小企业的税收优惠政策，统一取消和停止征收一百零二项行政事业性收费等，支持中小企业特别是小企业摆脱困境，促进中小企业发展，取得了明显成效。

8.9.6　正确选择计价货币和适当调整收付时间

在出口时力争选择硬货币作为结算货币，在进口时选择使用软货币。同时，在具体结算过程中，可以根据汇率的变化适当调整收付时间，即在外币坚挺的时候，对外币的应收账款应延期收回，应付账款则应提前支付；当外币疲软时，外币应收账款便应提前收回，而应付账款当力争延迟支付。如果企业的规模比较大，在进出口市场多样化的情况下，能够设法采取不同种类的货币组合起来进行结算，外贸企业的交易风险就可以相互抵消，这样不但可以消除外汇风险，而且可以降低保值的成本。

8.9.7　出口型中小企业，须优化人才引进和管理机制

中小企业，特别是以出口为主的中小企业，需要配备一些熟知经济和金融领域的人才。面对现在金融动荡的局面，企业要想考虑到自身的生存问题，就必须对包括出口汇率等相关知识和外贸政策有必要了解。甚至，需要专业方面的人员来研究和分析汇率的变化等现象，以此对企业发展给予必要的指引。中

小企业要发挥机制灵活、对环境反应灵敏、发展潜力大等优势，扬长避短，建立灵活引进和选人、用人机制、激励约束机制等符合自身特点的人才策略。科学配置人力资源，企业就一定能够达到吸引人才、留住人才的目的。

8.9.8　拓宽融资渠道

中小企业融资目光过多地集中在银行贷款和上市，较少想到利用其他工具和渠道进行中小企业融资；或者对银行贷款和上市以外的中小企业融资方式风险有较大担心，对其只能望而却步。事实上，尽管目前我国中小企业融资工具品种尚少，专门面向中小企业的更少，但在银行贷款和上市以外，还是有一些成长中的新型工具可以利用。中小企业应积极学会利用新的金融工具，以有效地拓展中小企业融资渠道。比如运用私募、资产证券化等融资方式同样可以成为企业发展资金的来源，减少和压缩库存。同时，要千方百计地开源节流，降低各种消耗，节约成本开支。中小企业应主动参与社会信用体系的构建，增强自身的信用意识，制定信用发展战略，加强信用管理，形成全员重视、全方位普及、全过程实施的信用管理，重塑中小企业信用形象，为中小企业信用体系的构建打下一个坚实的基础，为社会主义市场经济的运行营造良好的信用环境。

8.10　出口型中小企业发展的对策

在当前特殊的市场环境下，只有企业、银行、政府三方携手，形成合力，才能帮助中小出口企业早日摆脱困境，在逆境中求得生存。

企业方面的措施：

8.10.1　综合考虑自身实力，不要盲目并购

目前，受金融危机影响，按照价格优先的标准，到处都是可供收购的资产，所以一些专家和业内人士便呼吁企业加快"走出去"的并购步伐，在危机中寻找这种"蛋糕"式商机。但他们也许没有意识到，在并购中存在"低价不便宜，高价不昂贵"现象。所以企业在积极"走出去"的同时，还应综合考虑自身实力，不要盲目并购。

8.10.2　建立客户信息管理系统，加强客户关系管理

经济危机来临之时，出口型中小企业营销坐、等、靠，不是最明智的选

择。此刻，必须深入一线终端市场拉动销售，企业可以采用高科技的管理方式管理客户，建立一套有效的客户管理系统，在开发新客户的同时，深入挖掘老客户的需求。在减少开支的情况下，集中优势力量提升重点客户的满意度是关键，避免在经济危机中被用户"节约掉"。日常的数据积累在关键时刻能弥补"市场异动"带来的损失，保障企业在不断开发新客户的时候，能够深挖老客户的需求。

8.10.3 留下最优秀的人才，而不是为降低成本裁员

金融危机过后，很多出口型中小企业为了降低运营成本，都采取了大规模的裁员运动。而有一些企业的裁员首先瞄准的就是那些高薪的管理人员。当然，这确实是快速降低成本的好方法，但是企业在裁员的时候一定要看到企业的发展未来，不能一味地看到眼前拿出去的高薪费用。在1929年的世界性经济危机中，许多企业大批裁员，消极退缩，而松下公司仅在人员安排上作了些调整，集中力量抓推销，让生产线上的员工走向市场推销产品。对于生产产品的员工来说，对产品的性能可以说是了如指掌，推销起来也自然不难。此举不但让松下渡过了难关，而且让员工感受到松下是个高度人性的企业，充满人性的关怀。

8.10.4 形成战略联盟，发挥产业集群优势

与大企业相比，中小企业在生产的专业化、产品的差异化、技术创新以及自主性、灵活性方面具有一定的优势。但是中小企业规模小、资金力量单薄、经营产品单一、技术总体水平也比较低，因而在激烈的市场竞争中，往往处于不利的地位，是竞争者中的弱者。因此，中小企业要想在激烈的竞争中取得发展，必须根据自身的优势和劣势，与其他企业形成战略联盟，发挥产业集群优势。

经过多年发展，山东省中小出口企业已形成带有明显地域资源特色的十大产业集群。但由于集群程度低、规模小，还不能真正形成相互分工合作的产业链条，产业集群优势不明显。因此，企业应在充分利用优越的地理位置、丰富的自然资源和劳动力资源、独特的人文历史优势的同时，打破地域束缚，挖掘与产业集群相配套的上下游企业资源，通过有效整合，减少中间成本，形成全国范围内的效率高、效益优的产业集群地域组合，提高产品竞争力。

8.10.5 合理调整产品销售区域，防范市场不确定性风险

中小出口企业经过多年的经营积淀，已拥有了相对稳定的客户群，但受欧

洲主权债务危机和人民币升值影响，产品价格优势减弱，传统出口市场萎缩。因此，中小出口企业应尽快调整发展战略，进行产品销售区域转移。一方面，积极开拓多层次市场，在巩固传统市场的同时，着力开拓南美、南亚、中东、东欧、非洲等新兴出口市场，防范单一市场的不稳定性；另一方面，将部分产品内销，减少出口下降给企业利润带来的损失。

8.10.6　采用先进的财务成本理念，提高风险管理与防范能力

在当前金融市场动荡、汇率波动频繁的情况下，企业应采用先进的财务成本理念，提高企业的汇率风险管理和防范能力。一方面，企业要进一步增强外汇风险防范意识，在熟练掌握自然避险法的同时，将利用金融工具避险而发生的保值成本支出作为企业的正常财务成本支出，适时调整应对策略，保障企业实施有效的汇率风险管理；另一方面，企业要学会利用银行资源，把银行当作自己的长期顾问，允许银行适时介入企业财务管理，充分发挥银行在外汇风险管理中的独特作用。

8.10.7　加快资金收汇速度，保障资金安全

一般来说，从订立合同到收到货款的时间越长，企业面临的汇率风险、收汇风险就越大。因此，企业应采用多种方式，加速资金回笼。首先，应尽量不签订期限较长合同。期限越长，汇率风险、利率风险、信用风险就会越大，原料成本、劳动力成本、运输成本、保险费、出口退税的不确定性就会增强。其次，在合同中加列鼓励国外客户提前付汇条款，对于提前付汇或一定期限内付汇的客户给予一定折扣。再次，尽量选择资金回笼速度较快的结算方式，如电汇、即期信用证、保理、押汇等。最后，在以上措施基础上，再辅以应收账款催收、及时结汇等方法，将收汇时间化为最短，保障资金安全。

此外，银行方面的措施：

第一，利用银行平台为出口型中小企业减少收汇风险。

在目前境外企业财务状况改善不明显的情况下，国外客户出现违约的可能性依然很大。商业银行可以通过自身的国外分支行系统、代理行系统、国际保理协会、国际知名咨询公司的业务合作，为中小出口企业提供其境外交易对象的资信状况和经营变动情况，为企业决策提供第一手资料。

第二，综合考虑客户资信，为有良好潜质的中小企业提供融资。

一是细分出口型中小企业所处的行业及其资信状况、历史交易情况、上下游客户背景、贸易链条的稳定性等环节；二是细分单据属性，通过控制海运提

单、保险单据项，保证融资资金安全；三是设定出口企业收款安全系数。通过以上综合考虑后，对于有良好还款保证的中小企业采取灵活的融资政策，适当放宽信用等级要求，提供低利率的融资服务；对于收汇风险较大的出口型中小企业，银行可以通过动产质押、应收账款转让、利用出口信用保险和保理等风险缓释手段，解决企业融资难题。

第三，开发、推广、宣传汇率避险工具，帮助企业防范汇率风险。

首先，银行要加大金融避险工具的开发力度，切实有效地为出口型中小企业提供期权、货币互换、利率互换等一系列金融衍生交易产品，为出口型中小企业规避汇率风险提供专业化产品服务方案。其次，商业银行要提高金融产品的灵活性，在符合外汇政策的同时，使金融产品在不同客户中推广，如解决远期结售汇的"期限刚性"问题，解决"实需"原则与企业经营现金流不确定的矛盾等问题。最后，加大汇率避险工具的宣传力度，适度扩充基层外汇指定银行的经营范围和业务授权，培养基层银行人员外汇业务能力，为中小出口企业提供全方位满意服务。

政府方面的措施：

第一，提高外管局综合服务水平，为中小企业提供贸易便利。

外汇管理局作为外汇管理的专门机构，在加强跨境资金流动监管的同时，应向中小企业提供更多的综合服务。如发挥自身掌握政策的优势，上门服务，宣传政策，帮助企业了解政策对其自身利益的影响；通过专题讲座的方式，让企业了解出口收汇联网核查、贸易信贷（延期付款）登记系统，提高企业的出口收汇核销效率；组织专业人员进行业务培训，介绍商业银行的一些新型服务，如未来货权质押、保理融资等，帮助企业掌握这方面的知识，提高应对危机的能力；继续加强与银行、海关、商务等部门的信息沟通和政策协调，在形成管理合力的同时，为企业贸易出口提供便利。

第二，放宽出口信用险方面的外汇政策。

为减少企业财务成本，大多数出口型中小企业不投保出口信用险，致使收汇风险增加。政府应发挥引导职能，协调出口信用保险公司加大出口信用险的推广力度，让企业了解到出口信用险不仅具有减少收汇风险的功能，还可以提高银行贸易融资便利，有效缓解企业短期资金压力的作用。政府还应该引导出口信用保险公司、外管局、海关、银行等部门加强业务联系，进一步放宽出口信用保险方面的外汇政策。例如，扩大支持银行贸易融资产品开发，在出口企业中推广信保融资提前出具核销专用联，使得企业能提前收汇、核销、退税，加快企业资金周转。

第三，发挥行业协会作用，提高企业议价和融资能力。

针对一些企业竞相压价、恶性竞争的情况，政府应发挥导向作用，引导型中小企业成立行业协会组织，统一口径，由行业协会出面与外商谈判，集体保价，争取更多的合理利润。此外，为解决中小企业融资难问题，可以借鉴枣庄经验，组织中小企业成立会员制互助性担保商会，建立无偿的信用互助担保联盟，由担保商会为企业提供担保，银行为企业放贷，实现企业与银行的充分对接，高效、低成本地实现融资。

8.11 完善政府职能，加大对中小企业的服务力度

后金融危机的形势下，中小企业面临着很大的困难，需要政府的扶持政策帮助其平稳发展。加大政府对中小企业的服务力度，这不仅是保持国民经济平稳较快发展、应对经济形势变化的需要，更是维持社会政治稳定的需要。

8.11.1 完善金融支持体系，缓解中小企业融资困难

加大融资服务力度，发挥商业银行融资的主渠道作用，创新小企业贷款业务，开展产业链票据融资；加快担保体系建设，支持服务中小企业的信用担保机构；开展集合发债、私募基金、风险投资、民间借贷等多元化融资活动；加快小额贷款融资、村镇银行的试点工作；逐步构建由政府引导、金融单位和社会各方参与的金融支持体系，加强担保支持；运用多种融资形式，畅通各种融资渠道；改进发放贷款的审核标准和办法，放宽对中小企业融资的准入条件，对符合条件的中小企业发放信用贷款；支持金融机构扩大担保贷款业务，包括抵押贷款、质押贷款以及保证贷款。

在地方政府的积极倡导下，保险公司可以与当地的银行、工商部门以及担保机构加强协作，建立信息共享平台。通过各方加强合作，实现信息共享，可以有效解决中小企业保险市场供求双方的信息不对称问题。特别是对一些信用好、财务状况优良的中小企业，在保险公司和担保机构提供担保的情况下，银行给予融资支持。这样不但为中小企业提供了风险保障，更提升了中小企业的融资地位，使其能够获得更多的贷款金额，给社会带来更多的经济效益。

8.11.2 加大对中小企业的政策扶持，为中小企业营造良好的
发展环境

一是营造公平的法律和政策环境。组织专门力量，对城建、工商、环保、

国土、房管等部门及社会中介机构的评估、登记、办证、收费等行为进行全面清理和整顿。二是分阶段、分类型实施对中小企业的政策扶持。对处于初生期和衰退期的中小企业，给予宽松准入、畅通推出，提供一定时间内的免费服务等政策；对处于成长期的科技创业型、吸纳就业及下岗失业人员的城市工业型和社会服务型的中小企业，在财税、融资、担保、信息、技术服务等方面，实行鼓励扩展的政策。三是加快清理和消除阻碍创业的各种行业性、地区性、经营性壁垒，进一步清理和规范创业的行政审批事项，清理和修正现有政策中不利于中小企业发展的条款和规定，消除对中小企业的政策歧视，简化创办企业的手续，建立创业的绿色通道。四是地方政府应从供求两方面加强对中小企业保险的政策支持。目前，已经有相关法律规定企业保费的一部分可以从企业税前收入列支。但这还远远不够，要真正促进中小企业商业保险市场的发展，应该从以下几个方面着手：第一，加强宣传购买商业保险的必要性，提高中小企业的商业保险意识；第二，对中小企业购买保险实行财政补贴，由地方政府和企业共同承担保费：一方面可以采取与政策性农业保险相类似的政策，即地方政府对中小企业保险的保费进行补贴，另一方面也可采取税收反补的形式，即直接在应交税费中扣除一定比例的保费；第三，特别是对科技创新型中小企业，除了对企业实施税收优惠政策外，应该积极为其引入保险，鼓励保险公司承保，并给予一定的免税额度；第四，采取其他辅助方式促进市场达到均衡，如进行窗口指导、提供信用担保等。

8.11.3　构建中小企业服务体系

中小企业由于自身规模较小，在市场竞争中处于弱势地位，容易受到市场各种要素的制约。要在市场竞争中生存并发展，需要社会为其提供必要的服务。当前，政府应建立以政府部门为龙头、由中小企业管理部门牵头、有关部门参与、以政府为主导、各种社会主体共同参与的服务体系，形成中小企业服务的网络。

地方政府对中小企业的扶持主要包括财税、金融和服务三方面，而在金融方面的支持，目前大多着眼于银行对中小企业信贷融资方面的支持，却忽略了保险在促进中小企业融资方面的杠杆效应。因此，地方政府应将保险公司纳入到中小企业金融扶持体系，充分发挥保险的经济杠杆作用，真正实现中小企业信贷市场的多赢。

8.11.4　加大对中小企业技术创新支持的力度

技术创新是中小企业发展的强有力支撑。政府要鼓励中小企业设立技术开发和培训机构，鼓励科技人员向企业流动，注重在实际工作中培养企业技术开发人员，增强企业的自主创新能力。引导中小企业建立与科研机构、大专院校的协作关系，促进科研成果向中小企业转化。为中小企业技术创新建立良好的信息咨询、技术服务保障体系，解决中小企业在产品开发、技术检测、实验分析、设备需求、科技专业人才等方面的问题。

8.11.5　进一步做好中小企业的引导

根据国家产业政策，合理布局企业，并引导中小企业进行整改，调整新产品结构，提高企业自身经营管理水平，走安全、环保、和谐发展的路子，促进中小企业的科学有序发展。

8.11.6　建立中小企业信用担保机制，形成企业、地方政府、银行、商业保险公司多方风险共担机制

建立中小企业信用担保机制是增加中小企业信用保险供给的有效手段，可以降低商业保险公司的承保风险，有效增强其承保意愿。这可以由地方政府、金融机构和企业共同出资组建担保公司，也可以由地方政府建立专项资金用于信贷风险补偿。后者主要作为企业向保险公司缴纳保费的补充，为当地中小企业提供银行信贷担保。如果中小企业出现信贷违约，地方政府可以出面帮助追偿；若无法追偿，则从保险公司的风险补偿基金中拿出部分资金对银行进行一定额度的补偿。

8.12　中小企业绩效管理的策略建议

8.12.1　企业经营目标要明确、合理，重视和搞好部门职责、员工岗位职责的划分

很多人都对岗位职责不以为然，认为它没有用。其实不是岗位职责没有用，而是轻视了它的用途，或者是岗位职责本身就编制不到位，缺乏具体内容和操作性，导致其无用。企业的目标其实可以划分为三个层面：公司目标、部门目标、员工岗位目标。目标的分解通常是公司目标分解成部门目标、部门目标分解成员工岗位目标。部门职责、员工岗位职责的内容就是围绕这个目标而展开，这是部门职责、员工岗位职责与部门目标、岗位目标之间的内在逻辑。

所谓"职责"可分开理解为"职"和"责"两个方面，职即部门或岗位具体的工作内容，责即部门或岗位的具体的责任范畴，部门职责、岗位职责就是要具体而明确地解决各自范畴的内容、标准问题。部门职责、员工岗位职责划分清晰，则员工明确自己的工作内容和责任范畴，有利于充分调动其积极性。

8.12.2　企业考核不要盲目追求定量考核

定量考核确实有它的优点，但一方面并非所有的工作都能量化，另一方面全量化考核的实施也是有其前提条件的，那就是要求企业的信息化建设要达到一定程度及数据的统计比较规范，如果不具备这个条件而盲目地去追求量化考核显然没有意义。绩效管理体系不仅包括指标的提取、指标值的界定，还包括指标值相关信息的搜集、处理等，这些环节若支撑不到位，则量化考核很难实施。所以不要盲目否定定性考核，对于一些管理基础薄弱的中小民营企业可以先用定性考核建立和培养起良性的考核意识，或者说培养起绩效管理的企业文化也是极大的进步，要根据企业的具体情况使定量考核和定性考核相结合。

8.12.3　考核指标设立应着眼于调动员工的积极性

考核也是有成本的，这不仅仅包括投入的各种物质资源，也包括时间成本、精神成本。笔者曾在一家公司见到一个普通员工的考核指标近 20 个，员工私下怨声载道、牢骚满腹，为了挣考核分，疲于奔命，工作没有重点，各项工作都使劲，结果是每项工作都做不到位。考核指标不合理导致的负面情绪对企业的管理是有极大的副作用，绩效考核的着眼点不应该是"推"走员工而是"拉"一把员工。

8.12.4　分清主次、突出重点，区分考核指标的层次性

考核指标的提取要有所舍取，不能"胡子、眉毛一把抓"，要抓关键的、主要的东西。哪些是关键的、主要的东西呢？就是前面所说"职"、"责"和当前工作任务、目标中的"重点"。把重点优先解决了，难啃的"骨头"消化掉了，工作中短板消除了，绩效自然会得到推动。另外，就是在指标提取时应注意指标的层次性，这里主要是指管理层次指标与事务性（或操作性）指标。比如，一个部门经理是通过管理下属来完成职责履行的，对一个部门经理若用过多的事务性或操作性层面指标去考核显然就倒置了，而对一个基层员工则当用事务性层面指标去考核。总的来说，只要定位和方向正确、方法科学、基本功扎实，中小企业务实地推行绩效管理，是能取得比较好的效果的。至于考核

方法的选取都是外在的形式，绩效管理的目的还是达成企业经营目标。

8.13　强化现代管理会计制度方面的对策

8.13.1　改变会计职能

现代管理会计是会计职能的变化引起的。其主要职能已由信息支持向管理决策转移，财务部门被赋予决策权，而且对工作结果负有不可推托的责任。相应的，财会人员由管理系统中的专业信息支持人员转变为决策者与合作伙伴，新的职责与角色要求财会人员更多地了解企业各个方面，如制造过程、核心技术、研究开发、市场营销、竞争对手以及供应链等，以制定正确的战略计划，为顾客提供有关他们的义务及将会得到的服务，而不能只反映是什么或过去怎样。他们的工作精力将更少地用于信息报告，更多地用于计划与分析，并且将更加广泛地参与企业的各项生产经营活动，在管理决策中发挥越来越大的作用。

8.13.2　以"目标成本"为起点和核心，深入挖潜增效

管理会计和传统会计的区别在于管理会计既注重对成本的"数量管理"，也注重对成本发生的前因、后果追踪分析，能够从源头上寻找到产生差异的数额及原因，从而达到持续降低成本的目标。因此，在对企业成本进行目标管理时，一是要把成本管理的每一项目深入明晰地落实到每一个具体作业环节上；二是对每一生产环节的标准成本制定，应有科学性和可行性。

8.13.3　强化现代管理会计制度，促进中小企业盈利水平

现代管理会计，应以"目标成本"为核心，全方位对成本进行控制。科学地进行分析、预测、掌握不可控因素变化，及时调整运用可控因素，消化不可控因素带来的不利影响等外部因素，这是现代管理会计的重要职能。

8.14 提高中小企业竞争力的对策建议

8.14.1 完善员工社会保障体系，降低企业负担

按照国家劳动合同法及相关规定，企业应给员工交五项保险，这五项保险要占工资总额的近40%。随着员工工资的不断提高，中小企业的福利性补贴负担越来越重。尽管如此，一旦遇到员工发生意外工伤事件时，公司还要承担工伤保险赔付金额以外的一次性医疗保险和一次性失业保证金，并且要承担数额难以估算的治疗辅助费用。高额的赔偿费用给企业造成极大的经济负担，甚至能够把一些弱小的企业拖垮。有的企业为了规避用工风险，只得通过中介机构招工和劳务派遣等非法手段来降低人力成本，但这样无疑会损害员工利益，影响企业的长远发展。因此，尽快健全企业员工社会保障体系，为中小企业的发展减轻负担是当务之急。

8.14.2 完善外地员工生活保障，解决"用工荒"问题

在济南、青岛等产业密集的大城市，单靠当地人员是难以满足用工需求的，吸纳各地高素质的员工，是一个城市保持良好发展的关键。2010年年初出现的"用工荒"，不单单是劳动力数量缺少，而是缺乏符合用工条件的人员。政府在解决企业用工短缺的问题上，应发挥主导作用，多管齐下、统筹解决：一是解决外地员工的技能培训，使他们尽快适应多种岗位需要，而不是仅依靠劳动力；二是解决外地员工户口转移问题，使他们能够融合在本地；三是解决外地工子女入托、入学，使他们的子女享受与本地员工的子女同样的待遇，消除他们的后顾之忧；四是解决外地员工安居问题，使他们不因居无定所而流失。在安居方面，可以通过建设廉价公寓房、鼓励有条件的企业自建经济适用房、按企业的纳税比例分配一定的经济适用房等措施解决外地员工的安居问题。总之，只有从支持经济持续发展的高度去对待外地员工，"用工荒"问题才能逐步得到缓解。

8.14.3 扶持科技型企业，增强科技竞争实力

在众多的新兴民营企业中有相当的比例是科技型企业，这些科技型企业具有较强的技术创新能力和市场开发能力。但是，科技型中小企业的共同特点是

规模小、资金实力弱，无力进行较大的技术开发投入和技术成果产品化生产，不能有效地发挥创新能力，使众多民间技术创新资源浪费流失。因此，建议加大对民营中小企业技术创新的扶持力度。一是降低科技型民营企业享受技术创新专项资金的条件，让更多的科技型民营企业享受到科技项目资金扶持；二是在高新技术优惠政策以外，制定适用于科技型中小企业的扶持政策，激励中小企业向科技型企业发展。

8.14.4　创新金融体系，解决融资难问题

资金困难可以说是目前中小企业发展面临的最大问题之一。中小企业贷款存在着贷款额小、风险大、成本高的问题，要想解决中小企业融资问题必须要转变思路，在金融体系创新上下工夫。根据此情况，一是发展适合中小企业的融资贷款的中小银行等金融服务机构，有效地解决中小企业融资难的问题；二是规范民间融资机构发展，给民间融资以合法的身份，设立小额贷款公司、担保公司、村镇银行等金融机构试点；三是对基本符合资本市场融资条件的企业，积极引导企业利用资本市场，采用公开发行股票募集资金的方式解决企业发展资金短缺的问题。

8.14.5　减轻企业税费负担，为企业提供发展空间

一是"税"的问题。比如营业税，企业只要开张就得交税，不管挣不挣钱都得交，而中小企业多数为小本经营，创业之时很难承担大量缴税金额。中小企业缴税应以所得税为主，有了收入再给国家纳税。二是"费"的问题。从企业创业开始就有不同名目的费用，政府应清理不合法、不合理、不必要的收费项目，加大收费项目监管力度，减轻企业缴费负担，给中小企业发展提供更好的发展空间。

8.14.6　鼓励企业增资投产，做大、做强

目前一些地区的招商引资政策，都是对新引进的投资项目实行优惠税收政策和扶持政策，对原有企业用税后利润再投资扩大经营项目则没有优惠政策。这种规定造成原有企业不是通过增资来实现扩大发展和生产，而是通过重新设厂或异地设立企业来完成，造成了投资配置不合理和当地财政收入的流失。因此，调整投资奖励政策，对原有企业利用税后利润再投资项目，给予同于新引进投资项目的鼓励政策，促进企业在原有经营基础上做大、做强，优化资金的配置，减少投资浪费，制定长远规划，不断调整产业结构，建成同类产业规模

企业。

8.14.7 发挥产业规模优势，形成规模经济

在招商引资方面要发挥地方已有的产业优势，形成产业对接、产业辐射、产业提升，促进形成某一产业、某一企业的规模经济。首先，要通过引导市场的手段，支持有较强带动作用企业的发展，培育行业龙头企业，带动当地产业的结构调整和有序发展。第二，要通过老企业的发展来展示良好的投资环境，既要重视新项目招商，更要重视老企业的扶持。三是建立中小企业发展合作平台，形成以专业化生产为主要形式的经济联合体，提高区域配套生产加工综合能力，减少企业重复投资和投资浪费。

8.14.8 实施项目倾斜政策，帮助企业发展

中小企业的建设项目投资回收期较短，收益率却很高。如果地方政府能在项目立项、资金资助、贷款贴息等方面给予中小企业支持，国家的这部分资金的使用效率会得很大提高。在经济回暖期间，中小企业的营运资金正是困难时期，更需要政府的项目拉动。国家应在市场准入、融资、财税、土地供给等方面，创造一种公平、公正的市场环境。在加快项目建设、拉动经济增长的过程中，能像重视大型企业一样，对中小企业的建设项目也给予重视。与此同时，在政府支持下，中小企业也要发挥机制灵活的优势，增强多渠道融资的能力，提升产品质量，培育企业品牌，开拓市场，自主创新，为经济建设和国计民生贡献力量。

8.15 中小企业企业年金发展的对策

8.15.1 提高宣传力度和广度，使更多的中小企业和民营企业了解和参与企业年金制度

对于企业基本养老保险，政府曾大力宣传，使得我国的企业基本社会养老保险制度在短时间内得到了较快的发展。对于不为公众所了解的企业年金制度，政府也必须花大力气在社会上进行广泛的宣传和倡导，让企业尤其是中小企业、民营企业和个人对于企业年金制度有个正确的认识。此外，各类企业年金托管人、账户管理人及投资管理人与企业展开广泛的宣传和沟通，为企业量

身定做合适的企业年金计划。

8.15.2　加大税收优惠力度，吸引企业实施企业年金制度

在与国家政策不违背的情况下，制定山东省的企业年金税收优惠政策，提高企业年金制度的覆盖面。在制定年金税收政策时要考虑以下三个环节：缴费环节、投资环节和领取环节，将企业年金税收优惠与加快经济结构调整结合起来。

8.15.3　积极引进国外有经验的机构和人才，加强企业年金队伍培养

企业年金需要有专业机构和专业人才进行管理和运营。因此，需要加快企业年金队伍培养和专业投资机构建设，加快保险业和资本市场的开放步伐，大力引进外资、人才和国外专业投资机构，加快企业年金市场化和国际化。

8.15.4　创造良好的外部环境，鼓励企业进行企业年金业务创新

企业年金既可以委托专业资产管理机构管理，也可以企业自己管理。政府应创造良好的外部环境，包括完善的企业年金治理结构、国家对企业的政策扶持、健康有序的市场竞争、多样化的企业年金计划等，形成一个较为完整的企业年金市场的产业链，鼓励参与各方对企业年金进行创新。目前，我国的企业年金主要以银行存款、国债为投资方式，投资收益较低。随着资本市场不断创新和发展，在保障企业年金安全性的基础上，应加大企业年金的投资渠道，实行多元化和资本化。

8.15.5　制定适合山东省经济特色的企业年金制度

山东省国有企业较多，而国有企业薪酬福利体系、人员档案、工资设计等较为完善。因此，应充分发挥国企的示范作用，颁布有利于促进企业年金业务开展的政策措施，比如政府补助政策等。同时，鼓励中小企业、民营企业建立企业年金，切实解决广大中小企业建立企业年金面临的现实问题，降低中小企业建立年金的门槛和成本。同时，需要政府制定法律、法规规范企业年金的运作，并建立权威机构对企业年金计划运行情况进行检查和监督。

9 结语

　　中小企业是国民经济的重要增长点，是推动国民经济持续发展的一支重要力量。中小企业在确保国民经济适度增长、增加国家财政税收、优化经济结构、实现科教兴国、缓解就业压力等方面发挥着不可替代的重要作用。中小企业在我省的国民经济发展中，始终是一支生力军，是山东省国民经济的重要组成部分。中小企业量大面广，分布在国民经济的各个领域，并且日益成为经济增长的重要因素。

　　经济学理论认为，后金融危机时代，摆脱危机从来都是通过产业升级换代来走出产能过剩的困扰，完成产业周期调整而重新开始新产业结构、新产品结构层次上的增长周期循环。由于中小企业在经济与社会发展稳定中具有战略重要性，因此必须采取多种政策措施，大力促进中小企业的发展。

　　同时，山东省经济发展的现状也表明山东原有的经济增长模式已经到了必须要进行调整的程度，推进经济转型刻不容缓。在这种大背景下，政府要通过政策调整，释放民营经济的活力，实现民间投资的转型，推动产业结构的调整，从而促进发展方式的转变。这样即能促进经济结构的调整，也能为民间的闲置资金提供出路，实现双赢。

参考文献

［1］ Bencivenga V B, B D Smih. Financial inte－mediation and Endogenous Growtho. Review of Economic Studies, 1991, 58: 195－209.

［2］ Berger A N, G F Udell. Small Business Credit Availability and Relationship Lending: The Importance of Bank Organizational Structure. The Economic Journal, 2002, 112: 32－53.

［3］ Mohieldin M S, P W Wright. Formal and informal credit markets in Egypt Economic Development and Cultur－al Change. 2000, 48: 657－670.

［4］ Greenwood J, B Javanovic. Financial development, growth, and the Distribution of Income. Journal of Political Economy, 1990, 98: 1076－1107.

［5］ Patrick H T. Financial Development and Economic Growth in Underdeveloped Countries. Economic Development and Cultural Change, 1996, 14: 174－89.

［6］ Rajan R, L Zingales. Finance Dependence and Growth. American Economic Review, 1998, 88: 559－592.

［7］ Modiglian, Mille. The cost of capital, corporate finance and investment theory. American economic Review, 1958: 121.

［8］ Banerjee, Guinnane. The Neighbor's Keeper: The Design of a Credit Cooperative with Theory and a Tcst. Quarterly Journal of Economics, 1994: 109.

［9］ Vogel, Robert C, Dale W, Adams. Costs and Benefits of Loan Guarantee Programs. The Financier, 1997, 4.

［10］ Green, Anke. Credit Guarantee Sdhemes for Small Enterprises: An Effective Instrument to Promote Private Sedtor－Led Growth. Programme Development and technical Cooperation Division, Small and Medium Enterprises Branch, United Nations Industrial Development Organization, 2003.

［11］ Levitsky, Jacob. SME Guarantee Scheme: A Summary. The Financier,

1997, 4.

[12] Brealey R, Myers S. Principles of Corporate Finance. McGraw - Hill Inc, 1984.

[13] Domilique Laseffre. Establishing Structures to Finance Small. Micro and Mid - Sized Enterprise. Proceeding of International Forum for SME Development, 2001.

[14] AUen N Berger, Gregory F Uden. The Economics of Small Business Finance: the roles of Private Equity and Debt Markets in Financial Growth Cycle. Journal of Banking and Finance, 1998: 27.

[15] Doran, A Jacob Levitsky. Credit Guarantee Schemes For Small Business Lending - A Global Perspective. Volumel - Main Report, Graham Bannock and Partners Ltd, 1997.

[16] 赵俭, 刘兵. 中小型外贸企业发展战略探讨. 经济问题, 1997 (10).

[17] 聂卫东. 论我国中小企业生存和发展的法律环境及优化. 商业研究, 1999 (1).

[18] 夏杰长. 论促进中小企业发展的财政金融政策. 财经论丛, 1999 (4).

[19] 王红岩. 对完善中小企业金融支持政策的思考. 财经问题研究, 1999 (6).

[20] 韦明. 中小企业发展的障碍与对策分析. 当代财经, 2000 (9).

[21] 胡建平. 大力发展中小企业的对策研究. 当代财经, 2000 (9).

[22] 李英. 风险投资与高新技术中小企业的发展. 财经问题研究, 2001 (11).

[23] 陈晓红. 我国中小企业经营模式及政策扶持. 经济理论与经济管理, 2001 (10).

[24] 尚增健. 我国中小企业成长性的实证研究. 财贸经济, 2002 (9).

[25] 俞建国. WTO 与我国中小企业发展战略. 宏观经济研究, 2002 (9).

[26] 高宝荣. 我国中小企业成长战略问题的理论思考. 财贸经济, 2003 (9).

[27] 张荣. 加速发展我国中小企业集群的思考. 工业技术经济, 2003 (5).

[28] 齐晖. 中小企业人力资源劣势分析及发展战略研究. 经济师, 2004 (4).

[29] 迟福林. 政府转型与中小企业发展. 经济研究参考, 2005 (1).

[30] 吕勇斌. 中小企业组织与中国的区域经济增长. 经济研究参考, 2005 (1).

[31] 潘锦云. 2006—2009 年中小企业集群与建设新农村的产业支撑. 改革, 2006 (9).

[32] 邵莉莉, 黄凯. 中小企业技术创新实现模式探究. 东南大学学报, 2006 (2).

[33] 申红艳. 民营中小型企业如何进行人力资源管理. 特区经济, 2006 (12).

[34] 关涛. 中小企业贷款难的经济学解释及其破解. 生产力研究, 2006 (11).

[35] 杨志凯. 中小化工企业发展循环经济的对策研究. 现代管理科学, 2007 (1).

[36] 刘忠. 试议我国商业银行对中小企业的融资支持. 金融与经济, 2007 (1).

[37] 王琳琳. 我国中小企业财务管理中存在的问题及对策. 管理科学文摘, 2008 (4).

[38] 梁建人. 中小企业核心竞争力研究. 理论探讨, 2008 (5).

[39] 王琳琳. 我国中小企业财务管理中存在的问题及对策. 管理科学文摘, 2008 (4).

[40] 汪占熬. 乡镇中小企业国际化发展的集群案例研究. 农村经济, 2008 (8).

[41] 孙小会. 如何培育我国中小企业集群的创新能力. 当代经济, 2008 (6).

[42] 陈玉锋. 中小企业融资困境及对策分析. 当代经济, 2008 (6).

[43] 史波. 完善中小企业信息生态系统的对策. 当代经济, 2008 (6).

[44] 陈晓红. 我国中小企业技术创新影响因素模型及实证研究. 中国科技论坛, 2008 (7).

[45] 金容. 从政策方面研究小微企业发展问题. 中国中小企业, 2011 (11): 12 - 15.

[46] 陈勇江. 长三角地区小型及微型企业的创新缺陷与创新提升. 中国

发展，2010（5）：45-48.

[47] 王景峰. 我国微型企业存在问题与对策研究综述. 未来与发展，2011（9）：36-38.

[48] 梁建人. 中小企业核心竞争力研究. 理论探讨，2008（5）：12-16.

[49] 关涛. 中小企业贷款难的经济学解释及其破解. 生产力研究，2006（11）：22-24.

[50] 刘忠. 试议我国商业银行对中小企业的融资支持. 金融与经济，2007（1）：14-17.

[51] 车明洁. 我国中小企业融资问题思考. 中国农业会计，2008（4）：15-16.

[52] 林毅夫，李永军. 中小金融机构发展与中小企业融资. 经济研究，2007，（1）：113-114.

[53] 郑享清，赵昂阳. 建立中小企业政策性银行促进中小企业发展. 商业研究，2008，（3）：92-93.

[54] 李扬，贾康. 小微企业融资不能依靠大银行需要更多草根银行. 中国第二届小微企业融资论坛（广州番禺），2012.

[55] 凌宁. 小企业融资难：原因、改革及效果比较研究. 经济研究导刊，2010（5）：66-68.

[56] 方烨. 小企业融资难并非无解. 经济参考报，2010-3-25（10）.

[57] 于洪波，武志. 中小企业信用担保体系的国际比较与借鉴. 财经问题研究，2005（1）：59-61.

[58] 黄彦华. 中小企业融资信贷及信用担保问题研究. 时代金融，2007（8）：83-84.

[59] 祖丹. 中小企业信用担保风险控制法律制度. 合作科技与经济，2006（5）：12-15.

[60] 连家明，张季. 融资担保：破解中小企业融资难题的重要途径. 金融证券，2004（1）：69-70.

[61] 罗晰. 论我国中小企业信用担保体系中风险的制度规范. 社会科学，2003（4）：23-25.

[62] 周笑梅. 我国中小企业信用担保体系问题与对策研究. 理论界，2006（12）：216-217.

[63] 孙天琦. 我国金融组织结构演进中的中小企业信用担保研究. 金融研究, 2002 (8): 4-9.

[64] 熊熊, 张维, 等. 银行治理、信贷配给与中小企业融资. 财经理论与实践, 2008 (1): 51-53.

[65] 马玉珍. 破解中小企业融资难的对策研究. 商业研究, 2007 (3): 206-207.

[66] 李维安. 现代公司治理研究——资本结构、公司治理和国有企业股份制改造. 北京: 中国人民大学出版社, 2003: 55-67.

[67] 陈晓红. 中小企业融资. 北京: 经济科学出版社, 2009: 39-46.

[68] 李扬, 杨思群. 中小企业融资与银行. 上海: 上海财经大学出版社, 2001: 45-55.

[69] 吴淑琨. 公司治理和公司管理的系统化思考. 南京大学学报 (哲学. 人文科学. 社会科学版), 2001 (3): 22-30.

[70] 曹凤岐. 建立和健全中小企业信用担保体系. 中国科技投资, 2002 (8): 7-9.

[71] 王光. "保理融资+担保授信"的金融创新与应用. 经济研究参考, 2012 (23): 72-74.

[72] 官兵. 企业家视野下的农村正规金融与非正规金融. 金融研究, 2005 (10): 153-160.

[73] 郭梅亮, 徐璋勇. 分工演进、交易效率与中国农村非正规金融组织变迁制度经济学研究, 2010 (3): 33-51.

[74] 胡金焱, 吴倩. 农村正规与非正规金融发展: 山东例证. 改革, 2006 (12): 36-42.

[75] 姜旭朝, 丁昌锋. 民间金融理论分析: 范畴、比较与制度变迁. 金融研究, 2004 (8): 100-111.

[76] 中国人民银行阜阳中心支行课题组. 转型中的融资便利: 非正规金融的比较优势及经济效应. 金融研究, 2005 (12): 152-159.

[77] 张杰. 中国农村金融制度: 结构、变迁与政策. 北京: 中国人民大学出版社, 2003.40-41.

[78] 德布阿吉·瑞. 发展经济学. 北京: 北京大学出版社, 2002.

[79] 杨丽华. 中小银行比较优势与中小企业融资渠道拓展. 企业经济, 2004 (1).

［80］高晨. 全国政协经济委员会委员刘克崮：大型银行应为草根金融输血［N］. 京华时报，2011 - 03 - 14.

［81］林毅夫，孙希芳. 信息、非正规金融与中小企业融资. 经济研究，2005（7）：35 - 44.

［82］王芳. 我国农村金融需求与农村金融制度：一个理论框架. 金融研究，2005（4）：89 - 98.

［83］吴建国. 江苏东海县护航中小企业转型升级. 中国财经报，2012（4456）.

［84］陈方. 小额贷款公司. 北京：经济科学出版社，2012.

［85］杨菲，李卓. 国外小额贷款机构. 北京：经济科学出版社，2012.

［86］杨胜利. 信息非对称环境下的中小企业融资问题. 西南金融，2008（8）.

［87］晏露蓉，等. 创建合理高效的中小企业融资担保体系研究. 金融研究，2007（10）.

［88］杨树旺. 日韩中小企业扶持政策及其对中国的启示. 宏观经济研究，2009（1）.

［89］李学春，于贻胜，王志福. 政府担保与多边信贷契约：寿光"银政企"融资模式剖析. 金融发展研究，2009（5）.

［90］陈方. 小额贷款公司. 北京：经济科学出版社，2012.

后　记

　　目前，我国中小企业、小微企业所面临的困境主要包括内源资本不足、外源融资渠道不畅。尽管我国的金融机构为解决中小企业、小微企业融资难问题采取了一系列解决措施，也在一定程度上发挥了作用，但仍未能从根本上解决企业困境。而且，中小企业、小微企业面临的问题无论从理论或实务角度都是一个世界性难题。本书的完成，意在通过调研山东省中小企业发展的现状和存在的问题，找到适合新时代要求和符合山东省特点的中小企业发展对策。

　　研究的意义包括两个方面：其理论意义在于，丰富中小企业发展理论，使之更具有时代特色和区域特色，提高中小企业发展的把握能力和全面、准确解释中小企业发展实践运行的能力。其实践意义在于，为政府管理和决策部门制订中小企业发展战略和提供参考性意见，为省政府领导对我省中小企业发展进行决策提供依据。

　　2008年金融危机爆发以来，全球经济受到冲击。地处环渤海经济圈的山东省也未曾摆脱掉后危机时代带来的负面影响，尤其以中小型企业受到的冲击最为严重。如何帮助中小企业缓解现状，合理规避风险，为中小企业在"十二五"时期提供新思路、新方法，是笔者研究的初衷，也是山东省软科学研究计划项目的后续研究成果和山东省社科联科研项目的总结。

　　感谢王东升教授对中小企业问题的深入分析、真知灼见、创新观点，以及对本书的完成给予的极大启发和帮助。

　　在这里要特别感谢山东英才学院领导、山东英才学院科研处、山东省社科联、山东省工商联对本书的完成所给予的大力支持与帮助，在此致以崇高的敬意！同时感谢山东师范大学帅相志教授，由他编纂的多本专著给本书提供了很好的参照。

　　再次感谢王东升教授、帅相志教授、潘飞教授、桂良军教授、田旭教授对这本书的悉心指导与审核，他们多年的研究成果使笔者在编写过程中得到极大启发。没有恩师的全力支持，这本书是无法完成的。

　　本书在编写过程中参考了国内同行专家的许多研究成果，编者已在参考文献中列出，在此向各位表示深深的谢意。限于作者水平，兼时间仓促，书中难免存在缺点和错漏之处，敬请各位专家和读者指正。

赵　琳

2013 年 6 月